LIBERDADE, CIDADANIA E *ETHOS* DEMOCRÁTICO

CONSELHO EDITORIAL
Ana Paula Torres Megiani
Eunice Ostrensky
Haroldo Ceravolo Sereza
Joana Monteleone
Maria Luiza Ferreira de Oliveira
Ruy Braga

LIBERDADE, CIDADANIA E *ETHOS* DEMOCRÁTICO

estudos anti-hobbesianos

Yara Frateschi

Copyright © 2021 Yara Frateschi

Grafia atualizada segundo o Acordo Ortográfico da Língua Portuguesa de 1990, que entrou em vigor no Brasil em 2009.

Edição: Haroldo Ceravolo Sereza
Editora assistente: Danielly de Jesus Teles
Projeto gráfico, diagramação e capa: Mari Ra Chacon Massler
Assistente acadêmica: Tamara Santos
Revisão: Ana Cláudia Lopes
Imagem da capa: Editada a partir do frontispício da edição original do *Leviatã* (16510), com gravura de Abraham Bosse.

CIP-BRASIL. CATALOGAÇÃO-NA-FONTE
SINDICATO NACIONAL DOS EDITORES DE LIVROS, RJ

F922L

Frateschi, Yara
 Liberdade, cidadania e ethos democrático : estudos anti-hobbesianos / Yara Frateschi. - 1. ed. - São Paulo : Alameda, 2021.
   ; 21 cm.

  Inclui bibliografia e índice

  ISBN 978-65-5966-012-4

 1. Ciência política - Filosofia. 2. Hobbes, Thomas, 1588-1679. 3. Filosofia - Discursos, ensaios e conferências. 4. Ensaios brasileiros. I. Título.

21-70999   CDD: 869.4
             CDU: 82-4(81)

Alameda Casa Editorial
Rua 13 de Maio, 353 – Bela Vista
CEP 01327-000 – São Paulo, SP
Tel. (11) 3012-2403
www.alamedaeditorial.com.br

Sumário

Prefácio: A experiência da política   9
Luiz Repa

Apresentação   13

    Virtude e Felicidade em Aristóteles e Hobbes   61

    Liberdade e Livre-arbítrio em Hobbes   87

    Cidadania e liberdade: Rousseau contra Hobbes   105

    Rawls e Agamben sobre Hobbes   133

    Hannah Arendt: Sobre Hobbes, o imperialismo e o totalitarismo   155

    Juízo e Opinião em Hannah Arendt   227

    Liberdade política e cultura democrática em Hannah Arendt   285

    Universalismo interativo e mentalidade alargada em Seyla Benhabib: Apropriação e crítica de Hannah Arendt   325

    Giorgio Agamben: A democracia contemporânea e a questão de gênero   361

Bibliografia   385

Agradecimentos   395

Para Valentim e Teresa, que alimentam as minhas esperanças

Prefácio: A experiência da política

Luiz Repa

Já faz tempo que se tornou raro deparar-se com um pensamento verdadeiramente político no campo da reflexão histórico-filosófica brasileira. Acostumamo-nos (e por fim nos satisfazemos) com considerações de história da filosofia limitadas a reconstituir com fineza as filosofias ético-políticas, sem que se pressinta nada da atualidade. A erudição tomou conta, justificando-se mais pelas mazelas do contexto do que por suas virtudes próprias. Daí o livro de Yara Frateschi surpreender a leitora e o leitor que acompanham os estudos aqui apresentados, em um arco que abrange Aristóteles, Rousseau, Rawls, Agamben e, em pontos mais decisivos, Hobbes, Hannah Arendt e Seyla Benhabib. O que surpreende nesse arco é a experiência da política como condição de um juízo sobre o conteúdo da teoria.

Ao escrever sem complicação sobre coisas complicadas, como Luiz R. Monzani bem caracterizou o estilo da autora, Yara Frateschi faz algo que parecia destinado a outras coordenadas culturais: ela toma posições, interpreta e avalia, mostra fragilidades e potências em pensamentos cuja aura vem de longe, geralmente com funções protetoras. Tudo se passa então como se ela nos lembrasse, com objetividade e franqueza, que o pensamento não é para ser cultuado, mas para pensar, e, no caso do pensamento político, isso tem de significar a atualidade da política. De certo modo, a autora mostra a experiência dessa atualidade, dos conceitos mais caros ao projeto democrático de transformação e emancipação social, para interrogar a fecundidade de filosofias clássicas, modernas e contemporâneas.

Yara Frateschi *mostra* essa experiência também em um outro sentido. Mesmo o percurso que vai do confronto entre Hobbes e Aristóteles até o viés antidemocrático de Agamben reflete algo de não determinado, de certo modo imprevisto, como se algo fosse descoberto entre os espaços que separam os estudos, entre os diversos fios condutores que ganham corpo nessas lacunas.

De início, essa experiência se desdobra a partir de si mesma, pois a autora se interessa até um certo momento em fazer um ajuste de contas com aquele filósofo por meio do qual ela se forma e que, ao mesmo tempo, representa uma ameaça à dignidade da política que ela busca resgatar. A Hobbes Yara Frateschi havia dedicado um livro – sua tese de doutorado – com o chamativo (e paradoxal) título de A *física da política: Hobbes contra Aristóteles*. Portanto, é com conhecimento de causa que ela se impõe, na trajetória que leva à presente obra, um questionamento constante do fundamento hobbesiano, o qual vai além, obviamente, do conteúdo determinado das teses de Hobbes.

No começo, é esse questionamento que vai conduzindo a leitura. Assim, o fio condutor inicial é "negativo", como aponta o subtítulo "estudos anti-hobbesianos", procurando recuperar algo que foi perdido com Hobbes em sua relação com a tradição, mas sem nenhum saudosismo, já que o horizonte da empreitada é fortalecer a política democrática contemporânea.

A modernidade de Yara Frateschi não tem, nesse sentido, nada de relutante. Isso se mostra no segundo fio condutor que emerge em certo ponto, quando se trata também de atualizar uma das figuras maiores do pensamento político contemporâneo. Despontando a princípio como mais um enfrentamento do hobbesianismo, Hannah Arendt passa a ocupar então o centro da reflexão. Também aqui não encontramos nada do que se costuma verificar nas pesquisas sobre Arendt, nada de um culto hermenêutico. Ao invés disso, a autora chama a atenção, por exemplo, para a parca atualidade da separação entre esfera pública e privada, entre política e economia, como ela é defendida por Arendt. Com isso, desenha-se por fim um outro fio condutor, que é aquele da Teoria Crítica, com o qual Yara Frateschi interroga qual seria afinal a contribuição de Agamben, tão em voga hoje em dia, para questões cruciais como as de gênero em uma sociedade realmente democrática.

Esses diferentes fios condutores não possuem, claramente, a mesma direção. De certo modo, é preciso se afastar de Hobbes, sem que isso implique negligenciar também a sua força, ao passo que é preciso aprofundar Arendt, o que significa tomar o rumo de uma Teoria Crítica da democracia, como é o caso de Seyla Benhabib. Seguindo os passos de Yara Frateschi, vai se sedimentando dessa maneira um questionamento sobre o pensamento não político da política que tem por resultado, no entanto, a necessidade de religar modernamente a política ao *ethos* democrático: a solidariedade, a disposição para o debate, a paixão da distinção, a paixão da liberdade, enfim, categorias que alicerçam uma ampliação do juízo, sob o pano de fundo da consideração do tempo presente.

Se estou correto no meu discernimento, a leitora e o leitor deste livro testemunharão um processo de formação que encontrou um patamar de maturidade. O que é significativo para quem mexe com filosofia é observar que a vitalidade de uma reflexão sobre a história da filosofia aparece aqui a partir da experiência por meio da qual emerge a perspectiva de uma intelectual. Não se trata de uma justaposição, de resto corriqueira hoje em dia. Professores de filosofia falam como intelectuais, mas, como intelectuais, parecem muito distantes da filosofia. Por sua vez, os escritos de Frateschi sugerem um amálgama: uma professora de filosofia que pensa politicamente, intelectualmente, e uma intelectual que pensa filosoficamente. De fato, é raro.

Apresentação

Escritos ao longo de uma década, em tempos menos distópicos, os ensaios que compõem esta coletânea se baseiam em filosofias que nutrem esperanças mais elevadas a respeito das potencialidades humanas do que aquelas sustentadas por Thomas Hobbes, o inaugurador da filosofia política moderna. São textos independentes, mas relacionados, que abordam as noções de liberdade, cidadania e *ethos* democrático a partir de filósofas e filósofos que, para construírem os próprios projetos políticos, se veem obrigados a contestar o autor do *Leviatã*. Se há um fio condutor a nos guiar nessas páginas é o anti-hobbesianismo – de diversas feições - que teima em reaparecer na modernidade e na contemporaneidade, indicando que o monstro de Malmesbury continua a nos assombrar.

O capítulo de abertura analisa a crítica de Hobbes à ética e à política de Aristóteles – o primeiro grande anti-hobbesiano da história da filosofia ocidental - para mostrar que a defesa do *Leviatã* depende do apagamento das esperanças aristotélicas a respeito da possibilidade da educação para a virtude e para a cidadania. Os capítulos seguintes abordam os temas centrais desta coletânea em John Bramhall, Jean-Jacques Rousseau, John Rawls, Giorgio Agamben, Hannah Arendt e Seyla Benhabib, os quais buscam reacender, de algum modo moderno, a chama aristotélica que

Hobbes tentou a todo custo apagar. Trata-se de sugerir que as suas próprias filosofias práticas exigem contestação da antropologia e do modelo de Estado hobbesianos, que são obstáculos enormes para quem se dispõe, em qualquer época, a pensar a liberdade e as disposições morais e políticas dos cidadãos para além dos limites estreitos do individualismo hobbesiano.

Em "Virtude e Felicidade em Aristóteles e Hobbes", eu me proponho a mostrar que para estabelecer a origem do Estado pelo contrato e justificar a necessidade da soberania absoluta, Hobbes deverá não apenas recusar o *zoon politikon* de Aristóteles, mas também a noção de virtude como mediania e suas implicações maiores. Se a recusa dos pressupostos da filosofia política de Aristóteles é necessária para que se estabeleça a origem e a legitimidade do Estado pelo contrato, a recusa da sua filosofia moral é fundamental para que se justifique a manutenção do Estado absoluto bem como a sua função doutrinadora. A minha interpretação sobre Hobbes procura enfatizar que a negação da natureza política do homem e a afirmação de que ele é incapaz de ser educado para a virtude são teses solidárias, derivadas do mesmo princípio, que optei por chamar de *princípio do benefício próprio*. De acordo com esse princípio, por natureza e necessidade as pessoas buscam sempre e em todas as suas ações realizar o seu próprio bem, sendo todo o resto desejado no interesse deste fim.[1] Este é o princípio que Hobbes mobiliza para negar a um só tempo tanto a política como a ética de Aristóteles em nome da defesa permanente de um Estado que tem o modelo do Leviatã. Entendo que o coração da divergência de Hobbes com Aristóteles no domínio da filosofia prática reside no confi-

---

1 Cf. Yara Frateschi, *A Física da Política: Hobbes contra Aristóteles*. Campinas: Ed. da Unicamp, 2008.

namento do indivíduo nele mesmo e na busca interminável do seu próprio bem, que tornam o homem hobbesiano incapaz de ser educado para as ações nobres e justas e incapaz de identificar a felicidade com algo mais do que satisfação individual. Este homem, que destrona as utopias éticas e políticas de Aristóteles, padece de uma instabilidade de emoções e disposições de tal ordem – inevitáveis quando os desejos vivem em constante migração e a razão não é outra coisa senão uma faculdade de cálculo – que só o freio externo imposto pelo Estado absoluto é capaz de controlar. Em poucas palavras, para justificar o Leviatã, Hobbes precisa lançar mão de uma concepção de natureza humana que condena o homem à busca incessante de fins sempre provisórios, que veta a possibilidade da educação dos desejos, o desenvolvimento de disposições morais estáveis e que se organiza em torno de uma razão assaz frágil diante da força avassaladora dos desejos imediatos. O caráter repressivo e doutrinador do Estado é justificado na medida em que compensa a falência do projeto aristotélico de educação para a virtude.

Com Hobbes, a felicidade deixa de ser um modo de agir vinculado à prática de ações nobres e justas e passa a ser o sucesso contínuo na obtenção dos bens privados que coincidem com os objetos do desejo individual. Ao ser ressignificada como o sucesso contínuo na realização do desejo – como o "prosperar constante" do indivíduo – a busca da felicidade obedece a uma lógica de resultados que faz com que, no limite, as outras pessoas assim como a vida em comunidade política sejam tradadas pelo indivíduo como meios, como instrumentos para a sua satisfação e preservação. Com isso, a felicidade perde também a dimensão pública e política que tinha em Aristóteles, quem, por considerar o homem um *zoon politikon*, estava vetado a desatar a busca da felicidade da vida na *polis*, considerada um bem si mesmo, o bem mais elevado no domínio prático. A própria função da política sofre, assim, uma alteração de grande porte: enquanto para Aristóteles a política tem a função principal de produzir um certo caráter nos cidadãos e incentivar disposições que os tornem capazes de ações nobres, para Hobbes, que considera este projeto excessivamente utópico, uma das principais funções do Estado (se não a principal) é controlar os desejos e as opiniões dos súditos para que suas ações não ultrapassem os limites da lei.[2] A paz ou a ausência de guerra – o bem mais estável que a política pode produzir para indivíduos autointeressados – não requer cidadãos virtuosos, mas súditos obedientes à lei civil. No *Leviatã*, a força e a retórica aparecem, então, como instrumentos eficazes e imprescindíveis para direcionar e de algum modo controlar os desejos: ambas atuam sobre as opiniões de benefício e prejuízo para tornar os súditos mais propensos ao cumprimento das leis e mais avessos (por ideologia ou medo) à desobediência e à sedição. A educação para a virtude é substituída por um sistema de recompensas e punições bem como por um projeto de doutrinação que atuam sobre as opiniões e sobre o juízo com vistas à obediência.

Para justificar o poder absoluto do Estado, Hobbes torna a lei positiva a medida da virtude e do vício. Alterando radicalmente o sentido da ética aristotélica – que afirma que a virtude é uma disposição de caráter que conduz à escolha em conformidade com a observância do meio termo determinado pelo princípio racional – o autor do *Leviatã* faz coincidir a conduta virtuosa com a observância das leis estabelecidas pelo soberano civil. A virtude

---

2   Cf. Yara Frateschi, "A negação do livre-arbítrio e a ação do soberano sobre a vontade dos súditos", *Cadernos Espinosanos*, v. 4, p. 27-39, 1998; idem, "A retórica na filosofia política de Thomas Hobbes", *Revista de Filosofia Política*, v. 3, n. 6, p. 94-109, 2003.

do súdito hobbesiano é a obediência às leis civis, não a disposição para sentir e agir conforme ao princípio racional e à mediania. Desse modo, a virtude deixa de ser o hábito de escolher buscando sempre o meio termo para se tornar a conduta mais eficaz para a manutenção da paz que requer, por sua vez, a instituição e preservação do Estado absoluto. Importa notar que a marca do bom deliberador é a deliberação eficaz, e não o procedimento implicado no processo de escolha. Como interessa a Hobbes sobretudo a garantia da obediência, ele precisa abandonar as exigências morais feitas por Aristóteles, para quem o procedimento implicado no processo de escolha vale mais do que o resultado e a eficiência da ação. Com isso, Hobbes tira a ênfase do processo – dos hábitos e das disposições morais e políticas – para colocá-la no resultado. Este tema é recorrente nos textos que compõem esta coletânea. Críticos modernos e contemporâneos da filosofia política hobbesiana denunciam, de perspectivas distintas, a lógica de resultados que governa este indivíduo portador de uma racionalidade exclusivamente instrumental. Defensores de modelos distintos de democracia, tanto Jean-Jacques Rousseau como John Rawls, Hannah Arendt e Seyla Benhabib (autores dos quais me ocupo nos capítulos seguintes) entendem que a vida política exige algo mais do que cálculo de interesses, felicidade privada, liberdade negativa e segurança – algo que se perde com o desmonte que Hobbes faz da filosofia aristotélica. Não é apenas a soberania absoluta que obsta as expectativas desses autores, mas, em um nível mais profundo, a fonte última da filosofia política de Hobbes: a sua concepção de natureza humana que esvazia a expectativa do desenvolvimento de disposições, hábitos, valores, enfim, de uma cultura que valorize outras coisas além do benefício do indivíduo.

O tema da obediência à lei retorna em "Liberdade e livre-arbítrio em Hobbes", no qual, a partir de uma análise da polêmica entre Hobbes e Bramhall acerca do livre-arbítrio, mostro que o argumento de Hobbes que torna compatível a negação da liberdade da vontade com a responsabilização e justa punição dos pecadores é o mesmo argumento utilizado nas obras políticas para sustentar a justiça da lei positiva e da punição civil. Nos dois casos, Hobbes faz a justiça derivar do poder – de Deus ou do soberano civil – e ser por ele regulada. Analogamente ao Deus imortal, o deus mortal é justo em todas as suas ações porque o seu poder é absoluto e irresistível.

O argumento de Bramhall contra Hobbes é o de que a negação do livre-arbítrio implica, em última instância, a negação da justiça da lei divina ou civil e a inutilidade das punições. Se os homens não têm liberdade de escolha e fazem o que fazem por necessidade, nenhuma lei pode ser justa e nenhuma punição tem potencial para ser eficaz. À objeção de que as leis seriam injustas se houvesse necessidade em tudo o que os homens fazem, Hobbes responde como um positivista de estrita observância: a lei é justa porque é lei e deriva do poder do soberano, ao qual os homens consentem em obedecer. E vai mais longe: não cabe aos súditos – Bramhall incluído – julgarem a justiça da lei ou do governante, assim como não cabe aos homens julgarem a justiça das ações divinas. Não se discute com Deus e tampouco com o soberano. Já à objeção de que as punições seriam inúteis e imerecidas, Hobbes responde fiando-se no modo mecânico de operação e formação da vontade: é justamente pelo fato da vontade ser determinada extrinsecamente, como reação à ação dos objetos externos, que a punição e a ameaça de punição têm efeito. A punição opera como agente formador da vontade porque os homens tendem a agir em seu benefício e, com isso, a identificar a obediência com o seu próprio bem. O que se depreende da resposta de Hobbes a Bramhall é que não há um critério que meça a justiça das ações do governante e das leis que determina. Sem direito de julgar as ações do deus mortal, o súdito é também desprovido do direito de exigir a proteção de seus direitos, até mesmo dos naturais, afinal os direitos são aqueles que o soberano entende que deve conceder. Ao fazer a justiça ser derivada do poder e não o inverso, Hobbes não pode prever a existência de mecanismos institucionais de proteção dos cidadãos em relação ao governante, e a resistência, diferentemente do que ocorre no modelo liberal de Locke, sempre se dará no âmbito da força, jamais no do direito.

As críticas de Bramhall a Hobbes, mobilizadas pelo problema clássico que a negação do livre-arbítrio impõe ao poder eclesiástico e ao cristianismo (neste caso, de matriz arminiana), convergem para denunciar a doença moralmente letal do hobbesianismo. O bispo identifica o cerne do problema com o mecanicismo e com o materialismo de Hobbes, esteios filosóficos de sua antropologia. Como uma bola de tênis que reage à ação das raquetes, o homem vazio e objetificado por Hobbes não tem poder de escolha, não determina a sua vontade *mediante intellectu*, desconhece inteiramente o sentido da moral e é mecanicamente compelido a fazer o que faz sem a capacidade de oferecer resistência interna à ação dos objetos externos (ou às tentações do diabo). Se a água benta, como diria Hobbes, impõe um abismo filosófico entre Bramhall e Aristóteles, em uma coisa o estagirita talvez concordasse com o bispo: o grande erro de Hobbes, do qual derivam todos os outros de ordem moral e política, é tornar inteiramente vã a razão, reduzida ao mero cálculo eficaz de meios para fins postos pelo desejo de um sujeito tornado um corpo em movimento.

A crítica à antropologia mecanicista e ao materialismo de Hobbes é tema que retorna no terceiro capítulo desta coletânea – "Cidadania e Liberdade: Rousseau contra Hobbes" –, agora da perspectiva de um severo crítico do cristianismo: Jean-Jacques Rousseau. A desavença filosófica de Bramhall com Hobbes acerca do livre-arbítrio tem como pano de fundo uma questão política de primeira ordem na Inglaterra do século XVII: a relação entre o poder eclesiástico e o poder civil. Bramhall teme que a negação da liberdade da vontade comprometa o poder da Igreja, afinal, se a vontade não é livre, não há pecado, sem pecado não há culpa e sem culpa não há poder eclesiástico. Se o bispo se empenha em um embate filosófico contra o mecanicismo e o materialismo hobbesiano é porque, no limite, ambos sustentam uma concepção de natureza humana que destrói a sociedade e a Igreja. Rousseau tem outras intenções ao contestar o mecanicismo e o materialismo de Hobbes, mas também os elege como fontes últimas das deficiências da sua filosofia moral e política. Não é para salvar o poder da Igreja que ele mira a antropologia hobbesiana, mas para repensar o exercício da cidadania e para defender, contra a tese da soberania do representante, que a soberania consiste no exercício da vontade geral.

Para defender que a soberania consiste no exercício da vontade geral, Rousseau deverá recusar a tese hobbesiana da soberania do representante, bem como a fórmula do pacto que implica a alienação do poder e da vontade ao governante. A crítica das teses centrais da filosofia política de Hobbes exige, por sua vez, a substituição da antropologia hobbesiana por outra adequada à expectativa do autor d' *O Contrato Social* de que aos homens resta outra possibilidade além da guerra generalizada de todos contra todos ou a construção da vida civil a partir da submissão da vontade dos indivíduos à vontade do governante. Se ao homem hobbesiano resta apenas esta alternativa – a guerra ou a submissão da vontade a outrem – é porque Hobbes o animaliza a ponto de desconsiderá-lo um ser moral. Em "Cidadania e liberdade: Rousseau contra Hobbes", analiso a crítica de Rousseau à antropologia mecanicista de Hobbes a fim de esclarecer, em primeiro lugar, porque, para o autor do *Emílio*, abdicar da vontade é abdicar da humanidade. Trata-se de mostrar que, para desmontar o edifício teórico hobbesiano, Rousseau lança mão de uma antropologia que reivindica para o homem um aspecto moral para além do seu aspecto meramente físico e sujeito às leis da mecânica, condizente com a ideia de uma vontade que é causa de si mesma e inalienável. Isso permite a Rousseau repensar o exercício da cidadania em termos radicalmente distintos dos de Hobbes, pois ao cidadão rousseauísta está resguardada a possibilidade de uma formação ou transformação moral e política que permite a construção de relações sociais de qualidade muito distinta daquelas que os súditos hobbesianos estabelecem entre si e com a coletividade. Rousseau embasa o liame social em certo *ethos* que encerra a disposição para preservar o coletivo e olhar do ponto de vista dos outros e da cidade, disposição vetada ao homem hobbesiano, como procurei mostrar em "Virtude e felicidade em Aristóteles e Hobbes". Com isso, Rousseau se torna capaz de conceber uma alternativa à guerra ou à dominação que não a instituição do Leviatã, mas a construção de uma vida em comum que combina liberdade (autolegislação) com pertencimento à coletividade.

As filosofias políticas de Hobbes e Rousseau contrastam por apresentarem concepções opostas de cidadania: uma que afasta os cidadãos do espaço público e prefere que se restrinjam a buscar satisfazer, dentro dos limites da lei, os seus interesses privados e outra que requer uma cidadania implicada com os outros e com a coletividade. Contrastam também por sustentarem visões opostas de liberdade: uma negativa, entendida como ausência de restrição ao movimento do indivíduo, outra positiva, que implica algum grau de participação política e autolegislação. Novamente, assim como no caso da peleja entre Hobbes e Bramhall, defendo que a raiz da discordância encontra-se no modo pelo qual o indivíduo é concebido: ao reduzir os homens a máquinas, Hobbes destrói a possibilidade da autolegislação e encerra o indivíduo em si mesmo, guiado tão somente pelo interesse próprio. Consequentemente, ele não tem outra saída senão concentrar o poder legislativo e o poder executivo nas mãos do governante, defender a representação sem limites e atribuir ao Estado a função da formação da vontade dos súditos para a obediência por meio do controle das opiniões e de um sistema de recompensas e punições.

Resgatar a dimensão moral do homem é o que permitirá a Rousseau pensar a agência moral e política em outros termos e questionar que a manutenção do corpo político dependa sobretudo da capacidade do governante para controlar os medos e as esperanças dos súditos. Por não entender que a competição, a vaidade e o desejo de poder sejam próprios da natureza humana, Rousseau pode apostar na educação moral e política e na construção de um corpo político condizente com a liberdade. Se a modernidade fez do homem o lobo do homem, ainda assim está aberta outra possibilidade, outra qualidade de vida moral e política que, mediante a educação e o cultivo de certos hábitos, permitiria aos homens aprenderem a sair de si mesmos para se preocuparem com a cidade, com outros e com a humanidade. Rousseau nos mostra com isso que, para a vida em sociedade, não bastam certas instituições, leis e um sistema de recompensas e punições: é preciso que as pessoas aprendam a agir de acordo com princípios diversos daqueles que consideram apenas a sua pessoa. Trata-se de uma exigência moral, possível de ser realizada na vida política quando as "ideias se alargam e os sentimentos de enobrecem". Elegendo Hobbes como um dos seus principais oponentes, Rousseau parece retomar de algum modo um aspecto da ética aristotélica que Hobbes havia enterrado: nos tornamos bons pelo hábito, pela prática de ações nobres, que engendram, por sua vez, disposições e emoções estáveis com relação a nós mesmos, aos outros e à cidade. Se Rousseau introduz, no plano normativo, a novidade da autolegislação, isso está longe de significar, para ele, autossuficiência ou autarquia, pois a autolegislação implica pertencimento à coletividade e sentimentos de sociabilidade. Isso posto, o direito não é condição suficiente da vida política, afinal a formação do liame social requer certo *ethos*.

É frequente a leitura que imputa a Rousseau uma solução política autoritária que incorreria na supressão do indivíduo para promover a unidade artificial do povo. Autores como Charles Taylor, Hannah Arendt, Seyla Benhabib e Rainer Forst, a despeito de sustentarem modelos distintos de democracia, concordam neste aspecto e vislumbram na teoria da vontade geral a pretensão de uma unidade antidemocrática. Não pretendo recusar inteiramente a pertinência dessa interpretação, que se torna compreensivelmente frequente no contexto pós-totalitário entre autores mobilizados para detectar o potencial autoritário de teorias políticas que parecem reduzir a sociedade a um sujeito singular ferindo a pluralidade. Rousseau e Marx são lidos com frequência nesse registro. No caso de Rousseau, pretendo, entretanto, que não se jogue a criança fora junto com a água do banho, ou seja, que não se perca de vista a crítica potente que ele endereça ao individualismo moderno e não se negligencie que a sua filosofia prática aponta acertadamente para os limites do direito e das instituições – da democracia formal, enfim – para a construção da sociabilidade. Estes aspectos, marcantes nos diálogos filosóficos que ele travou em seu próprio tempo, permanecem relevantes. Ao embasar a justiça no amor à humanidade sem fazer da humanidade uma ideia abstrata da razão, ao ancorar o liame social em sentimentos de sociabilidade e ao vincular autolegislação com pertencimento à coletividade, Rousseau antecipa as teorias contemporâneas da democracia que acusam a precariedade das soluções liberais, as quais, excessivamente formais ou jurídicas, descuidam da questão da formação de um *ethos* democrático.

Embora duramente críticas de Rousseau, tanto Hannah Arendt como Seyla Benhabib, como veremos, compartilham com ele a recusa da redução do político ao jurídico, e denunciam, com argumento rousseauísta, os limites da democracia formal. Para ambas a democracia requer, além de direito e instituições, uma cultura democrática e uma mentalidade que enseje a capacidade de sairmos de nós mesmos bem como a disposição para considerar os outros, os seus pontos de vista, as diversas perspectivas que compõem as sociedades plurais. Sem dúvida, elas dão um passo além de Rousseau, pois o *ethos* democrático que almejam é manifestamente um *ethos* que nos prepara para a pluralidade. Mas as suas filosofias políticas, ecoando Rousseau, denunciam o excesso de formalismo de modelos legalistas de vida pública que desconsideram a importância do cultivo da amizade e da solidariedade cívicas para a constituição de uma cultura democrática. Voltarei a este tema nos capítulos "Juízo e opinião em Hannah Arendt", "Liberdade política e cultura democrática em Hannah Arendt" e "Universalismo interativo e mentalidade alargada em Seyla Benhabib: apropriação e crítica de Hannah Arendt".

A deficiência moral inerente à antropologia filosófica hobbesiana também é problematizada por John Rawls, como mostrarei no quarto capítulo, "Rawls e Agamben sobre Hobbes". Do ponto de vista da teoria rawlsiana da justiça igualitária, o reinado isolado da razão calculadora e a consequente ausência das noções de obrigação moral e senso de justiça são detectados como obstáculos instransponíveis para que a vida política seja pensada em termos distintos da coordenação eficiente da atividade social. Para Rawls, a cooperação, diferentemente da mera coordenação produtiva e eficiente da atividade social, envolve tanto a noção de vantagem racional – ou seja, alguma ideia de bem e bem-estar para os indivíduos – quanto termos justos da cooperação, que não podem prescindir de alguma noção de reciprocidade bem como de senso de justiça. O ponto é que agentes puramente racionais (e autointeressados, como os hobbesianos) carecem da capacidade de reconhecer a validade independente das reinvindicações dos outros. Em outras palavras, agentes exclusivamente autointeressados e portadores de uma racionalidade instrumental carecem de senso de justiça e de reciprocidade. Rawls é fiel aqui às consequências que o próprio Hobbes extrai da sua concepção filosófica da natureza humana: No limite, os outros, assim como a vida em comunidade, são sempre tratados como meio para o bem do indivíduo; não têm valor intrínseco portanto. Do ponto de vista do projeto rawlsiano, o problema é que esse pressuposto mina a expectativa de que as pessoas venham a encontrar motivação para agir em conformidade com termos equitativos de cooperação pelo valor intrínseco da própria cooperação. É certo que Rawls não se contrapõe a Hobbes substituindo o seu retrato da natureza humana e da vida em sociedade por uma "sociedade de santos", da qual se esperaria tanta virtude que acabaria por ficar fora do nosso alcance. Ele compartilha com o autor do *Leviatã* a ideia de que os indivíduos têm fins próprios que objetivam realizar no contexto da vida política. No entanto, o senso de justiça é uma virtude social imprescindível. Com expectativas muito mais elevadas do que as de Hobbes (que as consideraria excessivamente utópicas), Rawls faz a cooperação social depender de uma faculdade moral, a qual desaparece da filosofia prática hobbesiana desde o momento em que Hobbes desmonta o edifício teórico aristotélico e impõe uma cisão irremediável entre a ética e a política.

Embora as leis da razão sejam "leis morais" na terminologia hobbesiana, Rawls acerta em sublinhar que a sua justificativa é fornecida nos termos do interesse próprio (nos termos do racional); e é por basear o razoável no racional que não há, na filosofia hobbesiana, lugar para a noção de obrigação moral. Na sua ausência, ou se institui uma soberania absoluta nos moldes do Leviatã ou os homens viverão perpetuamente em guerra generalizada de todos contra todos. Vale notar que Rawls repõe para Hobbes a crítica que já havia sido endereçada por Rousseau no século XVIII, afinal a polarização entre guerra e absolutismo obsta qualquer modelo de vida pública que extrapole os limites da mera segurança e da satisfação (precária) dos interesses estritamente individuais. No caso de Rawls, que busca desenhar um modelo de cooperação social para o século XX, dentro dos limites da democracia constitucional, o problema é duplo. Em primeiro lugar, a polarização entre guerra e absolutismo impede a compreensão das características definidoras e das condições de possibilidade da democracia constitucional – tais como a diferenciação entre poderes, a constituição que os regula e que tem a função de garantir direitos básicos e procedimentos que garantam a soberania do povo na sua expressão institucional. Em segundo lugar, essa polarização obsta a possibilidade de que os conflitos causados pelas diversas concepções de bem e de valores sejam abrandados por uma razão pública, afinal, é o Leviatã quem desempenha este papel. Em suma, a filosofia política hobbesiana é extremamente insatisfatória porque defende que o conflito em sociedades plurais é insolúvel a menos que por coerção e às custas do pluralismo.

Para Rawls, o modelo hobbesiano, mais do que insatisfatório para quem deseja teorizar sobre as condições elementares da democracia constitucional, mostrou-se ainda incorreto: embora Hobbes não nos tenha deixado outra possibilidade além da guerra generalizada e do Estado absoluto, as instituições democráticas têm de fato existido e não têm sido menos estáveis do que o tipo de absolutismo defendido em sua obra. Por isso, ao procurar na modernidade filosófica as fontes teóricas de uma cultura democrática, Rawls abandona Hobbes e investe em Locke, Rousseau e Kant. Giorgio Agamben, por sua vez, faz o movimento inverso: não é Locke nem Rousseau, e tampouco Kant, que lhe fornecem recursos para uma reflexão filosófica sobre a política na modernidade e na contemporaneidade, mas sim Hobbes. Em "Rawls e Agamben sobre Hobbes", mostro que, embora estes dois autores não divirjam significativamente a respeito dos elementos centrais da filosofia política hobbesiana e da sua teoria da soberania, o primeiro não enxerga atualidade no autor do *Leviatã*, ao passo que o segundo detecta nele a chave para a compreensão da política atual. Isso se deve, na minha interpretação, ao fato de ambos sustentarem diagnósticos radicalmente distintos sobre a modernidade e a democracia contemporânea. Se Agamben atualiza Hobbes para o final do século XX é porque pensa que o estado de exceção é o paradigma que efetivamente vingou. Hobbes o auxilia a desmascarar as ilusões das teorias modernas contratualistas – de Locke a Kant – e o mito do Estado de direito porque mostra precisamente que a soberania é fundada na exceção, e que, desse modo, a política se torna biopolítica ao não reconhecer nenhum outro valor além da vida nua. Aos olhos de Agamben, Hobbes joga mais limpo do que Locke, Rousseau e Kant, pois não esconde que o soberano está ao mesmo tempo dentro e fora do ordenamento jurídico e tem o poder legal de suspender a lei, colocando-se legalmente fora dela. Através do estado de exceção, o soberano cria e garante as circunstâncias das quais o direito depende para a sua própria vigência. Em outros termos, a sua decisão é a própria condição de possibilidade da validade da norma jurídica. No limite, isso significa que o soberano pode matar sem cometer homicídio e que a vida humana é exposta a uma matabilidade incondicionada, sem constituir transgressão da norma. Daí o vínculo entre biopolítica e estado de exceção.

Em *Homo sacer: O poder soberano e a vida nua* (1995), Agamben detecta um longo e duradouro eclipse da política e o atribui ao triunfo da biopolítica na modernidade. Diferentemente dos gregos, que excluíam da *polis* a simples vida natural – confinada ao âmbito da família – e exaltavam a vida politicamente qualificada, na modernidade a vida natural adentra o espaço da política e passa a ser incluída nos cálculos do poder estatal. Amparado teoricamente em Hobbes, Schmitt e Foucault, o autor quer sublinhar que é o indivíduo, enquanto simples corpo vivente, que está em jogo na política na modernidade, do que resulta uma espécie de animalização do homem posta em prática pelas mais sofisticadas técnicas de dominação. O próprio triunfo do capitalismo não teria sido possível sem este controle disciplinar efetuado pelo biopoder, que criou, com tecnologias apropriadas, os "corpos dóceis" de que necessitava. O evento fundador da modernidade, em contraste radical com as categorias do pensamento político clássico, é o ingresso da vida natural na esfera da *polis*, ou, de outro modo, a politização da vida nua. O homem substitui o cidadão e o novo corpo político do ocidente passa a ser formado justamente pelos corpos matáveis dos súditos hobbesianos.

Giorgio Agamben é um autor que me interessa particularmente e ao qual retorno em outros momentos ao longo desta coletânea. Analiso mais detidamente seu diagnóstico das democracias contemporâneas em "Giorgio Agamben: a democracia contemporânea e a questão de gênero", e sublinho diferenças que julgo relevantes entre suas análises dos direitos humanos e do Estado de direito e aquelas de Arendt em "Hannah Arendt: sobre Hobbes, o imperialismo e o totalitarismo". Em poucas palavras, minha avaliação é a de que o potencial crítico das reflexões do autor sobre a modernidade e a democracia contemporânea – inegável quando se dispõe a desvelar a autocompreensão narcísica da modernidade e a desmistificar certas ilusões das democracias capitalistas – tende a se perder ao desfazer as fronteiras entre democracia e totalitarismo, ao identificar o campo (de concentração) como paradigma da política na modernidade e ao compreender o direito como congenitamente violento. Em termos arendtianos, penso que o preço que Agamben paga pela crítica contundente à ideologia do progresso é flertar com a ideologia da ruína. Assumo a posição de Arendt a esse respeito: ambas são refratárias às contradições do presente e desenham diagnósticos que desmereçem as particularidades dos fenômenos, suas tensões e especificidades históricas, em nome de uma lógica que cabe ao teórico desvendar ou de um processo aparentemente inexorável (volto a este tema no apêndice ao capítulo 5, "Arendt contra o progresso, a ruína e a utopia").

Não pretendo com isso negar que Agamben desvele com sagacidade a atualidade de Hobbes ao detectar o caráter biopolítico da exceção em situações específicas, como o "Patriotic Act" e a "Military Order", promulgados por Bush em 2001, ou Guantánamo. Como Agamben discerne com precisão, o que ocorre aí é a criação de sujeitos que são objeto de pura dominação de fato, com a vida nua atingindo a sua máxima indeterminação. Trata-se de casos em que a "democracia" permite a eliminação física de adversários políticos ou de categorias inteiras de cidadãos que, por qualquer razão, como alerta o autor, não pareçam integráveis ao sistema político. No entanto, ao exaltar a pura dominação, Agamben parece esquecer o outro lado da moeda, que são os ganhos em termos de direitos e liberdades conquistados através de lutas e ação política levadas a cabo nas democracias contemporâneas por sujeitos não tão dóceis quanto os que ele pressupõe. Determinado a desmistificar a ideologia do progresso e a desvendar as trevas do presente, Agamben insiste que esses ganhos são ilusoriamente emancipatórios e implicam, cedo ou tarde, a nossa reinserção no sistema de dominação. Este diagnóstico tende a focar na sujeição e nas forças que correm por trás das costas dos sujeitos, mas à custa de negligenciar a importância das lutas emancipatórias travadas por grupos que confrontam as estruturas de poder. Parece-me que essa deficiência teórica é consequência da tese mais geral da teoria do estado de exceção que leva, no limite, à indistinção entre democracia e totalitarismo. Indistinção que, além de historicamente suspeita, priva o teórico de critérios mediante os quais avaliar democracias mais ou menos consolidadas – mais ou menos violentas se se preferir - e parece estar amparada em algum modelo não explicitado de vida política capaz de eliminar de uma vez por todas as contradições. Talvez os teóricos do progresso e os que se fixam nas trevas do presente se encontrem neste lugar: na projeção – declarada ou não – do "paraíso na Terra". Mas o paraíso pode não ser nada democrático, como nos lembra Arendt ao criticar Marx.

Agamben não sustenta explicitamente um modelo ou um ideal à luz do qual faz a crítica das democracias contemporâneas, mas chega a falar em uma política integralmente nova, não estatal e que não coincide com o Estado de direito. Para ele, não é possível a saída do estado de exceção em que efetivamente vivemos pela via do Estado de direito, pois o direito contém uma fratura essencial entre o estabelecimento da norma e a sua aplicação que o torna intimamente ligado à violência. A ausência de clareza a respeito dessa política integralmente nova nos convida a preencher as lacunas com recursos próprios: parece-me que somente uma sociedade sem conflitos (não plural, portanto) poderia prescindir do direito e do Estado. Além do mais, esticando mais a corda, a contraposição que Agamben faz entre a vida nua (da modernidade) e a vida politicamente qualificada (da *polis* grega) o torna suscetível à crítica de que ele projeta para um futuro indeterminado – e que não sabemos muito bem como conquistaríamos – um padrão forjado num passado que escondia ou tornava natural formas inaceitáveis de dominação e exclusão, ao menos do ponto de vista da modernidade, que confrontou a justificação teórica da desigualdade pela sua desnaturalização.

Duramente crítica da vitória do *animal laborans* na modernidade, Arendt também almeja aquilo que Agamben chama de vida politicamente qualificada, mas, muito diferente dele, não sustenta a tese de que o direito contém uma fratura essencial que o torna necessariamente violento, e tampouco aceita a tese da contiguidade entre democracia e totalitarismo. Talvez por ter sido personagem da história que Agamben conta com distanciamento temporal, Arendt jamais aceitaria a afirmação de que o campo de concentração é o paradigma da política na modernidade. Aos seus olhos, Agamben padeceria da perda da capacidade de fazer distinções, necessária ao teórico político que não pretende alçar voo para longe dos eventos, dos fenômenos e da história. Tornar o campo de concentração paradigma oculto da modernidade é perder de vista a extrema novidade, o horror e a especificidade das fábricas de morte tornadas instituição central nos governos totalitários. Se Arendt é uma "modernista relutante" como pensa Seyla Benhabib – o que ao meu ver não é nenhum demérito se a relutância for sinal de resistência à ilusão do progresso –, nem por isso ela desmerece a distinção entre as formas de governo ou deixa de detectar na proteção jurídica a condição primeira e inalienável da vida democrática, como procurarei mostrar em "Hannah Arendt: sobre Hobbes, o imperialismo e o totalitarismo". Ainda diferentemente de Agamben, Arendt não entende que a função histórica das declarações de direitos humanos na formação do moderno Estado-nação seja a inscrição da vida natural na ordem jurídico-política. Embora tenha vinculado a fragilidade dos direitos humanos à transformação do Estado em instrumento da nação, Arendt não conclui, como Agamben, que esta seja a "função histórica" do Estado e tampouco que haja uma conexão necessária entre os destinos dessas declarações e o do Estado moderno. Em vez de necessidade, a autora detecta aí um paradoxo e o enfrenta teoricamente reafirmando a necessidade da instituição de um poder estabelecido e controlado territorialmente, que garanta aos cidadãos o direito a ter direitos. Para Arendt, os direitos humanos são sistematicamente alienados quando se perde a cidadania e a proteção jurídica. Daí se segue uma defesa inconteste do Estado de direito, a qual não acalenta a expectativa de que algum dia possamos "brincar" com o direito, como afirma Agamben, ou prescindir dele e das instituições da democracia constitucional.

Enquanto Agamben recorre a Hobbes para explicitar o mito do contrato social e as ilusões do Estado moderno (e, por extensão, das democracias contemporâneas), Arendt identifica Hobbes como o grande filósofo da burguesia, o "idólatra do sucesso", que teria antecipado em trezentos anos os anseios e a moral da burguesia imperialista do século XIX, a mesma que contribuiu de maneira significativa para a destruição das barreiras políticas e éticas que abriram caminho para o totalitarismo no século XX. Mais ainda, ao destruir a ideia de humanidade, Hobbes teria fornecido o pré-requisito de todas as doutrinas raciais futuras. Em "Hannah Arendt: sobre Hobbes, o imperialismo e o totalitarismo", mostro que o pensamento político de Arendt se constrói como antítese da filosofia hobbesiana. Além de pavimentar o caminho das ideologias raciais, a filosofia hobbesiana, com a sua concepção da natureza humana e com o seu modelo de Estado, minaria a possibilidade da vida republicana. Nada pode ser mais avesso às intenções de Arendt, pois, se os homens fossem como Hobbes os retrata eles jamais seriam capazes de viver em comunidades políticas; se estivessem condenados a agir apenas em seu benefício próprio, jamais poderiam se responsabilizar pelos outros; se o único *juízo* que lhes resta é pautado pelo ponto de vista estritamente individual ou de uma minoria, jamais seriam capazes de viver com outros, e só lhes restaria dominá-los ou exterminá-los.

Em *Origens do totalitarismo* (1951), Arendt se propõe a compreender a dominação totalitária, a sua absoluta novidade em relação às formas precedentes e conhecidas de governo e de dominação, bem como os elementos do passado que se cristalizam no totalitarismo. Em "Hannah Arendt: sobre Hobbes, o imperialismo e o totalitarismo", eu me concentro sobretudo na segunda parte dessa obra, na qual Arendt explicita em que sentido as práticas imperialistas, a mentalidade burguesa do século XIX e a ideologia racial são elementos que de algum modo posteriormente se *cristalizam* na estrutura da dominação totalitária. Procuro mostrar ainda que, nesta primeira grande obra de Arendt, surgem as questões com as quais ela vai se defrontar ao longo do seu percurso intelectual e que serão temas centrais da sua própria filosofia política. Entendo que, ao discernir os elementos que se cristalizam no totalitarismo, Arendt estabelece, à contrapelo, as condições mais elementares da democracia: a Constituição e a proteção jurídica dos cidadãos, a participação política, a formação de um *ethos* democrático e de uma mentalidade que seja condizente com a pluralidade. Interessa particularmente notar que a análise que Arendt faz da mentalidade imperialista do século XIX coloca em pauta um problema ao qual ela responde filosoficamente, nos anos 1960, com a "mentalidade alargada" e com a apropriação do juízo de gosto kantiano. Parece que, desde *Origens*, está claro para ela que a preservação da liberdade e da pluralidade exigem – além de Constituição, proteção legal, instituições democráticas e participação política – uma mentalidade que lhes seja condizente: certamente não aquela que o século XIX viu florescer, que é autointeressada (como a hobbesiana), racista e nacionalista, mas uma outra que seja capaz de conviver com a pluralidade de perspectivas e que seja mais afeita à solidariedade e à responsabilidade pelos outros e pelo mundo comum.

Aristóteles aparece de relance no livro de 1951, prenunciando o lugar de destaque que terá posteriormente em *A condição humana* (1958). O fenômeno da desnacionalização em massa, após a Primeira Guerra, e a perda do direito a ter direitos pelos apátridas e pelas minorias é um indício de que Aristóteles estava certo em supor que as características essenciais da natureza humana – dentre elas, o discurso – não se realizam quando não vivemos em comunidades políticas. Este é, para Arendt, o sentido mais elementar do princípio aristotélico do *zoon politikon* (que Hobbes substituiu pelo princípio do benefício próprio): a relevância do discurso depende do pertencimento a uma comunidade politicamente organizada. O contraste com Hobbes salta aos olhos, afinal, ele antecipa os padrões burgueses que se impõem quando a burguesia se emancipa e assume o seu papel na política para destruí-la em nome do objetivo maior da expansão. Em outras palavras, no momento da expansão imperialista, a alta sociedade admite, finalmente, a mudança nos padrões morais tradicionais que o realismo de Hobbes havia antecipado. O pecado original do acúmulo de capital requeria novos pecados para manter o sistema em funcionamento, e isso persuadiu a burguesia – mais hobbesiana do que nunca – a abandonar as coibições da tradição ocidental e assumir os princípios do filósofo que se empenhou em derivar o bem público do interesse privado.

Arendt identifica no burguês imperialista as características que Hobbes havia atribuído à natureza humana: ele é portador de uma razão calculadora, é guiado por um incessante desejo de poder, *julga* e é motivado a agir apenas em conformidade com seus próprios interesses. Como Rousseau, Arendt também desmistifica a fundamentação filosófica da antropologia hobbesiana: este retrato da natureza humana é desenhado em função das necessidades do Leviatã, e não o inverso. E acrescenta que este formato de Estado era condizente com as ambições da nova classe burguesa e atendia ao anseio da expansão sem limites. Ainda como Rousseau, embora sem a ele dar crédito, Arendt denuncia que o modelo hobbesiano é baseado na força e não em direitos, e que a compreensão hobbesiana de indivíduo é a de um sujeito privado, apartado da participação política (a não ser para fins de lucro e dominação) e incapaz de estabelecer laços permanentes com os outros ou de se responsabilizar por eles. Hobbes, o "grande idólatra do sucesso", antecipa a total falta de responsabilidade social de homens competitivos, que exigem do Estado que os proteja dos pobres e dos criminosos, igualados do ponto de vista do burguês porque estão fora da sociedade competitiva. Assim, ao identificar Hobbes como o filósofo por excelência da burguesia imperialista, Arendt tira dela o seu manto liberal, afinal, a burguesia imperialista rompe com as ideias de liberdade, emancipação, autonomia e humanidade quando se prontifica a excluir e a exterminar quem supostamente se coloca em seu caminho, como fez na corrida para a África.

A filosofia política arendtiana, que começa a se desenhar em resposta à sua compreensão da natureza da dominação totalitária, contrapõe ponto por ponto a filosofia política hobbesiana: contra o Estado baseado na força, ela defende o Estado de direito; contra a mentalidade exclusivamente autointeressada, ela defenderá uma mentalidade democrática e alargada que seja capaz de transcender as condições subjetivas privadas para levar os outros em consideração; contra o juízo do homem hobbesiano, baseado no ponto de vista individual, Arendt defende que o juízo somente será capaz de nos orientar no domínio público e no mundo comum se considerar amplamente a perspectiva das outras pessoas.

A análise histórica dos elementos que se cristalizam no totalitarismo e a investigação da estrutura da dominação totalitária levam Arendt a concluir que a produção de "cadáveres vivos" é precedida pela morte jurídica das pessoas – que também não é propriamente uma novidade promovida pelo totalitarismo, que nisso foi antecipado pela situação dos apátridas e das minorias depois da Primeira Guerra. Essa constatação a leva a compreender que a vida democrática (ou republicana) em sociedades plurais tem como condição *sine qua non* a proteção jurídica e um sistema de leis proporcionado pela Constituição. Mas não apenas. Os cidadãos de uma democracia, além de portadores de direitos, devem poder participar dos processos decisórios e erigir juntos a comunidade em que vivem e as regras que deverão obedecer. Arendt não abrirá mão da combinação desses dois fatores para a consolidação da democracia: proteção jurídica e cidadania participativa. Mais ainda. Para se contrapor à mentalidade burguesa, ao racismo e ao nacionalismo, é imprescindível pensar – como ela fará nos anos seguintes à escrita de *Origens do totalitarismo* – sobre as condições para o desenvolvimento de uma cultura democrática que valorize a pluralidade, que saiba conviver com o diverso, que seja capaz de fomentar a solidariedade e a responsabilidade pelo mundo comum. Parece claro para Arendt que apenas a formação de um *ethos* democrático pode oferecer resistência à moral burguesa, à incapacidade da sociedade competitiva de lidar com aqueles que considera "supérfluos", à desumanização característica do racismo e à arrogância assassina do nacionalismo. Na minha interpretação, a mentalidade alargada coincide com esse *ethos* democrático na medida em que nos prepara para lidar com a pluralidade humana.

Em "Juízo e opinião em Hannah Arendt", mostro de que maneira Arendt encaminha uma solução para a questão filosófica do juízo que antagoniza com Hobbes. É a partir de uma interpretação *sui generis* da *Crítica do juízo* de Kant que ela formula a sua teoria (inacabada) do juízo cujo pilar é a ideia de que a validade do juízo depende de que as pessoas sejam capazes de se libertar das condições subjetivas privadas. Defendo que, recorrendo a Kant, Arendt pretende resolver ainda – num raio filosófico mais amplo – a hostilidade contra a pluralidade humana que é marca da filosofia política desde Platão, perdurando em Hegel e também em Marx. Com seus falsos universais, a filosofia não encontra lugar para o particular, mas o que Arendt vislumbra no juízo de gosto kantiano é justamente a possibilidade de recuperar filosoficamente a dignidade do particular. Para ela, que nisso se declara partidária de Aristóteles, é um erro procurar os universais – coisas que não podem ser localizadas – no campo dos assuntos políticos, que é por definição o domínio do particular. Mas isso não significa condenar o campo da política à mais absoluta arbitrariedade de perspectivas individuais ou coletivas, mas sim almejar que o geral – e não o universal – possa emergir do pensamento representativo que leva a perspectiva dos outros em consideração. Em outros termos, a mentalidade alargada, em franca oposição à mentalidade da burguesia imperialista que de algum modo se cristaliza na dominação totalitária, garante um lugar para o particular ao mesmo tempo que permite que o juízo transcenda as limitações dos interesses estritamente individuais.

O juízo depende da presença dos outros para ser válido, e, desse modo, sua validade nunca é universal, pois ele é feito por pessoas concretas ao levarem em consideração as perspectivas dos outros, igualmente concretos e particulares. Com a mentalidade alargada nos ajustamos a um mundo comum e plural sem precisarmos recorrer a uma verdade coercitiva, a uma razão legisladora, a um imperativo categórico, que operam, sempre, em detrimento da pluralidade de perspectivas. Entendo que esta mentalidade é condizente com a vida democrática almejada por Arendt. Além disso, a meu ver, embora Arendt não tenha sistematizado um modelo de democracia – o que seria avesso às suas pretensões teóricas e ao papel que ela queria atribuir à filosofia – , sua obra se torna mais potente e interessante quando procuramos alinhavar, sem congelar, os fios deixados propositalmente dispersos e procuramos pensar a relação entre essa apropriação curiosa do juízo de gosto kantiano em conjunto com a ideia da formação dialógica da opinião, com a crítica da redução do político ao jurídico e à democracia representativa, com o seu elogio do sistema de conselhos e com a valorização de uma cultura democrática que fomenta a disposição para o discurso argumentativo, o prazer de agir, o prazer de estar com os outros e o espírito público. A definição arendtiana de liberdade como participação política e a consequente defesa inconteste que ela faz da democracia participativa e do sistema de conselhos em *Sobre a revolução* (1963) devem ser pensadas à luz da aposta de que o diálogo pode melhorar as pessoas e os cidadãos, de que o pensamento político é fruto de um aprendizado e de que o exercício do diálogo, responsável pela formação conjunta da opinião, nos convoca a contestar as regras e os padrões que seguimos acriticamente. Aquilo que Hobbes encontra em Aristóteles e desdenha como utopia, Arendt encontra em Sócrates e atualiza: a ideia de que podemos aprender a sair de nós mesmos e a desenvolver disposições mais afeitas à felicidade pública. Isso não significa o sacrifício do indivíduo em nome de uma unidade antidemocrática (este seria, para ela, o caso de Rousseau), mas significa sim que a pluralidade – e a democracia, portanto – não resistem a uma mentalidade hobbesiana. Nesse aspecto Rawls estaria de acordo com ela.

Apesar disso, esses elementos do pensamento político arendtiano se veem colocados na camisa de força da distinção excessivamente rígida entre o social e o político e entre o público e o privado que Arendt estabelece em *A condição humana*. A rigidez dessas distinções a torna suscetível à crítica de que sua concepção de política é inadequada às condições modernas, pois, ao recusar a intrusão de questões econômicas ou privadas na esfera pública, Arendt bloquearia a politização dessas mesmas questões e correria o risco de reiterar, mesmo que a contragosto, formas enraizadas de sujeição. Não recuso a pertinência dessas objeções, endereçadas a Arendt por Jürgen Habermas, Hannah Pitkin e Seyla Benhabib, por exemplo, sendo que estas últimas sublinham, acertadamente, que além de se ver desprovida de recursos teóricos adequados para enfrentar o problema da sujeição material, Arendt bloquearia o tratamento político e público das questões de gênero, tradicionalmente consideradas próprias do âmbito privado. Penso que essas separações rígidas, introduzidas em A *condição humana*, instauram uma tensão no pensamento político arendtiano entre aspectos que podemos identificar como radicalmente democráticos (devedores do seu compromisso com a pluralidade) e outros que impõem um freio à politização e à publicização de formas distintas e imbricadas de exercício do poder.

Como procuro mostrar em "Juízo e opinião em Hannah Arendt", ao buscar reconciliar a filosofia com a política, Arendt dá um passo filosófico extraordinário e sugere que a disposição para a escuta e para a compreensão do outro e do lugar do qual esse outro fala é imprescindível para que possamos conviver com os outros diferentes, em sua concretude e especificidade. Ao colocar, porém, um muro entre o social e o político e entre o privado e o público, a sua própria capacidade de escuta revela-se precária, como se ela – a teórica – já tivesse decidido de antemão o que é ou não digno de ser dito e ouvido no espaço público. Justo Arendt, quem, na sua rebelião contra o filósofo no Olimpo, havia rejeitado que à filosofia coubesse estabelecer padrões rígidos e aplicá-los à ação. Contudo, como ela mesma afirma a respeito de Marx, grandes filósofos não estão imunes a grandes contradições. Se Arendt trai suas próprias promessas, cabe a nós pensar com ela e contra ela (como insiste Benhabib) para continuarmos a buscar um modo de conciliar a filosofia política com a pluralidade humana.

A meu ver a distinção estanque entre o social e o político estabelecida por Arendt é efeito colateral da tentativa de corrigir os déficits democráticos por ela detectados em Marx. O modo como Arendt o enfrenta teoricamente – buscando responder aos problemas oriundos do materialismo, da teoria das superestruturas e das classes sociais bem como da filosofia da história – talvez seja o maior responsável pela tensão mencionada acima, isto é, tanto pelos elementos democráticos, quanto pelos elementos conservadores do seu pensamento político. Vejamos.

Arendt reconhece que contradições fundamentais raramente ocorrem em autores de segunda ordem, e Marx não é, para ela, um autor de segunda ordem. Essas contradições ocorrem quando temos que lidar com fenômenos novos em termos de uma tradição de pensamento velha, fora de cujo quadro conceitual pensamento algum parece possível. Marx efetivamente procura pensar contra a tradição utilizando suas próprias ferramentas conceituais, mas não consegue completar a tarefa. O problema central, e que termina por amarrá-lo à tradição que ele pretendia superar, é a glorificação do trabalho (*labor*) e a atribuição ao trabalho de características que são próprias de uma outra atividade, a fabricação (*work*) de objetos para um mundo durável. A sua contradição fundamental consiste em ter definido o homem como um *animal laborans* e, ao mesmo tempo, almejar uma sociedade na qual essa força – a maior e mais humana de todas – já não seria necessária. Mais ainda, questiona Arendt, se a ação violenta é parteira da história, como serão os homens capazes de agir de modo significativo após a conclusão da luta de classes? E quando a filosofia tiver sido abolida (ou realizada), que espécie de pensamento restará? Para Arendt, a glorificação da violência e a projeção de uma sociedade harmonizada significam, ao fim e ao cabo, a desvalorização da ação e do domínio público. A definição do homem como *animal laborans* opera um duplo reducionismo que redunda, finalmente, na abolição da própria política. Em primeiro lugar, Marx define o homem como um animal que trabalha. Essa definição reduz o homem à sua capacidade produtiva, a qual, na verdade, não é senão aquela que satisfaz suas necessidades. Tendo feito isso, Marx substitui a multiplicidade de interesses e perspectivas individuais por interesses de grupo ou de classes que são, por sua vez, reduzidas a apenas duas: a dos capitalistas e a dos trabalhadores. O indivíduo perde, com isso, a possibilidade de reivindicar qualquer identidade ou ponto de vista que não seja a identidade ou o ponto de vista supostamente adequados à classe à qual pertence. Ocorre que a diluição do indivíduo na classe ou na sociedade socializada pós-revolução sustenta a ficção de uma harmonia social e política que não pode comportar a construção de um mundo comum compartilhado entre indivíduos e grupos distintos, que tenham demandas e vontades conflitantes. Marx sacrifica, enfim, a pluralidade humana. E, assim, a sua rebelião contra a tradição finda em autoderrota.

Contra a ideia exposta em A *ideologia Alemã*, de que aquilo que os indivíduos são coincide com a sua produção, isto é, nos termos de Marx, tanto com o que eles produzem quanto com a maneira como produzem, Arendt propõe, em A *condição humana*, uma distinção entre três tipos de atividades humanas: trabalho, obra e ação. Essa distinção comporta uma diferenciação entre o trabalho e a obra (o primeiro ligado à satisfação das necessidades vitais, e a segunda à construção de um mundo artificial), e, mais importante, a diferenciação entre essas duas e a ação, esta, a única atividade que ocorre diretamente entre os homens sem a mediação das coisas e da matéria e que corresponde à condição humana da pluralidade. As três atividades humanas são fundamentais e complementares: o trabalho garante a vida (trata-se da atividade que corresponde ao processo biológico do corpo humano), a obra proporciona um mundo artificial durável, e a ação possibilita a vida política. Com essa distinção, Arendt pretende corrigir a rota, imposta pela modernidade e consolidada com Marx, de privilegiar o trabalho e identificá-lo à obra.

Segundo a autora, Marx trata o *animal laborans* como se fosse o *homo faber*, e, com isso, glorifica indevidamente o trabalho e o confunde com uma atividade criativa, quando o trabalho garante apenas o processo vital, a subsistência. Com a redução do homem ao *animal laborans*, perde-se a ação e, portanto, a política - afinal, a política depende de uma pluralidade de perspectivas, que não se reduzem a interesses e questões materiais. Para Arendt, o erro do materialismo em política é ignorar a inevitabilidade com que os homens se desvelam enquanto sujeitos, enquanto pessoas distintas e singulares. Assim, podemos compreender a definição arendtiana de ação – atividade que ocorre diretamente entre as pessoas, sem a mediação das coisas ou da matéria –, como resposta à ideia de que o que os homens *são* depende das condições materiais de produção, e como resposta à tradição em geral, que privilegia o modelo de atividade como fabricação. Recuperar a dignidade da política implica reestabelecer a sua especificidade tanto em relação à racionalidade instrumental e econômica como em relação ao modelo da fabricação.

Certamente, essa tipologia das atividades proposta por Arendt tem uma função primordialmente crítica e visa fazer com que ação e discurso apareçam como características definidoras da política, algo que foi perdido desde que Platão deu o seu acorde fundamental – que ainda ressoa em Marx – , e, precisamente para eliminar do domínio dos assuntos humanos o seu caráter de instabilidade, tornou a ação e o discurso totalmente prescindíveis. Além disso, a recusa de que as questões materiais esgotem o campo da política pode ser lida como um avanço teórico importante, na medida em que abre espaço para aceitarmos como relevantes outras formas de relação e de sujeição que não estão vinculadas à relação e à sujeição econômicas. Quando Arendt censura Marx pela suposição de que uma vez resolvida a luta de classes a justiça e a liberdade se instaurariam de uma vez por todas, ela abre caminho para uma reflexão mais ampla e complexa a respeito dos conflitos sociais, os quais não teriam uma causa primordial que, uma vez eliminada, viveríamos em perfeita harmonia. Teorias feministas, sobretudo a partir dos anos 1980, partem do mesmo pressuposto e passam a considerar outros fatores da sujeição de indivíduos e grupos, tais como (além de classe) gênero e raça. Voltarei a este tema no último capítulo, "Giorgio Agamben: a democracia contemporânea e a questão de gênero".

A ideia de que a sujeição e a subalternidade são mais bem compreendidas à luz do imbricamento de causas materiais e simbólicas (como esclarece Nancy Fraser) ou de um sistema interligado de opressões beneficia-se justamente da recusa de que o fator classe seja o único a ser levado em consideração. Arendt, no entanto, extrai de sua tipologia das atividades uma diferenciação de tal modo rígida entre o social e o político (e entre o privado e o público) que, nesse aspecto, sua rebelião contra a tradição – e contra Marx – também finda em autoderrota. Ao tentar limpar o campo da política das questões materiais, ela incorre no erro oposto ao que detecta acertadamente em Marx e termina por mitigar a relevância política do marcador classe, o que a leva a uma análise precária das relações de poder. Ao mesmo tempo, ao separar em campos aparentemente incomunicáveis o privado e o público, ela tende a vetar, como mencionei acima, que questões tradicionalmente consideradas privadas adentrem o espaço público e sejam objeto de problematização e debate entre cidadãos. Arendt censura Platão por ter desejado controlar a política com um critério independente das aspirações e desejos dos cidadãos, como veremos em "Hannah Arendt: juízo e opinião", mas a distinção entre o social e o político repete o mesmo erro. Nesse aspecto, Arendt continua a tocar o acorde fundamental com que Platão inaugura a filosofia política ocidental, bloqueando – mesmo que sem querer – demandas diversas por emancipação. Ao mesmo tempo, e por isso mesmo, ela repete o erro que detecta no materialismo: o de ignorar, nas suas palavras, a inevitabilidade com que os homens se desvelam como sujeitos, como pessoas distintas e singulares. Como as pessoas podem aparecer no espaço público enquanto distintas e singulares se certas questões relativas justamente à sua distinção e à sua singularidade não têm dignidade suficiente para tornarem-se objeto de debate público?

Essas dificuldades convivem, entretanto, com outros elementos – ao meu ver, também devedores do seu enfrentamento com Marx – que, como os mencionados anteriormente, dão um impulso democrático ao pensamento político arendtiano. Um deles, e talvez o mais o relevante, repouse na ideia de que a democracia – inerentemente conflituosa – requer estado constitucional (e proteção jurídica), bem como espaços institucionalizados para a participação política e para a formação conjunta da opinião e do juízo. Como vimos, o direito não é condição suficiente da liberdade, pois a liberdade exige ação política e participação ativa. Mas como a liberdade não vigora num ambiente onde as fronteiras da lei foram abolidas, o Estado constitucional é sim condição necessária da vida política. Com isso, Arendt marca posição em relação à desconfiança profunda nutrida pelo pensamento autoconsiderado de esquerda desde Marx a respeito do elemento jurídico da política: para ela, o direito é condição necessária da liberdade, não sendo congenitamente violento e opressivo. Não que não se possa violentar o direito – quem viveu a transição da República de Weimar para o nazismo sabe que sim –, mas a violência deriva do uso e não da natureza do direito. Ou ainda, o direito não é mera ideologia ou superestrutura que visa manter a dominação de uma classe sobre outra. Antimarxista, nesse aspecto, Arendt defende que o direito é condição da liberdade; antiliberal, ela pensa a liberdade como participação ativa, através da ação e do discurso. Os elementos democráticos do seu pensamento político emanam, na minha intepretação, desse antimarxismo antiliberal.

Em "Liberdade política e cultura democrática em Hannah Arendt", analiso mais detidamente outro aspecto que confere forte tonalidade democrática à obra de Arendt. Investigo o papel dos conselhos revolucionários em *Sobre a revolução* e mostro que Arendt recorre aos conselhos não para desenhar um modelo de sistema político que substitua o representativo, mas sim para denunciar a restrição da participação nas democracias representativas baseadas no sistema de partidos, em prejuízo tanto do exercício da liberdade política quanto do desenvolvimento de uma cultura democrática. Diferentemente de *A Condição humana*, não é na *polis* grega que ela se baseia, como contraponto e experiência avessa, para abordar o tema da perda moderna de liberdade, mas sim nas revoluções modernas e no fenômeno "impressionante" e novo dos conselhos revolucionários. A modernidade também proporciona, através das suas revoluções, a descoberta de que o novo início pode ser um fenômeno político e não apenas científico, resultado da ação política. A novidade consistia basicamente na experiência proporcionada pelas assembleias revolucionárias e pelo sistema de conselhos: a experiência da liberdade pela participação na decisão dos assuntos públicos. Embora os conselhos tenham sido experiências breves, porque logo aniquiladas pela burocracia do Estado-nação ou pela máquina dos partidos, eles interessam a Arendt por serem uma forma de resistência, que aparece reiteradamente na história, a formas de governo que sistematicamente alienam de maneira arbitrária a maioria dos processos decisórios.

Embora esta obra seja reiterada e equivocadamente lida como sinal da defesa inconteste da Revolução Americana cujo sucesso seria medido pelo fracasso da Revolução Francesa, chamo atenção para que um dos principais objetivos de *Sobre a revolução* é denunciar que o desejo de participar, debater e se fazer ouvir, que emerge nas revoluções modernas, é quase que inteiramente frustrado num sistema político que reduz a cidadania ao momento do voto e que não estabelece instituições apropriadas para a participação política (o que também vale para os norte-americanos). Consequentemente, vê-se comprometida a formação de uma cultura democrática que valorize a liberdade política. Arendt responde a esse estado de coisas defendendo que se dê um passo além da democracia formal, no sentido da ampliação da participação política. Para ela, assim a interpreto, a democracia baseada em direitos e no sufrágio universal não é capaz de promover liberdade e cultura política se não garantir espaços concretos para a participação que são, por sua vez, sementeiras para o desenvolvimento de um *ethos* que valorize o debate público e o compromisso com as questões de interesse comum. A resposta que Arendt oferece passa, portanto, por dois elementos que devem se somar ao estabelecimento da Constituição e à garantia de direitos e liberdades individuais e civis: a institucionalização da liberdade e a formação de uma cultura política. Uma reforça e alimenta a outra, sendo, ambas, condições de uma vida política democrática que não cede à letargia ou à aceitação obediente de qualquer forma de governo baseada na exclusão da maioria dos processos decisórios.

Embora o diagnóstico da obra de 1963 seja bastante negativo, a reiterada aparição dos conselhos nas revoluções modernas revela que a ação não está inteiramente bloqueada. Os conselhos interessam a Arendt enquanto eventos que desvelam um desejo que teima em aparecer em distintos momentos e nas condições mais adversas: o desejo de participação política. Interessam-lhe ainda na medida em que a permitem questionar o modo burocrático e elitista pelo qual nos organizamos politicamente nas democracias representativas baseadas no sistema de partidos, que deixa de ser – à luz desse fenômeno – a única alternativa possível, a única alternativa "realista" ao abuso de poder, à ditadura ou ao totalitarismo. Finalmente, é nos conselhos e nas assembleias revolucionárias – e, mais precisamente, na prática da autogestão – que Arendt detecta as condições para o surgimento e para a efetivação da disposição para o discurso argumentativo, do prazer de agir, da solidariedade, da paixão pela liberdade, enfim, do espírito público. Tudo aquilo que Hobbes havia desmerecido como "mera utopia" no começo da modernidade. Esses elementos da cidadania arendtiana – em franca oposição aos da hobbesiana – condizem com a exigência de igualdade e reciprocidade políticas e com a defesa inconteste de que a participação deve ser uma possibilidade para *todos*, sem discriminação. Nesse sentido, são componentes de um *ethos* democrático, não oligárquico, antiautoritário e antielitista. O traço mais marcante e do qual parecem depender todos os outros elementos característicos disso que estou chamando de *ethos democrático*, é a disposição para o debate ou, nos termos de Arendt, o interesse discursivo e argumentativo pelo mundo. A disposição para o debate surge da prática da autogestão, afinal, na medida em que as relações políticas se libertam da dominação e do silenciamento, a pluralidade pode emergir, a diversidade de opiniões aparece no espaço público e a condução da política passa pelo debate e pelo discurso, exigindo mais dos cidadãos do que mera obediência. É uma disposição que surge se e somente se as atividades próprias da liberdade – expressar, discutir, decidir – puderem se efetivar.

Proponho, assim, uma leitura de *Sobre a revolução* que lança luz sobre dois aspectos desta obra: (1) a tese de que uma democracia pautada pelos direitos individuais e civis e pelo bem-estar individual é precária se não proporcionar condições de realização do direito à participação; (2) a tese de que a formação de um *ethos* democrático depende de instituições políticas apropriadas (apropriadas à sobrevivência do espírito revolucionário). Mas não é apenas isso que Arendt almeja nesta obra. Ela quer ainda denunciar que a restrição da cidadania é um projeto daqueles que não estão dispostos a abrir mão do seu poder, daqueles que temem, à direita e à esquerda, o poder revolucionário do povo. Daí Arendt atacar ao mesmo tempo o "realismo" da direita conservadora e o "sonho" de uma sociedade sem conflitos sustentado pela esquerda marxista. O "realismo" da direita e o "sonho" comunista da instauração do "paraíso na Terra" têm em comum um pendor autoritário que se manifesta, no primeiro caso, na descrença de que a maioria tenha capacidade para formar juízo político e, no caso da esquerda antidemocrática, no confisco da voz alheia que transforma a sociedade em uma singularidade coletiva. Ambos afrontam a ideia elementar de que a política se baseia no fato da pluralidade humana. Com motivações distintas, emerge de ambos os lados uma concepção da política que não se acomoda ao fato da pluralidade, que não sabe conviver com os longos processos de persuasão, negociação e acordo que são a marca dos processos da lei e da política, e que exclui deliberadamente a maioria do espaço público e dos processos decisórios. Um sinal disso é que os dois extremos do espectro político resistem ao sistema de conselhos, afinal eles trouxeram a esperança de uma transformação do Estado pela instauração de uma nova forma de governo efetivamente democrática, o que nem a direita conservadora nem a esquerda revolucionária estavam dispostas a aceitar. A resistência e a reação contra a transformação da estrutura da esfera política, que Arendt detecta no desenrolar das revoluções modernas, frustra a ambição pela igualdade que motivou essas mesmas revoluções. Importa notar que, para ela, os estados constitucionais são mais favoráveis à liberdade política do que as ditaduras, a tirania ou os estados totalitários, mas nem por isso são imunes a essa resistência. Neles também se vê ameaçado o desenvolvimento de uma cultura democrática – o recurso mais potente para o aprofundamento da democracia – quando impera a restrição à participação. O desejo de participação e a paixão pela liberdade tem a ver com o *prazer* de poder falar e ouvir e nisso consiste o seu enorme potencial para desafiar formas consolidadas de dominação. Nada mais contrastante com Hobbes, para quem os homens, na ausência de um poder que os controle, não sentem prazer algum na companhia uns dos outros. Para Arendt, em contrapartida, trata-se de uma paixão condizente com a aspiração pela igualdade na diferença, terrivelmente ameaçadora para as elites que querem conservar o poder em suas mãos.

Em "Universalismo interativo e mentalidade alargada em Seyla Benhabib: Apropriação e crítica de Hannah Arendt", analiso o modo pelo qual Benhabib, na passagem dos anos 1980 para os anos 1990, atualiza a noção arendtiana de mentalidade alargada para se contrapor à radicalização do debate entre comunitaristas e liberais que se intensifica após a publicação de *Uma teoria da justiça*, de John Rawls, para combater o antagonismo entre contextualismo e universalismo e, ao mesmo tempo, para corrigir os excessos racionalistas que ela detecta em Habermas. Com isso, pretendo esclarecer de que modo Arendt inspira Benhabib na formulação da sua teoria do universalismo interativo, mais precisamente no momento de repensar o universalismo diante das objeções neoaristotélicas de descontextualização. Penso que é o olhar filosófico de Arendt para o particular e para a pluralidade que a auxilia nessa empreitada teórica, inclusive no momento em que se intensificam as questões feministas.

Comunitaristas, feministas e autores pós-modernos desafiam a tradição do universalismo moral e político em pelo menos três aspectos que Benhabib considera dignos de reflexão: trata-se 1) do ceticismo com relação à razão legisladora enquanto capaz de articular as condições necessárias de um ponto de vista moral; 2) da crítica segundo a qual a tradição universalista privilegia um ideal de ego autônomo abstrato, desincorporado e, sobretudo, *masculino*; 3) e da inabilidade da razão legisladora para lidar com a indeterminação e a multiplicidade de contextos com as quais a razão prática é sempre confrontada. Para Benhabib, essas críticas devem ser levadas a sério caso se queira permanecer dentro do legado da modernidade e da tradição universalista e é em resposta a elas – e em diálogo permanente com Habermas e Arendt – que ela formula o projeto do universalismo interativo. Convencida de que os *insights* cruciais da tradição universalista na filosofia prática podem ser reformulados sem se comprometer com ilusões metafísicas, o primeiro passo de Benhabib é assumir uma concepção comunicativa e interativa de racionalidade admitindo, ao mesmo tempo, que a concepção tradicional de um cogito desencarnado não faz jus ao processo contingente de socialização através do qual nos tornamos pessoas e construímos nossas identidades: tornamo-nos capazes de discurso e ação quando *aprendemos* a interagir em comunidade. O universalismo interativo pós-metafísico envolve, portanto, a concepção de um self situado e a reformulação do ponto de vista moral como uma aquisição de uma forma de racionalidade interativa e não de uma razão legisladora atemporal. Para ressignificar o universalismo, eis o ponto que me interessa, Benhabib propõe uma fenomenologia do juízo moral que contesta a ideia de que universalismo moral (e político) não é compatível com a contextualização do juízo. O seu objetivo é situar a razão e o *self* moral em contextos de gênero e comunidade, insistindo, ao mesmo tempo, no poder discursivo dos indivíduos para contestar essa contextualização em nome de princípios universalistas. Mas, para tanto, é preciso enfrentar a objeção de matriz hegeliana, segundo a qual procedimentos éticos de universalização são, na melhor das hipóteses, inconsistentes e, na pior, vazios. Aplicada à ética do discurso, esta objeção impõe o desafio de mostrar que inconsistência e vacuidade não são defeitos inevitáveis de um modelo de raciocínio moral concebido conversacionalmente. Para respondê-la, a estratégia de Benhabib envolve desfazer o radicalismo do embate entre neo-hegelianos, neoaristotélicos e neokantianos e defender a superação das oposições cristalizadas entre universalismo e historicidade, entre ética de princípios e juízo contextualizado, ou ainda entre cognição ética e motivação moral. É justamente aqui que ela encontra inspiração no pensamento arendtiano. A sua proposta de uma reformulação procedimental do princípio de universalização a partir do modelo da conversação moral – para o qual é fundamental a capacidade de reversão das perspectivas e a *disposição* para raciocinar a partir do ponto de vista dos outros – parte da leitura que Arendt faz do 'pensamento alargado' de Kant. Com uma leitura *sui generis* da não menos *sui generis* noção de mentalidade alargada que Arendt desenvolve baseada em Kant, Benhabib encontra em Arendt um caminho filosófico para enfraquecer a oposição entre universalismo e contextualismo. A teoria arendtiana do juízo juntaria o que é aparentemente irreconciliável: a preocupação aristotélica com o particular e a preocupação kantiana com os princípios.

A importância da filosofia prática arendtiana para Benhabib se faz presente também no enfrentamento que a autora de *Critique, norm, and utopia* (1986) tem com Habermas: com ele – que não foi capaz de responder adequadamente a uma atualização da objeção hegeliana à ética do discurso – a ética comunicativa corre o sério risco de cair em uma falácia racionalista de tipo kantiano, pois tende a ignorar as circunstâncias contingentes, históricas e afetivas de *selves* concretos e situados. Veremos, assim, alguns dos temas mais contundentes da filosofia política arendtiana – dos quais me ocupei nos três textos anteriores desta coletânea – sendo atualizados por Benhabib tanto no seu embate com Habermas, quanto com Rawls (mais precisamente, com o Rawls de *Uma teoria da justiça*, anterior tanto à publicação de *O liberalismo político*, em 1993, quanto das *Lectures on the history of political philosophy*, em 2007, que serviram de base para a análise que fiz da crítica de Rawls a Hobbes em "Rawls e Agamben sobre Hobbes"). Interessa notar que os excessos racionalistas que Benhabib encontra em Habermas o aproximam, mesmo que a contragosto, do liberalismo rawlsiano. Pelas mãos de Habermas, a ética comunicativa oscila desconfortavelmente entre uma concepção jurídica de vida pública e outra que valoriza o *ethos* democrático e participativo. Para Benhabib, entretanto, a primeira é muito limitada quando se trata de enfrentar conflitos, afinal, como é o caso da teoria da justiça de Rawls, se baseia num modelo monológico de constituição de interesses e necessidades e num modo de vida no qual a felicidade se identifica com a satisfação privada de indivíduos consumidores que não debatem o conteúdo dos seus interesses. Embora Habermas, segundo a autora, tenha proposto a substituição deste modelo monológico de constituição de interesses e necessidades por um modelo dialógico, a crítica à posição de Rawls requer que os discursos sejam vistos como *processos de transformação moral*. Sem isso, a ética comunicativa tende a recair em uma posição excessivamente jurídica e centrada no sistema legal. Adéqua-se mais a uma concepção democrático-participativa de vida pública a visão de que os discursos não geram apenas compromissos em torno de interesses, mas são também processos de transformação do agente. Ao falhar nesse aspecto, Habermas se aproximaria indevidamente de Rawls e levaria o modelo discursivo a vacilar entre o legalismo e a democracia participativa, o que não raro ocorre em detrimento desta última e em detrimento da pergunta a respeito da formação de um *ethos* democrático.

Procuro mostrar que a proposta de que os discursos sejam vistos como processos de transformação do agente – vinculada ao projeto maior de transfiguração do universalismo burguês assumido por Benhabib desde 1986 – encontra amparo teórico na filosofia arendtiana e, especialmente, na noção de mentalidade alargada. Ecoando Arendt, Benhabib assume o desafio de se contrapor à solução liberal, que sustenta um modelo legalista de vida pública, sem cair no oposto de pressupor (como seria o caso de Rousseau e também de Marx) a harmonia de interesses em uma sociedade sem conflitos guiada por uma vontade una ou por uma perspectiva particular indevidamente universalizada. A maneira de evitar essas duas soluções é supor que os agentes possam vir, em contextos democráticos, a transformar e a reformular os seus próprios interesses e pontos de vista. Ainda ecoando Arendt, o modelo de vida pública mais condizente com as pretensões de Benhabib com a ética comunicativa implica o desenvolvimento de um *ethos* democrático-participativo.

Em termos filosóficos, o diálogo crítico que Benhabib estabelece com Habermas, implica, de algum modo, a retomada (via Arendt e Hegel) de um aspecto da filosofia prática aristotélica que a filosofia moderna, a partir de Hobbes, condenou ao silêncio: a relação entre a razão e o desejo na determinação da conduta e a demanda dos agentes por felicidade, não apenas individual, mas pública. A ética comunicativa não diz respeito apenas a questões de justiça, mas também de boa vida, diz respeito à norma, e também à utopia. Essa utopia é condizente com a pluralidade, e, além disso, guarda algo de aristotélico ao supor a possibilidade de que os indivíduos aprendam a julgar e a agir de acordo com princípios e valores outros que não o interesse estritamente individual e concepções privadas de bem. Desse modo, há um resgate daquele aspecto da filosofia prática aristotélica que vimos Hobbes desdenhar como "mera utopia". Embora Arendt não gostasse nada de soluções utópicas (como vou sublinhar no anexo ao capítulo 5, "Arendt contra o progresso, a ruína e a utopia"), a utopia vislumbrada por Benhabib nos anos 1980 é, assim entendo, uma utopia de forte inspiração arendtiana. Trata-se de uma utopia que aposta em uma mentalidade que se amplia quando se torna capaz de considerar as perspectivas dos outros. Tanto para Benhabib como para Arendt, pensar do ponto de vista do outro envolve compartilhar uma cultura que suscite o desafio constante da perspectiva autocentrada do indivíduo. Isso requer certas disposições, requer também uma ampliação do espaço público e, das mais diversas maneiras, a ampliação da participação política – exigências que modelos excessivamente formais de democracia e exclusivamente centrados na justiça não são capazes de acomodar.

Para Benhabib, se a ética do discurso, tal como formulada por Habermas, tende a uma deontologia forte, resiste ainda a admitir que questões de justiça e de boa vida fluem umas paras as outras e que discursos práticos são ancorados em necessidades e em tradições culturais é porque ainda carrega os vestígios de modelos filosóficos contrafactuais e daquele mito do estado de natureza das primeiras teorias burguesas inaugurado por Hobbes. O autor do *Leviatã* é interpretado por ela não com as cores carregadas de Arendt – que o identifica como o precursor da mentalidade da burguesia imperialista –, mas como aquele que inaugura, na filosofia prática moderna, um tipo de abstração metodológica que conduz ao equívoco grave de supor que a reflexão sobre a política requer a negação das condições reais e efetivas que vinculam os indivíduos com o tempo, com a tradição, com a história e com modos específicos de socialização. Como Arendt, Benhabib entende que a abstração metodológica e a incapacidade de considerar o particular, aparta a filosofia prática da pluralidade humana e (dando um passo além de Arendt) esconde ainda a gênese do sujeito moral, como se nos tornássemos adultos antes de sermos crianças, como se raciocinássemos antes de sentir e desejar e como se não tivéssemos valores compartilhados formados em contextos culturais e institucionais. Os excessos racionalistas de Habermas remontam ao mito do sujeito moderno iniciado por Hobbes. O seu reformismo melancólico – de tonalidade liberal – também.

Em "Giorgio Agamben: a democracia contemporânea e a questão de gênero", analiso os limites da filosofia política de Agamben e do seu diagnóstico das democracias contemporâneas para uma reflexão a respeito da questão de gênero. Embora ele mesmo não tenha tratado desse tema, engajo-me no exercício de pensá-lo a partir do seu arsenal teórico. Como mostrei em "Rawls e Agamben sobre Hobbes", Agamben sustenta um diagnóstico extremamente pessimista da política contemporânea, focado sobretudo no funcionamento da máquina governamental e nos dispositivos de controle. Trata-se agora de questionar a acuidade desse diagnóstico e do retrato que Agamben pinta da sociedade – descrita como um bloco unívoco composto por sujeitos inteiramente "dessubjetivados", passivos, controlados e indistintos – para sugerir que a atenção excessiva aos dispositivos de controle o impede de detectar ganhos emancipatórios de quaisquer tipos, ao mesmo tempo que obsta uma reflexão mais refinada a respeito das causas da sujeição e dos possíveis caminhos para a sua superação.

A partir da obra de Seyla Benhabib e de Nancy Fraser procuro explicitar o vício que acompanha a redução integral da política à biopolítica. Em poucas palavras, sustento que o diagnóstico é precário e parcial porque desmerece ou simplesmente ignora os movimentos sociais, as lutas e reinvindicações de grupos diversos por reconhecimento e redistribuição nas democracias capitalistas contemporâneas. O preço que ele paga pela redução da política à biopolítica é o apagamento desses atores políticos, que efetivamente precisam desaparecer para que a sociedade contemporânea possa ser retratada como um corpo inerte, o mais dócil e frágil já constituído na história da humanidade. Se tomamos como exemplo a questão de gênero – trazida à esfera pública por distintos movimentos de mulheres – notamos que a lógica interna dessa teoria política conduz à conclusão de que as lutas e conquistas femininas do último século são, quando muito, uma ficção ou mera ilusão de liberdade. O ingresso das mulheres no espaço público, a conquista do direito de voto e a entrada no sistema de ensino não poderiam significar outra coisa senão a reinserção de suas vidas na ordem estatal e a sua submissão ao controle do poder soberano aliado ao capital. Para levar a sério as lutas e conquistas das mulheres, Agamben teria que colocar em questão a sua tese de que o corpo político do Ocidente é formado pelos corpos matáveis e dóceis dos súditos hobbesianos. E teria que desviar a sua atenção, toda voltada para as forças que correm por trás das costas dos sujeitos, para os próprios sujeitos enquanto agentes políticos. Embora sejam de fato corpos matáveis, as mulheres vêm protagonizando lutas incansáveis contra o "poder soberano", contra a cultura androcêntrica sustentada pela mesma mídia e pelo mesmo Estado que Agamben julga controlar e dominar todos nós, indistintamente.

Mas não é apenas para os atores políticos e suas conquistas que Agamben não tem olhos. Falta-lhe também, e por isso mesmo, uma atenção mais refinada às causas da sujeição e da injustiça, bem como às diversas formas de violência que vigem nas democracias atuais. Na sociedade homogênea e passiva que ele descreve os indivíduos não têm nenhuma especificidade, razão pela qual ele está impedido de ver que a sujeição ocorre de modos diferentes, com instrumentos distintos atuando sobre pessoas e grupos específicos. A teoria do estado de exceção e a redução da política à biopolítica não são atentas às particularidades e por isso ficam aquém de oferecer recursos para uma reflexão a respeito das causas da sujeição das mulheres e dos obstáculos efetivos à sua emancipação. A injustiça contra as mulheres não tem, como nos mostra Nancy Fraser, apenas uma face e uma causa – a mesma que afetaria indiscriminadamente todos os sujeitos dessubjetivados de Agamben –, pois que combina fatores materiais e simbólicos, que são distintos, mas estão imbricados e se reforçam mutuamente.

A tese de que a política moderna substituiu a vida qualificada do cidadão pela vida nua e o diagnóstico segundo o qual as sociedades contemporâneas são corpos inertes "atravessados por gigantescos processos de dessubjetivação" se mostram precárias quando nos propomos a refletir sobre as sutilezas das relações de poder e sobre a sujeição de indivíduos e grupos específicos. Sujeitos dessubjetivados não têm particularidades e são todos – brancos e negros, homens e mulheres, heterossexuais, homossexuais e transsexuais, pessoas de todas as classes – igualmente controlados pelos mesmos dispositivos. Desaparecem as suas especificidades de gênero, sexualidade, raça, classe; desaparecem as suas experiências concretas de sofrimento, agressão e injustiça; desaparecem as suas lutas. Tanto é assim que o esforço crítico de Agamben desde a primeira parte do *Homo sacer* (1995) até *O reino e a glória* (2007) parece terminar onde começou: afirmando e reafirmando, de um lado, os dispositivos de controle da máquina governamental, e, de outro lado, a vida nua dos corpos matáveis e dóceis dos súditos hobbesianos. Agamben reproduz, ao fim e ao cabo, aquele mesmo exercício de abstração que Seyla Benhabib detecta com sagacidade em Hobbes, quando este descreve os homens como cogumelos que brotam da terra e são, como esses fungos, sem história, sem laços, sem especificidades culturais, sem gênero, sem identidade. A abstração filosófica que elimina particularidades serve para Hobbes justificar a origem do Estado pelo contrato e a instituição da soberania absoluta. Na teoria política de Agamben, ela serve para corroborar um diagnóstico formulado de antemão e refratário às tensões e complexidades das sociedades contemporâneas. Embora não abandone a expectativa de uma política nova capaz de se desvencilhar da marca hobbesiana, Agamben se enreda na camisa de força da biopolítica pelo seu próprio hobbesianismo.

Virtude e Felicidade em Aristóteles e Hobbes[1]

É conhecido que a construção da filosofia política hobbesiana se faz a partir da crítica e substituição do princípio aristotélico do animal político. Ao recusar a natureza política dos homens, a intenção de Hobbes é estabelecer a origem do Estado pelo contrato e justificar a necessidade da soberania absoluta, que se torna condição necessária para a coexistência de indivíduos exclusivamente autointeressados. O objetivo deste texto é mostrar que, para que se concretize o seu projeto, Hobbes deverá não apenas recusar o *zoon politikon* de Aristóteles, mas também a noção de virtude como mediania e suas implicações maiores. Se a recusa da filosofia política de Aristóteles é necessária para que se estabeleça a origem do Estado pelo contrato, a recusa da filosofia moral aristotélica é fundamental para que se justifique a manutenção do Estado absoluto bem como a sua função doutrinadora. Que os homens não são animais políticos e são incapazes de serem educados para a virtude (no sentido aristotélico) são teses solidárias, derivadas do mesmo princípio, a saber, o princípio do benefício próprio, segundo o qual os homens, por natureza e necessidade, buscam sempre e em todas as suas ações realizar o

---

1 Este texto é uma versão com ajustes do artigo publicado na revista *Journal of Ancient Philosophy*, v. 2, n. 2, p. 1-19, 2008. As modificações não alteram o argumento original.

seu próprio bem, sendo todo o resto desejado no interesse desse fim. Este é o princípio que Hobbes mobiliza para recusar tanto a política quanto a ética de Aristóteles em nome da defesa permanente do Leviatã.[2]

À primeira vista há diversos pontos de contato entre a filosofia moral de Hobbes e a de Aristóteles, especialmente no tocante ao modo de operação da razão prática e ao papel central desempenhado pelo desejo. No que diz respeito ao último aspecto, am-

---

2   Trazer à luz os pontos centrais da crítica hobbesiana (não enunciada explicitamente) ao tratado da virtude moral de Aristóteles contribui ainda para que se apreenda o ponto mais frágil das interpretações que atribuem a Hobbes uma moral independente da psicologia e anterior à política. É com esse objetivo que Alfred E. Taylor, para citar um expoente dessa linha interpretativa, aproxima Hobbes de Kant e defende haver, no primeiro, um imperativo moral determinado pela reta razão à semelhança do imperativo categórico kantiano. De acordo com Taylor, "a doutrina ética de Hobbes, separada da psicologia egoísta com a qual ela não tem uma conexão lógica necessária, é uma deontologia estrita, curiosamente evocativa, embora com diferenças interessantes, de algumas das teses características de Kant" ("The Ethical Doctrine of Hobbes". In: BROWN, Keith. C. (Org.), *Hobbes Studies*. Cambridge: Harvard University Press, 1965, p. 37). O ponto comum entre Hobbes e Kant seria o caráter imperativo da lei moral (ibidem, p. 39). Uma leitura detida da primeira parte das três obras políticas de Hobbes, dedicadas à filosofia moral, mostra a deficiência dessa leitura sem que seja preciso explorar as diferenças entre o autor do *Leviatã* e o autor da *Fundamentação da metafísica dos costumes*. Os argumentos que Hobbes mobiliza contra a moral aristotélica são suficientes para entender por que a sua "lei" moral opera num registro radicalmente distinto do imperativo categórico kantiano. Entendo que as leituras que pretendem atribuir uma base moral à filosofia política de Hobbes dificilmente resistiriam aos argumentos que ele mesmo mobiliza contra Aristóteles.

bos reconhecem que os desejos fazem parte da natureza humana tanto quanto a razão e não vinculam a virtude com a falsa expectativa de uma vida livre de emoções ou paixões. Diferem, nesse sentido, dos estoicos que definem a paixão – em si mesma um pecado – como ignorância e vício.[3] O ideal estoico de *apatheia* faz do virtuoso um homem que, tendo se libertado inteiramente das paixões, atingiu a plena realização da perfeição humana e pode, então, viver segundo o *logos*. Hobbes e Aristóteles, em contrapartida, sabem que não é possível condicionar a virtude e a boa conduta à ausência de emoções ou paixões, porque a *aphateia* simplesmente não é para os humanos.[4] Desejos são constitutivos da alma e são, em alguma medida, o motor da ação. Sem eles, qualquer homem seria inerte, sem vida e incapaz de agir. Em ambos os casos, portanto, não cabe à filosofia moral condenar os desejos como se fossem um mal em si, mas sim discriminá-los a fim de determinar em que medida, quando e por que eles (e quais deles) conduzem à boa ou à má conduta.

---

3 Cícero, *De Finibus*. Loeb Classical Library. Harvard: University Press, 1978, III, IX, 32. Tratei mais demoradamente desse aspecto do estoicismo em contraste com Hobbes em Yara Frateschi, *A Física da Política*, op. cit.

4 Como aponta Marco Zingano, não se deve temer o anacronismo aqui, pois "o próprio Aristóteles mencionou (sem, porém, os nomear) os que, já em sua época, definiam as virtudes como 'estados de impassibilidade – *apatheias* – e de quietude'; e ele os menciona para imediatamente recusá-los" ("Emoção, ação e felicidade em Aristóteles". In: _____. *Estudos de Ética Antiga*. São Paulo: Discurso Editorial, 2007, p. 144). Cf. tb. Aristóteles, *Ethica Nicomachea*, II, 2, 1104b24-25 - (Todas as citações desta obra conforme *Ethica Nichomachea I 13 – III 8*. Trad., notas, e coment. de Marco Zingano. São Paulo: Odysseus Editora, 2008.

Em função do papel central que o desejo desempenha na filosofia moral aristotélica e também na hobbesiana devemos nos deter nesse aspecto a fim de destacar ao menos três pontos gerais de convergência. Primeiro, Hobbes concorda com Aristóteles acerca do móbil da ação: é o desejo, e não a razão, que põe fins aos homens, imprime movimento e conduz à ação.[5] Segundo, nos dois autores, a cadeia causal da ação segue esta ordem: o desejo põe o fim, o homem delibera e age. O desejo é o ponto de partida da deliberação, sendo o último passo da deliberação o ponto de partida do movimento que gera a ação. A razão, portanto, é responsável por determinar os meios para que se atinja fins postos pelo desejo. Terceiro, para ambos, o desejo se relaciona com uma emoção ou paixão que segue uma opinião,[6] ou seja, a imaginação do prazer, do bem ou do benefício que poderão advir. Enquanto motor da ação, o desejo segue uma emoção ou

---

5 Como mostra Marisa Lopes, diferentemente de Platão, para quem a *"phronêsis* é a forma de conhecimento mais elevada e o conhecimento que ela gera é razão suficiente para fazer um homem agir bem", Aristóteles entende que "ninguém age apenas em função do que sabe ser um bem ...[...], mas porque deseja agir segundo as razões da bondade da ação ou do fim que se realiza na ação" (Marisa Lopes, *A Relação entre virtude moral e phronêsis no livro VI da Ética Nicomaquéia*. São Paulo: FFLCH-USP, 2000. Dissertação – Mestrado em Filosofia, p. 8-9).

6 Aristóteles assim se refere à emoção (*pathos*): "Entendo por emoções apetite, cólera, medo, arrojo, inveja, alegria, amizade, ódio, anelo, emulação, piedade, em geral tudo a que se segue prazer ou dor" (Aristóteles, *Ethica Nicomachea*, II, 4, 1105b21). Hobbes denomina paixão o que em Aristóteles é emoção. Cf. Thomas Hobbes, *Leviatã*, cap. 6, no qual os exemplos de paixões são os mesmos, com algumas omissões.

paixão que é, por sua vez, resultado de uma alteração no sujeito, alteração que tem origem numa opinião, imaginação ou juízo.

Acompanhando Aristóteles no que diz respeito à importância do desejo na determinação da ação, Hobbes também traz o prazer para o centro da discussão moral. Numa passagem da *Ética a Nicômaco* à qual Hobbes daria seu assentimento, Aristóteles diz que desde a infância "somos todos criados com ele [o prazer]: por isso nos é difícil desvencilhar desta afecção entranhada na vida".[7] De seu lado, Hobbes afirma que o prazer é a aparência ou sensação de bem e que tudo o que os homens fazem é em nome do que consideram um bem.[8] Ambos, portanto, reconhecem que a filosofia moral deve levar a sério a importância do prazer, dado o seu papel na determinação da ação. No entanto, a convergência entre os dois autores é muito superficial, a começar daqui. Se Hobbes concorda com Aristóteles quanto à centralidade do desejo e do prazer na determinação da ação, nem por isso concorda com o desdobramento *ético* dessa constatação. Para Aristóteles, é marca distintiva do homem virtuoso não apenas agir virtuosamente, mas sentir prazer ao praticar ações nobres. Essa identificação do virtuoso com aquele que sente prazer em bem agir está ausente da filosofia hobbesiana, que não vincula a virtude com o prazer de bem agir, mas apenas com o bem agir, mesmo reconhecendo que dores e prazeres, assim como os medos e as esperanças (as paixões de um modo geral) são determinantes da ação. As razões dessa dissonância nos levam ao coração da divergência de Hobbes com Aristóteles no domínio da filosofia prática e revelam a alteração que Hobbes precisa fazer na filosofia aristotélica para justificar a necessidade da soberania absoluta.

---

7   Aristóteles, *Ethica Nicomachea*, II, 2, 1105a1.
8   Thomas Hobbes, *Leviatã*, cap. 6.

Para justificar a permanência do leviatã ele precisa recusar a possibilidade da educação do prazer, do desejo ou da emoção e, ao mesmo tempo, enfraquecer o papel da razão e da deliberação na determinação da ação. O caráter repressivo e doutrinador do Estado é justificado na medida em que compensa a falência do projeto aristotélico de educação para a virtude.

Para que possamos acompanhar a crítica que Hobbes faz à filosofia moral de Aristóteles deveremos reter alguns pontos da *Ética a Nicômaco* que, como veremos, serão sucessivamente retomados e recusados nas primeiras partes do *Elementos da lei*, do *Do cidadão* e do *Leviatã*. É digno de nota o fato de que Hobbes questiona passo a passo o tratado da virtude moral de Aristóteles sem, contudo, fazer qualquer menção direta a Aristóteles e tampouco aos seus tratados de ética. Mas a ausência de referência explícita não é capaz de esconder o oponente.

Virtude e felicidade, segundo Aristóteles

> Dado que a felicidade é certa atividade da alma segundo perfeita virtude, deve-se investigar a virtude, pois assim, presumivelmente, teremos também uma melhor visão da felicidade. O verdadeiro estadista parece igualmente ocupar-se sobretudo dela, pois pretende tornar os cidadãos bons e obedientes às leis.[9]

A passagem supracitada da *Ética a Nicômaco* aponta para uma relação entre a ética e a política introduzindo o tema da educação para virtude. Vejamos brevemente como se relacionam felicidade, virtude e educação para a virtude nos livros I e II da *Ética a Nicômaco* para, em seguida, retomarmos a crítica

---

9   Aristóteles, *Ethica Nicomachea*, I, 13, 1102a5-10.

de Hobbes. Na *Ética a Nicômaco*, precede a apresentação do bem supremo a afirmação de que toda ação, assim como toda escolha, tem em mira um bem qualquer, sendo o bem aquilo a que todas as coisas tendem. Há dois tipos de fins, que consistem nas próprias atividades (fins que desejamos por si mesmos) ou nos produtos das atividades (fins que desejamos como meios para uma outra coisa). O Sumo Bem, por sua vez, é um fim que desejamos por si mesmo, e tudo o mais é desejado no seu interesse. Segundo Aristóteles, esse fim coincide com a felicidade, que é a mais desejável de todas as coisas e, portanto, não pode ser enumerada como um bem entre outros. Ora, uma vez que a função do homem é uma atividade da alma conforme a razão,[10] a felicidade não se reduz à obtenção de honras ou de prazeres, mas consiste numa certa atividade da alma conforme à virtude, o que está em harmonia com a afirmação de que os bens da alma são bens em sentido mais elevado e completo do que os bens externos e os bens do corpo.[11] Sabemos ainda que, para Aristóteles, a realização da felicidade não se dá apenas no âmbito individual. Por ser o bem supremo para os homens e tratar-se de algo autossuficiente, ela deve ser buscada no âmbito da *polis*, já que o termo "autossuficiente" é empregado "não com referência a um homem sozinho, vivendo uma vida de isolamento, mas também aos seus pais, filhos e esposa e aos seus amigos e concidadãos em geral",[12] visto que o homem é, por natureza, um animal político. Ademais, sendo a virtude moral produzida pelo hábito,[13] e sendo a prática da virtude algo que diz respeito também às nossas ações

---

10 Ibidem, I, 7, 1098a3-8.
11 Ibidem, I, 7, 1098b13-19.
12 Ibidem, I, 7, 1097b8-11.
13 Ibidem, II, 1, 1103a17.

para com os outros,[14] essa prática deve ser estimulada e efetivada na vida (política) da cidade.

Educação para a virtude. A função principal da política é, pois, produzir um certo caráter nos cidadãos a fim de torná-los virtuosos e capazes de ações nobres.[15] Daí que seja a política a ciência arquitetônica do domínio prático, à qual a ética se subordina: pertence à política o estudo do bem supremo para os homens e o exame da virtude.[16] Com a função de educar os cidadãos para a virtude, o homem político deve conhecer de certo modo a alma humana para que seja capaz de tornar os cidadãos bons por meio dos hábitos. E, para tanto, sem que seja necessária uma precisão maior do que esta, ele deve saber que a alma tem uma parte racional e outra privada de razão, sendo a primeira subdividida em parte científica ou pensamento especulativo (a que contempla as coisas cujas causas são invariáveis) e parte calculadora ou pensamento prático (a que contempla as coisas variáveis). A alma não racional, por sua vez, subdivide-se em parte vegetativa, que é comum a todas as espécies e é causa da nutrição e do crescimento, e parte desiderativa, *lócus* dos desejos e dos apetites. Embora a parte vegetativa e a parte desiderativa sejam espécies de um mesmo gênero, o *não racional* – isto é, o que não tem razão por si mesmo –, o elemento desiderativo pode adquirir alguma racionalidade quando é conforme ao princípio racional.

Importa sublinhar aqui que o desejo humano pode ser aperfeiçoado pela razão, o que garante, em princípio, a possibilidade da racionalidade de todas as nossas ações, o que depende, por sua vez, da educação para a virtude por meio da prática habitu-

---

14 Ibidem, V, 1, 1129b30-33.
15 Ibidem, I, 9, 1099b30-31.
16 Ibidem, I, 13, 1102a11-15.

al de ações virtuosas. Para que seja frutífera, tal educação deve incidir sobre os prazeres e as dores, já que estes têm efeito determinante sobre as ações: "por causa do prazer cometemos atos vis, por causa da dor nos abstemos de ações belas".[17] Aristóteles defende que a educação certa deve começar na infância a fim de aprendermos a nos deleitar e a sofrer com as coisas que devem causar deleite e sofrimento. Essa educação se faz necessária não apenas porque há uma relação de determinação entre desejo e ação, mas também porque é marca distintiva do homem virtuoso não apenas agir virtuosamente, mas, como vimos, sentir prazer ao praticar ações nobres, justas, virtuosas. Para ele, as ações conformes à virtude são prazerosas por si mesmas, de tal modo que na pessoa do homem virtuoso não há conflito entre os desejos que tem e os que deveria ter, ou ainda entre os desejos que tem e as ações que deveria praticar. A proposta de Aristóteles não é educar para que se aprenda a agir de maneira "correta", ainda que os nossos desejos nos empurrem para o lado oposto (tal é a moralidade cristã), mas sim educar os desejos para que sejam conformes à conduta virtuosa.

Mediania. Para que a escolha humana seja acertada e conduza a uma ação virtuosa, o desejo deve perseguir o que afirma o princípio racional. Daí Aristóteles afirmar que a escolha deliberada é um raciocínio desiderativo ou um desejo raciocinado.[18] Na origem dessa afirmação, há duas constatações: 1) o homem é um misto de razão e desejo, ou, por outra, a sua alma se divide em partes distintas, mas inseparáveis – a racional e a não racional; 2) em certo sentido, há um elemento na parte não racional

---

17 Ibidem, II, 3, 1104b10-11.
18 Ibidem, VI, 2, 1139b4-5. Marco Zingano traduz essa passagem do seguinte modo: a escolha deliberada é "o intelecto desiderativo ou o desejo reflexionante".

da alma que participa da razão: o elemento desiderativo, que pode obedecer à razão.[19] Isso nos remete ao último ponto que devemos abordar nessa apresentação dos temas do tratado da virtude moral recuperados e criticados por Hobbes. A virtude moral de Aristóteles não é uma emoção nem uma faculdade, mas uma disposição da alma que torna o homem bom e o faz desempenhar bem a sua função, a qual consiste numa certa atividade conforme ao princípio racional,[20] e, para desempenhá-la bem, isto é, com excelência, é preciso ter em mira o meio termo: "*A virtude é, portanto, uma disposição de escolher por deliberação, consistindo em uma mediedade relativa a nós, disposição delimitada pela razão, isto é, como delimitaria o prudente*".[21] O meio termo situa-se entre o excesso e a falta e pode ser encontrado no que diz respeito tanto às paixões quanto às ações. No primeiro caso, realiza-se quando, por exemplo, o medo, a confiança, a ira, o desejo, o prazer e a dor são sentidos sem excesso ou escassez, o que seria um mal. É marca da virtude moral que sejam sentidos no tempo e na ocasião corretos, em relação à pessoa certa, pelo propósito certo e da maneira correta.[22] No que diz respeito às ações, o meio termo também pode e deve ser realizado. A virtude é, pois, uma disposição de caráter que determina a escolha de ações e emoções e que consiste, essencialmente, na observância do meio termo relativamente a nós, o qual é, por sua vez, determinado pelo princípio racional. Não que seja fácil alcançá-la, pois tendemos por natureza mais às ações e às paixões contrárias ao meio termo, de onde se segue que somos mais facilmente

---

19 Aristóteles, *Ethica Nicomachea*, I, 13, 1102b31.
20 Ibidem, II, 6, 1106a23-24.
21 Ibidem, II, 6, 1106b36-1107a10.
22 Ibidem, II, 6, 1106b20-23.

levados à intemperança do que à virtude.[23] Mas, embora não seja empresa fácil, também não é impossível encontrar o meio termo, e, ao menos em princípio, todos os seres racionais são capazes de fazê-lo e devem ser educados para tanto.

**

Na primeira parte de suas obras políticas Hobbes questiona ponto por ponto os temas acima destacados do tratado da virtude moral de Aristóteles, ainda que sem menção explícita ao oponente. Mais do que isso, ele empreende uma ressignificação dos termos centrais daquele tratado (tais como *felicidade*, *virtude* e *deliberação*) mediante a qual mantém os termos da filosofia moral tradicional, mas alterando completamente o seu significado. Como "toda ciência começa por definições",[24] diz Hobbes, alterar as definições da filosofia moral tradicional é condição necessária da alteração das suas conclusões. E, assim, redefinindo corretamente os termos – que são o ponto de partida de qualquer investigação científica –, "o verdadeiro filósofo moral" será capaz de demonstrar que a medida do bem e do mal, assim como da virtude e do vício, é dada pela lei de cada Estado. Com isso, a conduta virtuosa deixa de coincidir com a busca da mediana entre extremos viciosos para coincidir com a obediência civil.[25] Vejamos.

---

23 Ibidem, II, 8, 1109a11-19.
24 Thomas Hobbes, *De Homine*. Trad. e coment. de Paul-Marie Maurin. Paris: Libraire Scientifique et Technique Albert Blanchard, 1974, cap. XIII, p.
25 Idem, *Do Cidadão*. Trad. de Renato Janine Ribeiro. São Paulo: Martins Fontes, 1992, cap. III, §32.

Virtude e felicidade, segundo Hobbes

Vimos que Aristóteles associa a felicidade a uma atividade (certa atividade da alma segundo perfeita virtude), trata-se agora de mostrar como Hobbes altera aquela definição:

> O *sucesso contínuo* na obtenção daquelas coisas que de tempos em tempos os homens desejam, quer dizer, o prosperar constante, é aquilo a que os homens chamam *felicidade*; refiro-me à felicidade nesta vida. Pois não existe uma perpétua tranquilidade de espírito, enquanto aqui vivemos porque a própria vida não passa de movimento, e jamais pode deixar de haver desejo, ou medo, tal como não pode deixar de haver sensação.[26]

Para chegar à definição de felicidade como sucesso contínuo na obtenção dos objetos do desejo, Hobbes precisa desmentir a concepção teleológica de natureza sustentada pela tradição aristotélica e colocar, em seu lugar, uma teoria geral do movimento que recusa a causalidade final e admite apenas a causalidade eficiente. Interessa aqui precisamente a conclusão que ele extrai dessa substituição no tocante à teoria da ação: ao eliminar a causa final, ele elimina também a ideia de Sumo Bem, e, com isso, condena os homens a uma busca incessante de fins sempre provisórios. Para tanto, ele precisa recusar a distinção feita por Aristóteles, no início da *Ética a Nicômaco*, entre fins que são atividades e fins que são produtos distintos das atividades, distinção necessária para a identificação da felicidade como uma atividade. O argumento de Hobbes é o seguinte: porque nunca deixamos de desejar e o desejo sempre pressupõe um fim mais

---

26 Thomas Hobbes, *Leviatã*. Trad. de João Paulo Monteiro e Maria Beatriz Nizza da Silva. 3. ed. São Paulo: Abril Cultural, 1983, p. 39.

longínquo (a obtenção de algo que não temos no presente), a felicidade não é uma atividade e tampouco é fim último ou bem supremo, mas apenas o sucesso contínuo da obtenção dos objetos do desejo.[27] Com isso, Hobbes concluirá que a felicidade, tal como definida por Aristóteles, é mera utopia:

> Quanto a um fim último, no qual os filósofos antigos situaram a felicidade e muito discutiram sobre o caminho para atingi-la, não há semelhante coisa neste mundo, nem caminho para ela, exceto em termos de Utopia; pois enquanto vivermos teremos desejos, e o desejo sempre pressupõe um fim mais longínquo.[28]

O fato de o desejo localizar-se necessariamente num objeto ausente (e dos fins serem sempre provisórios) elimina a possibilidade da identificação da felicidade com um *modo de agir* e introduz, inevitavelmente, uma *lógica de resultados*: tudo o que os homens fazem é em nome da aquisição de algo que julgam um bem para si próprios. Trata-se de um cálculo de utilidade condizente com o princípio que orienta a construção de todo o pensamento moral e político de Hobbes: o princípio do benefício próprio, segundo o qual a natureza humana conduz, em primeiro lugar, à procura do que cada um considera bom para si mesmo, sendo todo o resto desejado no interesse desse fim. No limite, todas as ações, coisas e pessoas são tratadas pelo indivíduo

---

27 Tratei mais detidamente dessa questão em "Filosofia da natureza e filosofia Moral em Hobbes", *Cadernos de História e Filosofia da Ciência*, série 3, v. 15, n. 1, p. 7-32, 2005.
28 Thomas Hobbes, *Elements of law: Human nature and De Corpore Politico*. Editado por J. C. A. Gaskin. Oxford: Oxford University Press, 1994., I, cap. VII, §6, pp. 44-5.

como meios, isto é, como instrumentos para a sua preservação e satisfação, de modo que o valor das ações, coisas e pessoas deriva do fato de os indivíduos as *julgarem* úteis para esse fim: "o valor de um homem, tal como o de todas as outras coisas, é seu preço; isto é, tanto quanto seria dado pelo uso de seu poder. Portanto, não absoluto, mas algo que depende da necessidade e julgamento de outrem".[29] Segue-se que todos os valores são acidentais e relativos, e que, portanto, não há a possibilidade de um acordo natural em torno das noções de bem e mal, que são estritamente individuais e incomunicáveis. Eis porque a felicidade deixa de ser um modo de agir e se torna o sucesso contínuo na satisfação dos desejos, e, ao mesmo tempo, deixa de ser algo a ser procurado no âmbito da *polis* para se tornar apenas satisfação individual.

Em conformidade com o princípio do benefício próprio, Hobbes altera profundamente a natureza das ações virtuosas, que são boas porque consistem "em meios para uma vida pacífica, sociável e confortável", e não porque derivam de uma "mediocridade das paixões".[30] Isso significa que as ações são boas *instrumentalmente*: as virtudes morais são "os meios da paz". Ocorre que, ainda que Hobbes afirme que a razão nos dá a conhecer as virtudes (a justiça, a gratidão, a modéstia, a equidade, a misericórdia), as leis de natureza não são propriamente leis, mas teoremas da razão relativos ao que contribui à paz e à defesa de cada um, ou seja, não podem obrigar ou impor a sua observância. Como a razão não tem esse poder de mando e a lei "é a palavra daquele que tem o direito de comandar os outros",[31] não há nenhuma norma fora da

---

29 Thomas Hobbes, *Leviatã*, cap. X.
30 Ibidem, I, cap. 15; idem, *Do cidadão*, op. cit., cap. III, §32.
31 Idem, *Leviatã*, I, cap. 15. Com a intenção de defender que há uma teoria moral em Hobbes independente da sua psicologia e anterior à política, algumas leituras da filosofia hobbesiana – tais como as

Liberdade, cidadania e *ethos* democrático 75

sociedade civil, tampouco a norma da virtude e do vício. Com

de Alfred E. Taylor e Howard Warrender – precisam negligenciar a afirmação de que a regra do bem e do mal é a lei civil, ou seja, precisam recusar a conclusão principal da filosofia moral de Hobbes. Em linhas gerais, a tese Taylor-Warrender defende que a moral hobbesiana não é uma moral meramente prudencial, isto é, uma moral que se construiria a partir do princípio do interesse, que é um princípio egoísta derivado da sua psicologia. Taylor entende que há em Hobbes (como em Kant!) um imperativo moral baseado na reta razão, sendo a moral anterior à política e a filosofia moral independente da psicologia. A exigência de separação entre moral e psicologia deve-se à tentativa de provar que a moral não é construída a partir do princípio do benefício próprio, pois encerra deveres que estão em conformidade com uma norma estabelecida pela razão independentemente do interesse. Daí Taylor encontrar semelhanças entre Hobbes e Kant no que diz respeito ao imperativo moral: haveria em Hobbes, como em Kant, uma diferença entre a ação conforme ao dever e ação por dever. Não precisamos comparar a "lei" moral hobbesiana com o imperativo categórico kantiano para atestar a inadequação dessa leitura. Antes disso, basta mostrar, a partir do contraste com Aristóteles, que Hobbes não sustenta a ideia de uma moral universalista e independente da política justamente porque não aceita o que Taylor quer lhe atribuir, qual seja, a existência de valores que se sustentam em si mesmos independentemente do benefício que acarretam. A investigação da crítica feita por Hobbes dos temas centrais do tratado da virtude moral de Aristóteles nos poupa de uma aproximação indevida do filósofo inglês com o autor da *Fundamentação da metafísica dos costumes*, aproximação feita à custa de negligenciar o vínculo inegável entre a moral e a psicologia hobbesiana. Essas leituras, recusando a centralidade do princípio do benefício próprio, atribuem à razão hobbesiana uma função – a de estabelecer um imperativo moral – que ela não tem e não pode ter por ser uma faculdade meramente calculadora operando em indivíduos exclusivamente autointeressados. Uma comparação com Aristóteles, o oponente

isso, Hobbes defende que a virtude moral requer a vida política, mas não porque na cidade seja possível disciplinar o caráter dos cidadãos (como poderia afirmar Aristóteles), mas porque a norma da virtude e do vício – a regra do bem e do mal – "não pode ser outra que não a lei de cada Estado".[32]

Quando Hobbes identifica as virtudes morais com o hábito de agir conforme os teoremas da razão,[33] ele até parece se aproximar de Aristóteles, que define a virtude como um hábito e um hábito delimitado pela razão. No entanto, a aproximação é enganosa, pois Hobbes exclui o elemento definidor da virtude moral aristotélica, a saber, que a virtude consiste numa *disposição de escolher por deliberação*. As disposições, segundo Aristóteles, são estados da alma em função dos quais nos portamos bem ou mal com relação às emoções.[34] Nota-se que se Aristóteles trouxe as emoções para o centro do tratado sobre a virtude moral foi para dizer que elas precisam ser aperfeiçoadas e persuadidas de algum modo pela razão, e que isso depende de uma educação capaz de gerar, por meio do hábito, disposições *saudáveis* do ponto de vista moral. Tais disposições são necessárias para que se atinja a mediania relativamente às emoções e ações. Como aponta Marco Zingano, "a virtude não é uma emoção, mas não ocorre sem emoções, dado que é uma disposição e toda disposição é um comportamento estável com relação às emoções".[35] Em Hobbes,

---

principal de Hobbes (ao lado de Cícero) nas questões morais, dá conta de evidenciar onde está a falha dessas interpretações.
32 Thomas Hobbes, *De Homine*, op. cit., cap. XIII, §9, p. 76.
33 Para a compreensão de virtude como hábito, cf. idem, *Do cidadão*, op. cit., cap. 3, §31; idem, *Elementos da lei natural e política*, cap. 17, §14.
34 Aristóteles, *Ethica Nicomachea*, II, 4, 1105b26.
35 Marco Zingano, "Emoção, ação e felicidade em Aristóteles", op. cit., p. 156.

as disposições (*ingenia*) são inclinações dos homens a determinados fins,[36] e, quando o hábito consolida disposições favoráveis à paz, temos *bons* costumes (*mores*). No entanto, diferentemente de Aristóteles, Hobbes não aposta na ideia de que o enraizamento de boas disposições é capaz de gerar uma estabilidade com relação às emoções (e esse é o cerne da filosofia moral aristotélica). A estabilidade com relação às emoções depende de um controle externo permanente e decorre, sobretudo, do controle que o Estado exerce sobre as opiniões dos súditos mediante doutrinação, promessa de recompensa e ameaça de punição.

Vemos, assim, que o ponto central da discordância é que as disposições do homem hobbesiano não gozam da mesma permanência que a disposição de caráter do homem virtuoso de Aristóteles. E isso ocorre pelo menos por dois motivos: porque os desejos, em constante migração, são refratários ao controle da razão, e, além disso, porque a razão não é outra coisa senão uma faculdade de cálculo operando em indivíduos autointeressados. Estes dois fatores geram uma instabilidade interna que frustra a expectativa de uma educação para a virtude e faz da felicidade aristotélica mera "utopia" (que frustra, também, uma aproximação de Hobbes com Kant). Em Aristóteles, é a possibilidade de educação dos desejos que garante a fixidez de caráter do homem virtuoso. Quando Hobbes recusa essa possibilidade, resta-lhe identificar a virtude com a obediência civil: a norma vem de fora, não de dentro; ela é externa, e não interna.

Razão e desejo, segundo Hobbes

Vimos inicialmente que Hobbes parece seguir Aristóteles ao colocar o desejo em posição privilegiada na determinação da

---

36 Thomas Hobbes, *Do cidadão*, op. cit., cap. XIII, §1.

ação. Também no que diz respeito à deliberação, Hobbes parece seguir à risca Aristóteles. No entanto, assim como no caso anterior (da centralidade do desejo), ele faz desaparecer completamente as exigências morais feitas pelo autor da *Ética a Nicômaco*. Para ambos, na origem da deliberação sempre há um desejo por algo que parece ser um bem. Esse desejo funciona como um móbil e o agente passa a se engajar num processo de deliberação que tem como fim a obtenção do alvo desejado: trata-se de um processo em que o raciocínio se volta para o alvo do querer. O desejo é o ponto de partida da deliberação, sendo o último passo da deliberação o ponto de partida do movimento que gera a ação. Ora, o trabalho da razão calculadora na deliberação hobbesiana parece coincidir com o da razão prática na deliberação aristotélica. No entanto, ainda que em ambos a razão calcule meios com vistas à obtenção do fim posto pelo desejo, uma investigação cuidadosa do papel da razão e da deliberação em Hobbes mostrará, novamente, que a aproximação é superficial porque este assimila a estrutura geral do processo deliberativo exposto na Ética Nicomaquéia, mas faz desaparecer a distinção entre boa deliberação e deliberação eficaz. Em suma, Hobbes abandona as exigências morais feitas por Aristóteles ao fazer da eficiência a marca distintiva do bom deliberador.

Mesmo recusando que a razão estabeleça fins para os homens, Aristóteles não sustenta uma concepção meramente instrumental de racionalidade prática, ao menos no sentido hobbesiano. Se fosse exclusivamente uma faculdade de calcular meios eficientes, a razão seria responsável apenas pela *eficácia* da ação humana, e o bom deliberador seria o mais capaz em produzir o efeito desejado. Tratar-se-ia de um cálculo de resultados. Isso vale para Hobbes, mas não para Aristóteles. De acordo com Hobbes, delibera bem quem possui, graças à experiência ou à razão, a maior e mais segura capacidade de prever as *consequências* das coisas.[37] Nota-se que o tratamento que ele dá ao tema da boa deliberação está circunscrito à lógica do princípio do benefício próprio, de tal modo que o trabalho da razão é apenas o de encontrar meios eficazes para a preservação ou satisfação individual. Aristóteles, por sua vez, não considera que a boa deliberação seja apenas o cálculo mais eficaz: um homem mau pode deliberar com sucesso e nem por isso deliberar com retidão. Há aqui uma exigência da qual Hobbes se distancia completamente, a saber, que o procedimento implicado no processo de escolha vale mais do que o resultado da ação.

Para o autor da *Ética a Nicômaco*, a virtude moral exige o hábito de escolher buscando o meio-termo e esse hábito conta mais do que o resultado do ato na hora de determinar o valor moral da ação. Isso não significa que as consequências não sejam importantes, mas sim que elas, sozinhas, não são capazes de conferir ao ato a qualidade de virtude. É uma exigência da ética aristotélica que a ação seja feita com base em razões morais. Daí a centralidade da escolha deliberada que "é acompanhada de pensamento e reflexão"[38] e capacita o agente a justificar a sua decisão por razões propriamente morais. Assim sendo, diz Aristóteles, "os atos são ditos justos e temperantes quando são tais quais os que faria o justo ou o temperante: é justo e temperante não quem os realiza, mas quem os realiza tal como os justos e temperantes os realizam".[39] Para Hobbes, em contrapartida,

---

37 Idem, *Leviatã*, cap. VI.
38 Aristóteles, *Ethica Nicomachea*, III, 2, 1112a15.
39 Ibidem, II, 3, 1105b5-8. Como mostra Marco Zingano ("Emoção, ação e felicidade em Aristóteles", op. cit., p. 160), o valor moral é mais propriamente apreendido não pelo que é feito, mas pela deliberação de como fazer e isso assegura ao domínio

uma ação é boa quando conduz à paz (ou, no caso da guerra, à preservação de si), ou seja, é o resultado que confere bondade à ação, e não o procedimento ou as intenções do agente. Essa preeminência do *resultado* em relação ao *modo de agir* é a consequência mais marcante da crítica que Hobbes faz ao projeto moral e pedagógico de Aristóteles. A virtude não é mediedade (*mediocridade*, segundo Hobbes) porque o que importa é o resultado. Logo, a mais importante contribuição da filosofia moral não é dar os parâmetros do modo de agir verdadeiramente ético (que difere, pela sua motivação, da ação eficaz), mas demonstrar a necessidade da instituição do Estado. E do Estado absoluto.

O contraste com Aristóteles se faz sentir, sobretudo, na medida em que Hobbes reduz o papel da razão – e também da deliberação – na determinação do desejo e, consequentemente, da ação. De acordo com o filósofo inglês, o desejo consiste no sentimento de prazer ou desprazer em relação às coisas que percebemos, sentimentos esses que decorrem do movimento do objeto externo e que nos afeta, ajudando ou prejudicando o nosso movimento vital. Ademais, o desejo está em constante modificação, uma vez que a própria constituição do corpo humano se modifica constantemente, sendo impossível que as mesmas coisas provoquem sempre os mesmos apetites e as mesmas aversões. Ao afirmar que o desejo é determinado pela ação do objeto externo sobre o corpo, Hobbes descarta a possibilidade de que a razão venha a determiná-lo, ou ainda que haja *internamente* no homem a organização dos desejos sob o domínio da razão. Isso não significa que seja impossível um acordo entre desejo e razão. A feitura do pacto evidencia que ambos podem convergir

---

interno uma prerrogativa sobre o externo quanto à análise do valor moral da ação.

para a realização de uma ação, mas essa convergência se dá na medida em que a razão oferece os meios para que se alcance um fim posto pelo desejo, e não na medida em que o desejo lhe obedece.[40] No que diz respeito à deliberação, vemos o seu papel ser reduzido pelo determinismo – no qual está ancorada a filosofia moral de Hobbes –, que o leva a recusar a liberdade da vontade e a defender que o homem, quando muito, é livre para mover-se na direção do objeto desejado, mas não é livre para querer isso ou aquilo. A vontade não se determina e não é causa de si mesma, dependente que é do modo como reagimos internamente – e sobre o qual não deliberamos – à ação do mundo exterior. Isso significa que há causas necessárias que fazem com que os homens queiram o que querem.[41] Com isso, Hobbes tira dos agentes morais aquela responsabilidade e a possibilidade de "autodeterminação" – ou seja, a capacidade de autogoverno garantida pela disciplina do caráter – que Aristóteles lhes atribui (e deles exige) ao dizer que o homem é princípio e gerador de suas escolhas como é de seus filhos.[42] Segundo Hobbes, um indivíduo pode ser responsabilizado por suas ações, mas não pode ser considerado responsável pelo seu querer porque o seu desejo e a sua vontade não estão sob seu poder.

---

40 O papel da razão (Thomas Hobbes, *Do cidadão*, op. cit., cap. III, §31) é fazer com que os homens entrem em acordo sobre um bem futuro. Embora eles não possam entrar em acordo quanto ao bem presente (porque medem o bem e o mal pelos seus desejos), eles podem sim concordar quanto a um bem futuro (as coisas futuras são percebidas apenas pela razão). A paz é um bem futuro que a razão indica enquanto tal.
41 Trato do determinismo e da negação do livre-arbítrio em "Liberdade e livre-arbítrio em Hobbes".
42 Aristóteles, *Ethica Nicomachea*, III, 5, 1113b19.

Em suma, dois elementos profundamente contrastantes com Aristóteles impedem Hobbes de aceitar o projeto de educação para a virtude com vistas à formação do caráter: 1) segundo Hobbes, o princípio motor da ação não se encontra em nós, mas fora de nós, ou seja, nos objetos externos; 2) a razão intervém muito acanhadamente no processo decisório. Isso aponta para uma inversão de primeira grandeza: enquanto Aristóteles aposta na *interioridade*, ou seja, na possibilidade de que o sujeito venha a encontrar internamente a medida da ação, Hobbes pode apostar apenas no controle externo. Se o princípio motor da ação não reside em nós e à razão está reservado o limitado papel da instrumentalidade eficaz, a medida e o controle da ação deverão ser sempre externos. Daí a impossibilidade da educação para a virtude e, finalmente, a necessidade da soberania absoluta. Há, em Hobbes, uma inflação da repressão justificada pela impossibilidade do "autogoverno" e pela falta de liberdade da vontade.

Vimos inicialmente que Hobbes mantém o vínculo estabelecido por Aristóteles entre o desejo e a opinião do prazer, do bem ou do benefício que poderão advir: o desejo segue uma emoção ou paixão que é, por sua vez, resultado de uma alteração no sujeito que tem origem numa opinião, imaginação ou juízo. Tome-se, por exemplo, a definição de *medo* e veremos que Hobbes assume, sem qualquer alteração, o texto da *Retórica* (II, 5), onde o medo é definido como uma dor ou perturbação que se segue à imaginação de um mal futuro.[43] No entanto, novamente ele extrai daí conclusões inteiramente diversas de Aristóteles. Para este, é justamente o fato

---

43 Cf. Thomas Hobbes, *Elementos da lei natural e política* I, cap. 12, §2, no qual Hobbes afirma que o medo é expectativa do futuro; cf. tb. com *Leviatã*, cap. 6, onde o medo é definido como uma opinião de dano proveniente do objeto (A tradução brasileira da coleção *Os Pensadores* peca ao traduzir "opinion" por "crença", em lugar de "opinião").

de a emoção ter por base uma opinião ou um juízo que garante a possibilidade de que ela venha a ser aperfeiçoada e moderada pela razão.[44] Em Hobbes, o desejo também segue uma opinião, mas o princípio do benefício próprio somado à instabilidade do prazer (que ora se localiza em um objeto, ora em outro) faz com que os homens prefiram os benefícios imediatos às conquistas duradouras. A lógica de resultados aliada a essa ansiedade por satisfazer o desejo que agora se impõe frustram o projeto da educação para a virtude. Portanto, resta ao soberano a tarefa de conduzir *externamente* os desejos dos súditos na direção do cumprimento do pacto. Não se trata de educar homens para que passem a desejar conforme a razão, mas sim de fazer com que, pela ameaça de punição e pela promessa de recompensa, eles não desejem descumprir o pacto. Uma vez que os desejos são uma reação ao objeto externo e se configuram na medida em que sentimos ou imaginamos benefícios ou prejuízos, torna-se possível dirigi-los mediante promessas de recompensas e ameaças de prejuízo.[45] Feito o pacto e constituída a sociedade civil, a punição e a recompensa podem, pois, fazer com que os desejos estejam de acordo com os teoremas racionais relativos à paz e à defesa. Mas não é a razão que os forma e deter-

---

44 Sigo aqui a análise de Marco Zingano em "Emoção, ação e felicidade em Aristóteles", op. cit. Como mostra o autor, "já que as emoções se formam a partir de uma cognição, por isso mesmo elas não são refratárias à razão; ao contrário, podem escutar a razão e, deste modo, aperfeiçoar-se, tornando-se assim emoções moderadas" (ibidem, p. 154).

45 "Também é evidente que todas as ações voluntárias têm origem na vontade, e dela necessariamente dependem; e que a vontade de fazer ou deixar de fazer qualquer coisa depende da opinião de cada um sobre o bem e o mal, e sobre a recompensa ou o castigo que se vão seguir à ação ou à sua omissão" (Thomas Hobbes, *Do Cidadão*, op. cit., cap. VI, §11).

mina, e sim as ameaças de punição e as promessas de recompensa, que vêm de fora: se estas fazem com que uma ação pareça mais ou menos proveitosa, os homens identificam no cumprimento da lei um benefício e no descumprimento da lei, um dano.

No *Leviatã*, a força e a retórica aparecem, então, como dois instrumentos eficazes e imprescindíveis para direcionar os desejos e as opiniões no sentido da paz e da obediência às regras civis, isto é, das virtudes morais. Ambas podem atuar sobre as opiniões de benefício e prejuízo, tornando os homens mais propensos ao cumprimento das leis e mais avessos à desobediência civil.[46] A educação para a virtude é substituída, então, por um projeto de doutrinação, que não visa senão o controle das opiniões para a obediência.

※ ※ ※

Neste texto eu procurei mostrar que tanto a substituição do *zoon politikon* aristotélico pelo princípio do benefício próprio quanto a substituição da *eudaimonia* pela satisfação individual são etapas fundamentais do argumento que culmina com a prova da necessidade da soberania absoluta. O Estado deve ser da dimensão do leviatã para suprir uma carência moral natural. A necessidade da soberania absoluta, em Hobbes, é derivada, em última instância, de uma característica da natureza humana: a precariedade natural do diálogo entre desejo e razão. Entre as duas faculdades, não há diálogo, mas sim uma

---

46 No *Leviatã*, Hobbes admite a retórica como um instrumento eficaz para manter a obediência civil. Uma vez que as ações decorrem das opiniões que temos acerca dos benefícios e dos prejuízos que elas podem nos trazer, o bom governo das ações requer o bom governo das opiniões na direção da paz e da concórdia (*Leviathan*. Editado por R. Tuck. Cambridge, UK: Cambridge University Press, 1991, cap. XVIII, p. 124).

relação clara de autoridade na qual o desejo se impõe e a razão o serve. Como não se verifica o retorno (ou se verifica muito precariamente) da ação da razão sobre o desejo, a relação é marcada sempre pelo senhorio deste último que, por sua vez, fica à mercê das preferências individuais, múltiplas e inconstantes. A razão, destronada, é incapaz de dar a medida do bem e do mal. Portanto, o comando deverá vir de fora, do leviatã e, para justificá-lo, Hobbes precisa recusar a possibilidade de que o desejo venha a ser aperfeiçoado pela razão e que o sujeito venha a encontrar internamente a boa medida, a chave da boa conduta. A primeira parte das suas obras políticas – dedicadas à filosofia moral – está voltada para provar essa impossibilidade. Privando o sujeito dessa *interioridade*, Hobbes demonstra a necessidade da soberania absoluta, que oferece *externamente* a voz de comando que conforma as opiniões e a ação.

Liberdade e Livre-arbítrio em Hobbes[1]

Neste texto, analiso o embate filosófico entre Thomas Hobbes e o bispo arminiano John Bramhall acerca do livre-arbítrio e destaco os problemas da responsabilização moral e da punição dos pecadores.[2] Para Bramhall, que identifica o livre-arbítrio com a causa do pecado, Deus pune com justiça os pecadores porque eles escolheram livremente desobedecer a sua vontade, fonte absoluta da justiça. Hobbes, por sua vez, recusa o livre-arbítrio e se vê, então, obrigado a provar que é justa a punição do pecador, mesmo que ele não seja livre para escolher a sua vontade, isto é, para escolher entre pecar e não pecar. Pretendo, em

---

1 *Cadernos de História e Filosofia da Ciência*, série 3, v. 17, n. 1, p. 109-124, jan.-jun. 2007. Esta versão contém pequenas correções sem nenhuma alteração do argumento original.
2 A polêmica entre Thomas Hobbes e John Bramhall acerca do livre--arbítrio e da liberdade humana começou em 1645 e se estendeu até 1658, com a publicação de um texto de Bramhall ("Castigations of Mr Hobbes") que não recebeu resposta de Hobbes. Neste texto, tomo por base "Discourse of liberty and necessity" e "A defence of true liberty", de Bramhall, e "Of liberty and necessity" e "The questions concerning liberty, necessity and chance", de Hobbes, conforme a seleção e edição feita por Vere Chappell em Thomas Hobbes e John Bramhall, *Hobbes and Bramhall on Liberty and Necessity* (Cambridge: Cambridge University Press, 1999).

primeiro lugar, reconstruir a resposta de Hobbes à objeção do bispo segundo a qual recusar o livre-arbítrio é retirar dos homens a responsabilidade pelas suas ações e tornar injusta toda e qualquer punição, seja divina ou civil. Em segundo lugar, pretendo apontar que o argumento de Hobbes que torna compatível a negação do livre-arbítrio com a responsabilização e punição dos pecadores é o mesmo argumento utilizado nas obras políticas para tornar compatível o determinismo com a afirmação de que é justo punir os que desobedecem à lei civil. Porque faz a justiça derivar do poder – seja de Deus ou do soberano civil – Hobbes pode conciliar o que para o bispo é irreconciliável, a saber, a negação da liberdade da vontade com a responsabilização e a justa punição do pecador e do súdito desobediente.

A negação do livre-arbítrio por Hobbes está em harmonia com a sua concepção mecânica de natureza e com o seu determinismo. O argumento é o seguinte: uma vez que a liberdade não é senão ausência de oposição ao movimento – ser ou estar livre é não encontrar obstáculos para mover-se –, falar em "liberdade da vontade" é um abuso de linguagem que comete o absurdo de atribuir liberdade a algo que não é um corpo e, portanto, não está sujeito ao movimento. Por não se mover, a vontade não pode ser livre ou impedida. Daí Hobbes ironizar no *Leviatã* os defensores do livre-arbítrio: quem fala em "vontade livre" ou está louco ou está querendo enlouquecer os outros; afinal de contas, seria sinal evidente de loucura pensar que a vontade poderia sair andando por aí.

A crítica aos pregadores do livre-arbítrio está fundamentada numa concepção de natureza que admite apenas corpos e movimento e que eliminou a causa final. Contra o aristotelismo que pensa o movimento natural como teleológico, causado pela tendência natural do corpo a obter a sua completude e atualizar a sua essência, Hobbes admite o movimento como sendo apenas mudança de lugar, indiferente a qualquer processo teleológico: os corpos se movem tão somente por efeito de causas eficientes. Assim sendo, um homem livre é "aquele que, naquelas coisas que graças à sua força e engenho é capaz de fazer, não é impedido de fazer o que tem vontade de fazer".[3] Dito de outro modo, um homem é livre quando não encontra obstáculos para mover-se na direção do objeto de seu desejo ou para fugir do que lhe dá medo. Como sabemos, o homem hobbesiano é bem mais "mecânico" do que Bramhall estará disposto a conceder: o objeto externo afeta os sentidos, este movimento gera internamente movimento de desejo ou aversão, que se transforma em movimento externo na direção favorável ou inversa do objeto. Em suma, se um homem se move é porque foi mobilizado nesta ou naquela direção pelo choque de um corpo externo: ação e reação substituem integralmente o finalismo e retiram dos corpos a possibilidade de se moverem por si mesmos ou por uma causa que lhes seja intrínseca. Evidentemente, nesse universo há lugar apenas para uma concepção negativa e mecânica de liberdade.

O determinismo se fará presente, consequentemente, na definição da vontade como apetite, sendo o apetite uma reação interna ao movimento de um corpo externo.[4] Ao explicitar a cadeia causal da ação, Hobbes quer mostrar que o homem, quando muito, é livre para mover-se na direção do objeto desejado, mas não é livre para querer isso ou aquilo. Porque a liberdade se refere apenas ao agente enquanto corpo, e não à vontade, pode-se dizer que um homem tem ou não liberdade para fazer o que quer, mas daí não se segue que esteja ao seu alcance escolher o que

---

3 Thomas Hobbes, *Leviathan*, op. cit., cap. XXI, p. 146.
4 Ibidem, cap. VI, p. 38.

quer ou escolher a sua escolha.⁵ Em suma, a vontade não se determina e não é causa de si mesma, dependente que é do modo como reagimos internamente – e sobre o qual não deliberamos – à ação do mundo exterior. Isso significa que há causas necessárias que fazem com que os homens queiram o que querem.

Para Bramhall, o determinismo de Hobbes é "moralmente danoso" porque retira dos homens a responsabilidade pelas suas ações. Para desbancar esse homem que simplesmente reage à ação dos objetos externos, como "uma bola de tênis reage à ação das raquetes", Bramhall deverá recuperar o papel da razão na determinação da vontade e mostrar que a liberdade não coexiste com necessidade ou determinação extrínseca.⁶ A definição de liberdade oferecida por ele no início do seu discurso serve de antídoto contra a doença moralmente letal do hobbesianismo: a liberdade não é ausência de impedimento ao movimento, mas consiste no poder de escolha dos homens.⁷ A estratégia do bispo consistirá em negar que os objetos externos determinam naturalmente a vontade humana, argumentando que apenas Deus poderá fazê-lo. "Em função de seu supremo domínio sobre todas as coisas", Deus pode, quando o apraz e em casos extraordinários, realizar uma influência especial sobre os homens.⁸ Apenas neste caso a vontade é determinada naturalmente, ou seja, extrinsecamente, necessariamente e sem liberdade. Quando isso não ocorre – e ocorre apenas extraordinariamente – cabe ao homem fazer as suas escolhas e a vontade será determinada moralmente, *mediante intellectu*. Segundo Bramhall, a diferença entre a determinação natural e moral da vontade é a seguinte: no primeiro

---

5   Idem, "Of liberty and necessity", §11.
6   Ibidem, §6.
7   John Bramhall, "Discourse of liberty and necessity", §6.
8   Idem, "A defence of true liberty", §11.

caso, a vontade é determinada extrinsecamente (pela ação de Deus), necessariamente e, portanto, sem que tenhamos liberdade para escolher; no segundo caso, ou seja, quando não apraz a Deus intervir, a vontade é estabelecida internamente mediante a ação do intelecto e, portanto, com liberdade de escolha. Percebe-se que o bispo diz ser exclusividade de Deus aquilo que Hobbes atribui a todos os objetos que causam desejo ou aversão: eis o seu primeiro passo para negar o mecanicismo determinista que faz da vontade mero apetite igualado à reação ao movimento dos objetos externos sobre nós. O segundo passo consistirá em reintroduzir uma causalidade que Hobbes havia eliminado inteiramente ao admitir apenas causas eficientes: a causalidade ou determinação moral, que recupera a importância da razão na discussão sobre a liberdade humana ao fazer da vontade um produto da deliberação "que implica o uso da razão".[9]

Com a "determinação moral" Bramhall garante a liberdade da vontade e, assim, a responsabilidade dos homens por seus atos. Ora, todo o debate gira em torno do problema da responsabilização, pois se a vontade não é livre, os homens não podem ser punidos ou recompensados pelo que fazem, diz o bispo. Daí a necessidade de limpar o terreno daquela inalterável necessidade com que Hobbes o contaminou: é verdade, afirma Bramhall, que os objetos externos podem nos fazer tender para uma determinada ação, mas isso não significa que a tornem necessária. Objetos externos podem nos dar motivos, mas não têm o poder de retirar dos agentes a possibilidade de resistência e escolha. Por exemplo, a tentação de roubar pode inclinar ao roubo, mas não o torna necessário, pois a tendência a roubar não é necessidade de roubar. Afinal, o diabo nos provoca o tempo todo, mas o seu

---

9   Ibidem, §8.

poder é, quando muito, o de nos persuadir, não o de nos compelir. Quando somos levados pelas nossas tentações é porque "nós mesmos, por nossa própria negligência em não opor as nossas paixões quando deveríamos e poderíamos, demos livremente a elas o domínio sobre nós".[10] Isso significa, para Bramhall, que a razão é capaz de oferecer uma resistência interna, de modo que a vontade é livre para escolher entre o ditado da razão e qualquer outra apelação. Não há, portanto, necessidade absoluta, mas possibilidade real de escolha, já que a vontade pode ou não acolher o que dita a razão e se o fizer terá sido determinada intrinsecamente, isto é, moralmente. Ao recuperar o papel da razão na determinação da vontade, Bramhall faz dela a fonte da verdadeira liberdade: a razão julga e representa para a vontade o que é justo e o que deve ser feito.

Para o bispo, o grande erro de Hobbes é tornar vã a razão, fazendo-a coincidir com um mero apetite ou imaginação e, em consequência, não conceber a distinção entre ato livre e ato voluntário, isto é, entre o ato que procede da livre escolha da vontade racional após a deliberação e aquele que decorre do apetite e é comum aos homens e aos animais. Ao responder, Hobbes separa o que Bramhall havia unido: a vontade não é produto da razão e a prova disso é que ela muda "na medida em que mudam as coisas".[11] De fato, Hobbes faz da deliberação um ato da imaginação, pois a tomada de decisão leva em consideração a memória que temos das ações dos homens, das suas consequências sobre nós e dos efeitos causados pelos objetos, de modo que a deliberação é justamente esse conjunto de considerações,

---

10 Ibidem, §14.
11 Thomas Hobbes, "The questions concerning liberty, necessity and chance", §38.

apetites e aversões que dependem inteiramente da sensação e da memória, ou seja, da imaginação. A vontade, não sendo mais do que o último apetite ou aversão dessa cadeia – aquele que antecede imediatamente a ação – não pode, portanto, ser dita "racional" ou "irracional", como quer o bispo. É claro que a razão pode intervir nesse processo, ajudando a calcular quais são os efeitos possíveis da ação que se seguirá. Mas que não se superestime o seu papel, já que ela está inevitavelmente atrelada às nossas sensações e paixões, pois é a partir delas que calcula. Ainda que Bramhall se recuse a aceitar, diz Hobbes, a razão não deixa de ser um ato da imaginação, pois ela opera a partir dos dados fornecidos na experiência pela sensação: "Se o bispo tivesse observado o que ele faz quando delibera, raciocina, entende ou imagina [...],saberia que a consideração, o entendimento, a razão e todas as paixões do espírito são imaginações".[12] Enfim, a razão é um ato da imaginação porque é uma faculdade de calcular, e o material com o qual ela opera para realizar o cálculo origina-se na sensação. Não há, reitera Hobbes, nenhuma concepção no espírito do homem que não tenha sido originada, total ou parcialmente, nos órgãos dos sentidos.[13]

Para argumentar contra a identificação da razão com um ato da imaginação e colocá-la no pódio, Bramhall procura mostrar que a razão produz concepções radicalmente distintas da imaginação e que são aptas a determinar a vontade *moralmente* e não *naturalmente*. Importa para o bispo diferenciar a razão da imaginação para fazer com que a razão seja efetivamente capaz de apontar fins para o homem e determinar o querer independentemente da ação dos objetos externos. Por ser a parte superior

---

12 Ibidem, §26.
13 Idem, *Leviathan*, op. cit., cap. I, p. 13; *Leviatã*, op. cit., p. 39.

da alma a razão deve governar as paixões e é disso que depende o comportamento moral. Mas essa ideia de que a razão é faculdade superior que deve determinar a escolha não faz nenhum sentido para Hobbes, pois não há, para ele, nenhuma hierarquia natural ou moral entre as faculdades. No que diz respeito à ação humana, a razão é apenas uma faculdade que calcula meios para fins postos pelo desejo, e não uma faculdade que põe fins morais: "seja em que matéria for que houver lugar para a adição e para a subtração, também haverá lugar para a razão, e se não houver lugar para elas, também a razão não terá nada a fazer".[14] Isso posto, o homem não é livre quando a razão determina a sua vontade, mas quando não encontra, no mundo exterior, obstáculos que o impeçam de se movimentar na direção dos seus objetos de desejo. Respondendo ao ataque de Bramhall que o havia acusado de desonrar a natureza humana por não conceber a superioridade da razão em relação às faculdades inferiores da alma,[15] Hobbes responde novamente recuperando a causalidade eficiente: queira ou não o bispo, é um fato da natureza que nada pode mover a si mesmo, nem a razão, nem a vontade. E confessa, ironicamente, não ter a menor ideia do que seja essa tal de "eficácia moral", pois é a eficácia natural dos objetos que determina a vontade e, consequentemente, a ação.[16]

***

Como vimos, Bramhall recorre à determinação moral da vontade para destronar o reinado solitário da causalidade eficiente (ou natural) de Hobbes, recuperar a superioridade da ra-

---

14 Ibidem, cap. V, p. 32. Tratei mais demoradamente da concepção hobbesiana de razão em *A Física da Política*, op. cit., cap. 3.
15 John Bramhall, "A defence of true liberty", §20.
16 Thomas Hobbes, "Of liberty and necessity", §11.

zão em relação às faculdades inferiores da alma,[17] e, finalmente, defender o livre-arbítrio. Para ele, a negação do livre-arbítrio, tal como feita por Hobbes, engendra um enorme problema de ordem moral, já que impossibilita a responsabilização dos pecadores. Em consequência, traz um enorme problema para a Igreja: se o pecador não tem livre-arbítrio, as repreensões feitas pelas Sagradas Escrituras são pura hipocrisia, Adão não seria responsável pela Queda, as recompensas e as punições após a morte não poderiam existir e o inferno desaparecia. Hobbes, por sua vez, sabe que a questão é delicada, pois certamente haverá quem use o seu argumento contra a liberdade da vontade para isentar-se de qualquer responsabilidade ou justificar a desobediência (como sabemos, foi a contragosto que Hobbes entrou na polêmica com Bramhall e só aceitou porque Newcastle se comprometeu a não publicar os textos). Por isso, para ele, o momento mais difícil da peleja é aquele em que o bispo extrai as "desastrosas" consequências políticas da negação do livre-arbítrio: se os homens não são verdadeiramente livres e se há necessidade em todas as coisas, então, as leis são injustas, já que proíbem os homens de fazer o que eles não podem evitar. Mais: as recompensas são imerecidas, porque não depende dos homens a ação correta ou criminosa; as punições são inúteis, porque em nada afetam a necessidade das ações que estão por vir. O desafio de Hobbes é, então, provar que a justiça da lei e a eficácia da punição não são incompatíveis com o seu determinismo. E, para isso, ele precisará mostrar que, mesmo sem livre-arbítrio, os homens devem ser responsabilizados, punidos ou recompensados pelas suas ações.[18]

---

17 John Bramhall, "A defence of true liberty", §20.
18 A polêmica sobre a liberdade humana travada entre Hobbes e Bramhall tem como pano de fundo uma questão política de primeira ordem: a relação entre o poder da Igreja e o poder Estado.

Antes de analisarmos as respostas de Hobbes às objeções

Bramhall teme que a negação do livre-arbítrio seja, no limite, um ataque ao poder da Igreja. É como se ele dissesse: sem livre-arbítrio não há pecado, sem pecado não há culpa e sem culpa não há poder eclesiástico. Por isso ele reforça que a negação do livre-arbítrio destrói a Igreja e a sociedade. Hobbes, por sua vez, teme as consequências políticas da negação do livre-arbítrio, já que, pelo mesmo argumento, pode-se sustentar que as punições e recompensas civis são imerecidas e injustas. Como veremos, caberá a Hobbes desfazer esse equívoco mostrando que a negação do livre-arbítrio não impede a responsabilização e a punição do desobediente ou do pecador. Por outro lado, interessa muito a ele diminuir o peso do pecado, pois, com isso, ele retira poder dos padres. Enquanto o bispo está preocupado em manter o poder eclesiástico, Hobbes está preocupado em submetê-lo ao Estado. Como procurei mostrar em "A negação do livre-arbítrio e a ação do soberano sobre a vontade dos súditos", op. cit., o determinismo hobbesiano – segundo o qual a vontade é determinada extrinsecamente – se torna aliado desta proposta política quando ele retira todo o poder da Igreja e concentra as recompensas e punições nas mãos do Estado. Daí o esforço de Hobbes, na terceira parte do *Leviatã*, em negar os castigos eternos após a morte e em atrelar a salvação à obediência civil: "dado que a preservação da sociedade civil depende da justiça e a justiça depende do poder de vida e de morte, assim como de outras recompensas e castigos menores, que compete aos detentores da soberania do Estado, é impossível um Estado subsistir se qualquer outro, que não o soberano, tiver o poder de dar recompensas maiores do que a vida ou castigos maiores do que a morte. Ora, sendo *a vida eterna* uma recompensa maior do que a vida presente, e sendo *os tormentos eternos* um castigo maior do que a morte, é coisa que merece exame de todos os que desejam (obedecendo a autoridade) evitar as calamidades da confusão e da guerra civil o significado que têm nas Sagradas Escrituras as expressões vida eterna e tormentos eternos" (*Leviathan*, cap. XXXVIII, p. 306-7; *Leviatã*, p. 265). Hobbes sustenta que os castigados não queimarão eternamente no mencionadas, é preciso lembrar que a discussão sobre a justiça ou injustiça da lei e da punição se dá, em primeiro lugar, em torno da definição de pecado e remete à justiça divina. Vejamos como ambos definem o pecado e justificam a responsabilização dos pecadores. Depois disso, voltaremos à questão acerca da justiça política posta por Bramhall a Hobbes.

Para o bispo, "a essência do pecado consiste em alguém cometer o que poderia evitar".[19] Hobbes, por sua vez, define o pecado como "uma ação que procede da vontade e é contra a lei".[20] Isso posto, vê-se que, para o primeiro, os homens devem ser responsabilizados e punidos porque poderiam ter evitado a ação ecaminosa, ao passo que, para o segundo, os homens devem ser responsabilizados e punidos porque agiram contra a lei divina.

---

fogo do inferno, como pregam os padres, mas sofrerão apenas uma segunda e eterna morte, isto é, não terão vida eterna (o que é bem menos amedrontador do que sofrer castigos eternos). Os corpos dos eleitos, por sua vez, ganharão vida e viverão eternamente no reino de Deus, que será na terra. Para que isso ocorra, apenas duas coisas são necessárias: fé em Cristo e obediência às leis civis. Deus quer, diz Hobbes, que os homens obedeçam aos seus governantes, o que se verifica através das Escrituras e das leis de natureza, de modo que não entrará no Reino de Deus aquele que não obedecer ao seu soberano civil, crente ou não. Como apontei naquela ocasião, a reinterpretação da imagem do inferno (que se torna uma confederação de padres impostores), a negação dos castigos externos e o atrelamento da salvação à obediência civil têm uma função clara e precisa no tratado de 1651: minar o poder que o clero exerce sobre os medos e as esperanças dos súditos e, portanto, sobre a sua vontade. Com isso, Hobbes se torna capaz de fazer com que os medos e a esperanças dos súditos sejam controlados apenas pelo soberano, tirando a Igreja da disputa política.

19 John Bramhall, "Discourse of liberty and necessity", §7.
20 Thomas Hobbes, "Of liberty and necessity", §17.

Para o bispo, então, Deus pune com justiça os pecadores porque estes, dotados de livre-arbítrio, escolheram não agir conforme o seu desígnio. Resta a Hobbes mostrar como Deus pode punir com justiça os pecadores, uma vez que estes não têm liberdade para escolher entre pecar e não pecar.

Segundo Bramhall, negar o livre-arbítrio implica recusar a existência mesma do pecado. Hobbes, por sua vez, pode compatibilizar a ausência de liberdade da vontade com a existência mesma do pecado porque altera a definição de *pecado* e de *ação voluntária*. Ele responde que o pecado é sim uma ação voluntária – uma ação contra a lei que procede da vontade –, concedendo a Bramhall que se a ação não fosse voluntária não seria pecaminosa. Entretanto, a concessão acaba aqui, pois "toda ação voluntária é necessária".[21] Logo, uma ação pode ser voluntária, pecaminosa e necessária ao mesmo tempo. É evidente que, para Bramhall, isso é o mesmo que negar a justiça divina e também a recompensa e punição após a morte. Segundo ele, ao afirmar que a ação voluntária – causa do pecado – é necessária, Hobbes está supondo que Deus seja capaz de proibir a ação que ele mesmo torna necessária e de punir os homens pelo que eles não poderiam evitar. Em outras palavras, Hobbes está dizendo que Deus peca e é injusto.

Hobbes constrói o seu argumento de modo a dar conta das duas objeções: 1) a objeção de que Deus seria a causa do pecado e também pecador se toda ação voluntária fosse necessária; 2) a objeção de que Deus seria injusto se proibisse e tornasse necessária uma mesma ação. As duas respostas de Hobbes estão apoiadas numa mesma proposição: Deus é onipotente. Porque Deus é onipotente, as objeções são absurdas.

---

21 Ibidem, §17.

Em primeiro lugar, dizer que Deus é pecador por causar o pecado seria o mesmo que supor que há uma lei à qual Deus está sujeito e que nós poderíamos julgá-lo por sua insubordinação. Ora, se o pecado é uma ação contra a lei, dizer que Deus peca por ser causador do pecado é o mesmo que recusar a sua onipotência e colocar um superior sobre ele. Em virtude de seu poder, ele pode perfeitamente fazer o que quer que seja: "é blasfêmia dizer que Deus pode pecar, mas não é desonrá-lo dizer que ele pode ordenar o mundo de modo que o pecado possa necessariamente ser causado no homem".[22]

Voltemos agora às questões de natureza política levantadas pelo bispo. Com vimos, Bramhall acusa Hobbes de tornar as leis civis injustas e as punições inúteis ao recusar a liberdade da vontade. Importa agora notar que o argumento de Hobbes sobre o fundamento da justiça civil é análogo ao da justiça divina. O leviatã, é bom lembrar, é o "*Deus mortal*, ao qual devemos, abaixo do Deus imortal, a nossa paz e defesa".[23]

À objeção de que as leis seriam injustas se houvesse necessidade em tudo o que os homens fazem, Hobbes responde como um positivista: a lei é justa porque é lei, ou seja, porque deriva do poder (absoluto) do soberano civil. A paz requer a soberania absoluta, e é em nome dela que os homens fazem o pacto. Portanto, não cabe ao súdito julgar a justiça da lei ou do governante, assim como não cabe ao homem julgar a justiça das ações divinas: a justiça do deus mortal, analogamente à justiça do Deus imortal, deriva de seu poder. Não compete ao homem discutir com Deus, assim como não compete ao cidadão discutir as ordens do Estado.

---

22 Ibidem, §12.
23 Idem, *Leviathan*, op. cit., cap. XVII, p. 120.

À objeção de que as punições seriam inúteis e imerecidas, Hobbes responde recorrendo ao modo (mecânico e determinista) de operação e formação da vontade. Enquanto Bramhall diz que a punição é vã e imerecida se não houver liberdade da vontade, Hobbes dirá que é justamente pelo fato de a vontade ser determinada extrinsecamente que a punição tem efeito. O que norteia toda ação e toda escolha é o princípio do benefício próprio, de modo que, quando um homem delibera não faz mais do que "considerar se é melhor para ele fazer ou não fazer".[24] A punição (assim como a recompensa) opera como agente formador da vontade porque os homens tendem naturalmente a agir em benefício próprio. O que Hobbes está dizendo é que a punição e a ameaça de punição fazem com que os homens passem a identificar a obediência com o benefício próprio e passem a *querer* respeitar as regras civis: "a punição forma e faz a vontade dos homens".[25] Eis a solução de Hobbes para o problema de compatibilizar o determinismo e a eficácia da punição: a punição passa a constituir a causa da vontade, da qual segue a ação obediente. Daí ele dizer que fazer a lei é fazer a causa da justiça e *necessitar* a justiça.[26]

O soberano pode, portanto, punir um súdito que desobedeceu a lei, mesmo que ele não tenha sido capaz de evitar o ato desobediente. É o caso, por exemplo, de alguém que, por medo da punição eterna – tão alardeada pelos padres –, acabou desobedecendo a uma ordem do governante. Nesse caso, o medo de arder no fogo do inferno sobrepujou o medo da punição civil e determinou a sua vontade e, consequentemente, a ação. Tome-

---

24 Idem, "Of liberty and necessity", §26.
25 Ibidem, §14.
26 Ibidem, §14.

se outro exemplo, o de Medeia. Embora ela tivesse muitas razões para não matar seus filhos, vingar-se do seu marido sobrepujou a todas. O desejo de vingança foi o último ditado do seu julgamento, e a ação criminosa seguiu-se *necessariamente*.[27] O fato de a ação ter sido necessitada pelo medo da danação eterna ou pelo desejo de vingança, não impede que o desobediente ou a criminosa sejam responsabilizados e punidos, pois a responsabilização seguida de punição visa evitar crimes futuros. A punição é eficaz porque é exemplar e capaz de formar a vontade. Deste modo, é justo punir aquele que foi contra a lei, não porque ele poderia ter feito de outro modo, mas porque o direito de punir deriva exclusivamente do poder político do soberano civil; e a punição é eficaz porque ela tem em vista a correção e formação da vontade a fim de evitar a transgressão futura.[28]

---

27 Ibidem, §23.
28 Como mostrei em outro lugar, a partir da necessidade da ação voluntária não pode ser inferida a injustiça da lei que a proíbe e tampouco a ineficácia da punição. Suponhamos, diz Hobbes, que o furto seja proibido sob pena de morte e que um homem, pela força da tentação, é levado a roubar e é morto pelo Estado. A punição é justa, pois está de acordo com a lei que os homens consentiram em obedecer, e é eficaz na medida em que se torna causa para que outros não roubem: "Posto que a vontade de fazer é apetite e a vontade de omitir é medo, as causas do apetite e do medo são também as causas da nossa vontade. Mas a proposta de benefícios e prejuízos, isto é, de recompensa e de punição, é a causa de nossos apetites e de nossos medos; e, portanto, também das nossas vontades, na medida em que acreditamos que essas recompensas e prejuízos devem chegar a nós tal como nos são propostos (Thomas Hobbes, *A Natureza Humana*. Trad., introd. e notas de João Aloísio Lopes. Lisboa: Imprensa Nacional/Casa da Moeda, 1987, p. 145). Porque a vontade é determinada extrinsecamente, o soberano poderá intervir na cadeia causal da ação e agir sobre as suas vontades

***

A resposta de Hobbes à objeção de que a negação do livre--arbítrio implica a destruição de toda e qualquer justiça – divina ou civil – revela um aspecto central (e muito frequentemente esquecido ou negligenciado) da sua filosofia política, a saber, que a justiça depende e é derivada do poder e é por ele regulada. No *Leviatã*, isso está claramente posto quando Hobbes define a lei civil como a regra que o Estado impõe aos súditos como medida do bem e do mal; ou ainda, quando conclui o capítulo 13, sobre a miserável condição natural da humanidade, lembrando que onde não há poder comum não há lei, e onde não há lei não há injustiça. O meu propósito, neste texto, foi mostrar, a partir da polêmica com Bramhall, que Hobbes – diferentemente dos jusnaturalistas modernos – entende que o poder mede e regula a justiça e não o inverso. A justiça divina deriva do poder de Deus; a justiça civil, do poder supremo do soberano civil. Se a justiça depende do poder e é regulada por ele, não há um critério que meça a justiça das ações do governante e das leis civis, pois o seu poder é absoluto. Com isso, Hobbes retira dos súditos o direito de julgar as ações do deus mortal. Os súditos hobbesianos, diferentemente dos cidadãos de Locke, não podem exigir a proteção dos seus direitos, porque os seus direitos são aqueles que o soberano entende que deve conceder.[29] Isso é legítimo – porque deriva do poder supremo que lhe foi concedido através do pacto – e necessário, já que a paz depende

---

por meio da ameaça de castigo e promessa de recompensa (cf. Yara Frateschi, "A negação do livre-arbítrio e a ação do soberano sobre a vontade dos súditos", op. cit.).

29 Para uma excelente comparação entre Hobbes e Locke, conferir Carlos Alberto Ribeiro de Moura, "Hobbes, Locke e a medida do direito". In: _____. *Racionalidade e crise*. São Paulo: Discurso Editorial, 2001, p. 43-61.

justamente da concentração do poder. Em suma, ao fazer a justiça ser regulada e estabelecida pelo poder, e não o inverso, Hobbes recusa a existência de mecanismos institucionais de proteção dos súditos em relação ao governante: por isso a resistência se dará sempre no âmbito da força e não do direito. Assim sendo, o soberano não poderá ser considerado injusto, mesmo que venha a punir um súdito inocente. Como Deus, ele é sempre justo com relação aos seus subordinados.

É inegável que Hobbes estabelece uma hierarquia entre o poder e a justiça divina e civil. A lei civil deve espelhar a lei divina e o soberano que a ferir deverá prestar contas com Deus. Mas isso não faz de Hobbes um jusnaturalista (e nem é suficiente para atribuir uma base moral à sua filosofia política), pois o soberano prestará contas com Deus, mas os súditos continuam impedidos de julgar e de desobedecer a lei do Estado, mesmo que a considerem contrária à lei divina. E se a justiça divina não pode ser invocada em nome da desobediência ou da resistência, ela não tem significado político algum.

Cidadania e liberdade: Rousseau contra Hobbes[1]

É amplamente conhecido que para defender a tese de que a soberania consiste no exercício da vontade geral, Rousseau precisa recusar a tese hobbesiana da soberania do representante, bem como a fórmula do pacto que implica a alienação do poder "a um homem ou assembleia de homens, que possam reduzir todas as suas vontades, por pluralidade de votos, a uma só vontade".[2] A crítica às teses centrais da filosofia política de Hobbes exige, por sua vez, a substituição da antropologia hobbesiana por outra adequada à expectativa do autor do *Contrato Social* de que aos homens resta outra possibilidade além da guerra generalizada de todos contra todos ou a submissão da vontade dos indivíduos à vontade do governante. Se ao homem hobbesiano restam apenas essas alternativas – a guerra ou a submissão da vontade a outrem – é porque Hobbes o "animaliza" a ponto de desconsiderá-lo como um ser moral: ele divide a espécie humana como "manada de gado, cada uma tendo o seu chefe que a aguarda para devorá-la".[3]

---

1   Uma primeira versão deste artigo foi publicada na *Revista Discurso*, v. 44, p. 55-78, 2014. A presente versão contém modificações pontuais que não alteram o argumento original.
2   Thomas Hobbes, *Leviathan*, cap. XVII, op. cit., p. 120.
3   Jean-Jacques Rousseau, *Do contrato social ou princípios do direito*

Neste texto, analisarei a crítica de Rousseau à antropologia mecanicista de Hobbes a fim de esclarecer, em primeiro lugar, porque, para o autor do *Emílio*, abdicar da vontade é abdicar da qualidade de homem. Trata-se de mostrar que, para desmontar o edifício teórico hobbesiano, Rousseau lança mão de uma antropologia que reivindica para o homem um aspecto moral, para além do seu aspecto meramente físico e sujeito às leis da mecânica, condizente com a ideia de uma vontade que é causa de si mesma e inalienável.

Feito isso, deverei mostrar que a recusa do mecanicismo hobbesiano permite a Rousseau pensar o exercício da cidadania em termos radicalmente distintos dos de Hobbes, pois ao cidadão rousseauísta está resguardada a possibilidade de uma formação ou transformação moral e política que permite a construção de relações sociais de qualidade muito distinta daquelas que os súditos hobbesianos estabelecem entre si e com a coletividade. Ressalvo que não se trata de analisar em pormenores a noção de vontade geral, o modelo de organização do Estado e a crítica à representação política, mas sim o modo pelo qual Rousseau embasa o liame social em certo *ethos* que encerra a disposição para preservar o coletivo e para olhar do ponto de vista dos outros e da cidade. Com isso, ele se torna capaz de conceber uma alternativa à guerra ou à dominação que não a instituição do leviatã, mas a construção de uma vida em comum que combina liberdade (autolegislação) com pertencimento à coletividade.

---

político. In *Rousseau*. Trad. de Lourdes Santos Machado, intr. e notas de Paul Arbousse-Bastide e Lourival Gomes Machado. 2. ed. São Paulo: Abril Cultural, 1978. Col. "Os Pensadores". v. 24. p. 15-145 (daqui em diante, *Do Contrato Social*), aqui, I, cap. 2, p. 24.

Soberania e vontade

Tanto para Hobbes como para Rousseau, o depositário da soberania é aquele cuja vontade deverá dar unidade e guiar o corpo político. Em Hobbes, essa vontade é a do governante, de preferência o monarca. Em Rousseau, a vontade que guia o povo é a do próprio povo. Essa diferença se espelha na maneira pela qual cada um entende a liberdade civil: Hobbes a define como ausência de impedimentos externos, uma vez que "a liberdade dos súditos está apenas naquelas coisas que, ao regular suas ações, o soberano permitiu";[4] já Rousseau a identifica com a autolegislação, dado que a liberdade é "a obediência à lei que se estatui a si mesmo".[5] Interessa notar que o irreconciliável entre Hobbes e Rousseau tem origem no fato deste recusar terminantemente a alienação da vontade em favor do governante: "a soberania, não sendo senão o exercício da vontade geral, jamais pode alienar-se e o soberano, que nada é senão um ser coletivo, só pode ser representado por si mesmo. *O poder pode transmitir-se, não, porém, a vontade*".[6]

À exigência da não alienação da vontade feita por Rousseau se vincula também à defesa de uma cidadania ativa, radicalmente distinta da de Hobbes. Ao súdito hobbesiano, obediente ao governante representante e portador da sua vontade, Rousseau antepõe o cidadão implicado diretamente com as questões públicas: "Numa *polis* bem constituída, todos correm para as assembleias. Num mau governo, ninguém quer dar um passo para ir até elas, pois ninguém se interessa pelo que nelas acontece".[7]

---

4   Thomas Hobbes, *Leviathan*, op. cit. cap. XXI, p. 148.
5   Jean-Jacques Rousseau, *Do contrato social*, I, 8, p. 37.
6   Ibidem, II, 1, p. 44-5.
7   Ibidem, III, 15, p. 107.

Nada mais contrário às expectativas de Hobbes, que guarda enorme desconfiança em relação às decisões coletivas e às assembleias, nas quais as discordâncias entre os membros "podem chegar a provocar uma guerra civil".[8] Vemo-nos, portanto, diante de duas concepções contrastantes da cidadania:[9] uma que afasta os cidadãos do espaço público e prefere que se restrinjam a buscar satisfazer, dentro dos limites da lei, os seus interesses privados; outra que requer uma cidadania mais implicada com a coletividade. Estamos diante também de duas concepções opostas de liberdade: uma negativa, entendida como ausência de restrição ao movimento do indivíduo, outra positiva, que implica a participação política e a autolegislação.

Para substituir o súdito obediente de Hobbes por um cidadão livre é preciso "encontrar uma forma de associação que defenda e proteja a pessoa e os bens de cada associado com toda a força comum, e pela qual cada um unindo-se a todos, só obedece, contudo, a si mesmo, permanecendo assim tão livre quanto antes".[10]

---

8   Thomas Hobbes, *Leviathan*, op. cit., cap. XIX, p. 132.
9   Cf. José Florencio F. Santillán, *Hobbes y Rousseau: Entre la autocracia y la democracia*. México: Fondo de Cultura Económica, 1992.
10 Jean-Jacques Rousseau, *Do contrato social*, I, 6, p. 32. O pacto deve ser tal que atenda a essa exigência, razão pela qual a sua mais importante cláusula é: "a alienação total de cada associado, como todos os seus direitos, à comunidade toda" (ibidem). Que se compare esta com a cláusula do pacto hobbesiano que pede a alienação total da vontade "a um homem ou assembleia de homens, que possam *reduzir todas as suas vontades, por pluralidade de votos*, a uma só vontade" (Thomas Hobbes, *Leviathan*, op. cit., XVII, p. 120). Enquanto a soberania hobbesiana se forma na medida em que os associados cedem a sua vontade e poder ao governante, para Rousseau, a soberania se forma não quando os associados cedem seu poder e vontade a um homem ou grupo de homens particulares,

Neste corpo político, cada um é ao mesmo tempo cidadão (enquanto partícipe da autoridade soberana) e súdito (enquanto submetido às leis do Estado). Rousseau pretende que não se instituam relações de domínio. Ao contrário, o contrato social dá vida a um todo baseado na igualdade, na reciprocidade e na responsabilidade mútua entre as partes e o coletivo: o contrato social é um pacto de natureza particular pelo qual cada um se compromete com a coletividade e de onde deriva o compromisso recíproco, sendo este o objetivo maior da união. O corpo político é um corpo moral gerado pela vontade humana e gerido pela vontade coletiva e não por interesses de grupo ou interesses individuais:

> Imediatamente, esse ato de associação produz, em lugar da pessoa particular de cada contratante, um corpo moral e coletivo, composto de tantos membros quanto são os votos das assembleias, e que, por esse mesmo ato, ganha sua unidade seu *eu* comum, sua vida e sua vontade.[11]

Em síntese, o objetivo do pacto é gerar um corpo coletivo sem que, para tanto, seja necessária a renúncia da vontade e da liberdade; afinal, para Rousseau, "renunciar à liberdade é renunciar à *qualidade de homem*, aos direitos da humanidade", e destituir-se voluntariamente da liberdade "equivale a excluir a moralidade das suas ações".[12] Se Hobbes é um dos seus principais

---

    mas quando: "cada um de nós põe em comum sua pessoa e todo o seu poder sob a direção suprema da vontade geral e, recebemos, enquanto corpo, cada membro como parte indivisível do todo" (Jean-Jacques Rousseau, *Do contrato social*, I, 6).

11 Ibidem, I, 6, p. 33.
12 Ibidem, I, 4, p. 27.

oponentes no *Contrato Social* é porque a sua antropologia (e isso fica mais evidente no *Discurso sobre a origem e os fundamentos da desigualdade entre os homens* e no *Emilio*, como veremos a seguir) o teria levado a considerar o homem como um animal desprovido da capacidade de escolha, mero corpo sujeito às leis da natureza, afeito não à liberdade, mas à submissão. Para reconduzir o homem à humanidade, Rousseau lançará mão de uma antropologia que reivindica para o homem um aspecto "metafísico ou moral"[13] segundo a qual "toda ação livre tem duas causas que concorrem em sua produção: uma *moral*, que é a vontade que determina o ato, e a outra física, que é o poder que a executa".[14] Para ele, o erro elementar de Hobbes e da filosofia moderna em geral é desconsiderar a causa moral da ação radicada na vontade. A partir do *Emílio*, compreendemos que a norma que rege o campo da política estabelecida por Rousseau no *Contrato Social* – "*o poder pode transmitir-se, não, porém, a vontade*" –[15] deriva de uma concepção de natureza humana que considera o homem também em seu aspecto metafísico, isto é, enquanto ser espiritual dotado de vontade e não apenas como um corpo sujeito às leis da mecânica.

---

13 Jean-Jacques Rousseau, *Discurso sobre a origem e os fundamentos da desigualdade entre os homens*. In *Rousseau*. Trad. de Lourdes Santos Machado, intr. e notas de Paul Arbousse-Bastide e Lourival Gomes Machado. 2. ed. São Paulo: Abril Cultural, 1978. Col. "Os Pensadores". v. 24. p. 201-310 (daqui em diante, *Segundo discurso*), aqui, p. 242.
14 Jean-Jacques Rousseau, *Do contrato social*, III, 1, p. 73.
15 Ibidem, II, 1, p. 44-5.

Liberdade e vontade

A filosofia moderna "só admite o que explica".[16] Longe de ser um elogio ao racionalismo e ao cientificismo, essa afirmação de Rousseau, no *Emílio*, revela uma crítica contundente de importantes dimensões morais e políticas. Admitindo apenas o que explica, a filosofia moderna não tem recursos para compreender aquilo que é irredutível às leis da física: a liberdade. Há liberdade quando a vontade é causa de si mesma,[17] não quando é reação à ação de um movimento externo ou quando obedece às leis da necessidade. Mas isso escapa a quem reduz o homem a uma máquina. Para ressuscitar a liberdade, é preciso corrigir um grande erro da "filosofia do nosso século," diz Rousseau, que é o de atribuir "ao físico o que se deve imputar ao moral".[18] Em uma palavra: a moralidade não resiste ao mecanicismo.

No *Discurso sobre a origem e os fundamentos da desigualdade entre os homens*, Rousseau já havia reivindicado para o homem, além do aspecto "físico", um aspecto "metafísico", ou seja, algo que não se explica pelas leis da mecânica e que revela justamente a especificidade humana: a capacidade de escolha. "A física," ele escreve "de certo modo explica o mecanismo dos sentidos e a formação de ideias, mas no poder de querer, ou antes, de escolher e no sentimento desse poder só se encontram atos puramente espirituais, que de modo algum serão explicados pelas leis da mecânica."[19] O que diferencia o homem dos demais animais é que estes são máquinas (engenhosas, por certo, mas

---

16 Idem, *Emílio ou da educação*. Trad. de Sérgio Milliet. 3. ed. Rio de Janeiro: Bertrand Brasil, 1995, p. 332.
17 Ibidem, p. 324.
18 Ibidem, p. 238-9.
19 Idem, *Segundo Discurso*, p. 243.

máquinas) às quais a natureza conferiu sentidos para a autodefesa, ao passo que os homens, além disso, têm a capacidade de escolher e, portanto, de desviar-se da regra que a natureza lhes prescreveu. Rousseau não recusa, com isso, o mecanicismo e a física moderna, afinal, o homem é *também* uma máquina e, enquanto tal, obedece às leis da mecânica. Ele está, isso sim, recusando uma antropologia mecanicista, pois a vontade não obedece a essas mesmas leis. Se obedecesse, não haveria liberdade para o homem.

O homem é capaz de liberdade apenas se considerado em sua dimensão moral, enquanto dotado do poder de escolha. A ideia se mantém no *Emílio*: eu tenho um corpo, diz o Vigário, mas a minha liberdade independe dos meus sentidos. Isso significa que eu não sou apenas matéria. Logo, há de se admitir, para o âmbito da ação humana, uma causalidade distinta da eficiente que age sobre os corpos, a qual por vezes é chamada de "causalidade espiritual", e por vezes de "voz da alma".[20] A especificidade e superioridade do homem é que ele não age apenas por impulso físico, mas tem inteligência e vontade:

> Encontro-me incontestavelmente no primeiro lugar [da ordem do universo] em virtude de minha espécie, pois, pela minha *vontade* e pelos meus instrumentos em meu poder para executá-la tenho mais força de agir sobre os corpos que me cercam, para aceitá-los ou escapar-lhes segundo eu *queira*, do que nenhum deles para agir sobre mim unicamente por seu impulso físico.[21]

---

20 Idem, *Emílio*, op. cit., p. 324.
21 Ibidem, p. 320 (grifo meu).

Rousseau sabe perfeitamente que apenas com os recursos da ciência moderna não se avança no tema da liberdade sem contradição, pois é preciso admitir que o homem é um ser material *e* ativo por si mesmo, o que não é aceitável do ponto de vista das leis da mecânica. "Nenhum ser material é ativo por si mesmo. Eu sou".[22] Mas, contraditória ou não com o mecanicismo, essa afirmação é imune à dúvida, e o que a imuniza é o sentimento: "por mais que discutam isso, eu sinto, e este sentimento que me fala é mais forte do que a razão que o combate". Esse mesmo recurso ao sentimento – que se impõe a despeito da ciência – é adotado quando ele afirma a existência da vontade ("eu conheço a vontade pelo sentimento da minha [vontade]") e da liberdade ("o sentimento de minha liberdade só se apaga em mim quando me depravo e impeço a voz da alma de erguer-se contra a lei do corpo").[23] Se meu sentimento me garante que sou um ser material ativo por mim mesmo, posso dar um passo para fora do âmbito da ciência para adentrar o domínio da liberdade, ou seja, aquele domínio de uma vontade que determina a si mesma. É o que faz o Vigário. Se o homem é "ativo" – ou seja, não meramente obediente aos comandos da natureza e do seu corpo – isso leva a crer que a causa determinante da vontade reside nela mesma. Além disso, a vontade tem uma relação íntima com o juízo, pois o julgamento correto conduz à boa escolha, o errado, à má. E conclui: "Além disso, não entendo mais nada".[24] Veremos adiante que a educação de Emílio volta-se para que ele seja capaz de julgar por si mesmo.

---

22 Ibidem, p. 324.
23 Ibidem.
24 Ibidem.

No *Emílio*, Rousseau rompe com os "materialistas", que não podem dar conta da questão da liberdade porque negam o que não lhes é acessível aos sentidos, negam o que não é corpóreo: são surdos "à voz interior que lhes grita num tom difícil de ignorar que uma máquina não pensa, não há nem movimento e nem figura que produza reflexão". Do ponto de vista moral, isso é desastroso, pois, se não há um princípio interno à vontade, não há imputabilidade moral. Essa é uma preocupação de Rousseau no livro IV, dedicado à educação moral. O jovem Emílio precisa saber que o mal que comete é incontestavelmente obra sua.[25] E precisa aprender que, enquanto o seu corpo é presa fácil das paixões, a sua consciência tem o poder de contê-las: "a suprema satisfação está em se achar contente consigo mesmo; é para merecer essa satisfação que somos postos na terra e dotados de liberdade, que somos tentados pelas paixões e contidos pela consciência".[26] A liberdade de que Rousseau fala aqui não é ausência de oposição ao movimento de um corpo, como em Hobbes, mas aquela que se predica de um homem capaz de conter a si mesmo por uma força interna, que ele chama de "consciência". A educação moral visa dar ao Emílio os recursos para que ele seja capaz de estabelecer, por si mesmo, a regra da sua conduta. Isso é possível porque ele é dotado de uma vontade cuja causalidade está nela mesma, é interna e responde, não à ação dos objetos externos, mas à "voz da alma". Se cotejarmos essa expectativa com relação à educação moral (que liberta a vontade dos imperativos da necessidade) com a negação hobbesiana do livre-arbítrio e suas consequências morais e políticas, compreendemos porque

---

25 Cf. Ibidem, p. 325.
26 Ibidem.

Rousseau precisa (nos termos do *Segundo Discurso*) ultrapassar a mecânica e dar um salto para a "metafísica".

O argumento de Hobbes para negar a liberdade da vontade é o seguinte: uma vez que a liberdade não é senão ausência de oposição ao movimento – ser ou estar livre é não encontrar obstáculos para mover-se –, falar em "liberdade da vontade" é um abuso de linguagem que comete o absurdo de atribuir liberdade a algo que não é um corpo e, portanto, não está sujeito ao movimento. Por não se mover, a vontade não pode ser dita "livre" ou "impedida". A crítica aos pregadores do livre-arbítrio está fundamentada, como podemos depreender da polêmica entre Hobbes e John Bramhall, numa concepção mecânica de natureza que admite apenas corpos e movimento e está em harmonia com o determinismo hobbesiano (categoricamente rejeitado por Rousseau, ciente de que a antropologia que daí advém não permite que se pense a liberdade senão negativamente, isto é, como ausência de oposição ao movimento). Assim sendo, um homem livre é "aquele que, naquelas coisas que graças à sua força e engenho é capaz de fazer, não é impedido de fazer o que tem vontade de fazer".[27] Dito de outro modo, um homem é livre quando não encontra obstáculos para mover-se na direção do objeto de seu desejo ou para fugir do que lhe dá medo.

Hobbes é perfeito representante da "filosofia moderna", tal como entendida por Rousseau. A sua concepção da natureza humana se apresenta como uma aplicação particular da nova concepção de natureza em geral, mecanicista e fundada na inércia.[28] Para Hobbes, o comportamento humano pode ser compreendido por meio da aplicação do mesmo modelo utilizado para

---

27 Thomas Hobbes, *Leviathan*, op. cit., cap. XXI, p. 146.
28 Tratei desse assunto em *A Física da Política*, op. cit.

estudar o comportamento dos corpos em geral, isto é, pela teoria do movimento inercial, a peculiaridade do homem residindo na posse da razão, isto é, na capacidade de cálculo e previsão de eventos futuros. É a partir daí que se explica o princípio do benefício próprio, a busca pelo poder, a competição e até mesmo o desejo de glória. Cada homem é levado a desejar o que é bom para si e evitar o que é mau, e isso "acontece por uma necessidade real da natureza tão poderosa quanto a necessidade pela qual a pedra cai".[29] As circunstâncias em que se encontra o homem conjugam-se com essa inclinação natural e daí resultam as paixões, reações de aproximação ou afastamento conforme os objetos externos afetem favorável ou desfavoravelmente o movimento vital. A cadeia causal da ação dá-se de modo que o objeto externo afeta os sentidos, este movimento gera internamente movimento de desejo ou aversão, que se transforma em movimento externo na direção favorável ou contrária ao objeto. Em suma, se um homem se move é porque foi mobilizado nesta ou naquela direção pelo choque de um corpo externo: ação e reação substituem integralmente o finalismo e retiram dos corpos a possibilidade de se moverem por si mesmos ou por uma causa que lhes seja intrínseca. A vontade, portanto, é um apetite, que é, por sua vez, uma reação interna ao movimento de um corpo externo. Assim, a vontade não se determina e não é causa de si mesma, mas depende do modo como reagimos internamente – e sobre o qual não deliberamos – à ação do mundo exterior. Isso significa que há causas necessárias que fazem com que os homens queiram o que querem.

O modo pelo qual Hobbes resolve, nesse cenário determinista, a questão da imputabilidade moral e política é o que in-

---

29 Thomas Hobbes, *Do Cidadão*, op. cit., cap. I, §7.

teressa reter aqui. A negação do livre-arbítrio não o impede de afirmar a eficácia e a justiça das punições. Ele justifica a eficácia da punição recorrendo justamente ao modo mecânico de operação e formação da vontade. O que norteia toda ação e toda escolha é o princípio do benefício próprio, de modo que quando um homem delibera não faz mais do que "considerar se é melhor *para ele* fazer ou não fazer".[30] A punição (assim como a recompensa) opera como agente formador da vontade porque os homens tendem naturalmente a agir para o seu próprio bem, opera como exemplo e ajuda a evitar crimes futuros. Em outras palavras, a punição e a ameaça de punição fazem com que os homens passem a identificar a desobediência como um possível prejuízo para si mesmos – "a punição forma e faz a vontade dos homens" –,[31] constituem-se, portanto, como causa da vontade, da qual segue a ação obediente. Fazer a lei, diz Hobbes, é fazer a causa da justiça e *necessitar* a justiça. A justiça da punição, por sua vez, justifica-se pelo simples fato de que a justiça emana do poder soberano, e nada do que ele (um homem ou assembleia) fizer poderá ser considerado injusto pelos súditos. Desse modo, é justo punir aquele que foi contra a lei não porque ele poderia ter feito de outro modo, mas porque o direito de punir deriva exclusivamente do poder político do soberano civil; e a punição é eficaz porque tem em vista a correção e a formação da vontade a fim de evitar a transgressão futura.

Em suma, a fórmula hobbesiana do contrato confere ao soberano um poder considerável sobre as paixões, as opiniões e as vontades dos súditos. As escolhas dos homens decorrem de suas esperanças e medos e das considerações de bem e mal que

---

30 Idem, "Of Liberty and Necessity", op. cit., §26 (grifo meu).
31 Ibidem, §14.

procedem dessas paixões; a vontade e a ação seguem a opinião acerca do que é bom ou prejudicial para si mesmo. Assim, caberá ao soberano saber agir sobre essas opiniões e direcioná-las para a obediência, pois o bom governo das ações depende do governo das opiniões. Daí a necessidade de proibir doutrinas sediciosas, controlar o que será lido e dito nas universidades e, principalmente, proibir os textos das *Escrituras* que incitam à obediência aos padres e à Igreja em detrimento da obediência civil: "é impossível um Estado subsistir se qualquer outro, que não o soberano, tiver o poder de dar recompensas maiores do que a vida ou aplicar castigos maiores do que a morte".[32] O leviatã se sustenta em grande medida pelo controle ideológico dos súditos, radicado no direcionamento de seus medos e esperanças em conformidade com a obediência civil.[33]

À luz do argumento hobbesiano entendemos por que Rousseau exige que se considere o homem no seu aspecto moral: o mecanicismo é incompatível com uma concepção de vontade causa de si mesma e, por conseguinte, de liberdade enquanto autolegislação. As máquinas, assim como os animais e os homens hobbesianos, não dão regras a si mesmas. Por isso Rousseau trava uma batalha com Hobbes logo no início do *Contrato Social* para ressignificar a liberdade e, aí sim, realocar a soberania. Para ele, Hobbes animaliza o homem, isto é, não o concebe como portador de uma vontade capaz de determinar a si mesma, razão pela qual defende (segundo Rousseau) o direito do mais forte e sustenta a certeza de que os homens não são capazes de se relacio-

---

32 Idem, *Leviathan*, op. cit., cap. XXXVII, p. 306.
33 Abordei o tema do controle das opiniões em "A retórica na filosofia política de Thomas Hobbes", op. cit., e em "Razão e eloquência na filosofia política de Hobbes", *Revista de Filosofia Política*, v. 3, n. 6, p. 94-109, 2003.

nar entre si senão sob a condução e as ordens de outrem. Afinal, o que Hobbes destrói é a possibilidade de se pensar a liberdade como autolegislação e uma vontade distinta da meramente individual e autointeressada. Consequentemente, ele não tem outra saída senão concentrar o poder legislativo e o poder executivo nas mãos do governante, reduzir a política à representação sem limites e atribuir ao Estado a função da formação da vontade dos súditos para a obediência civil por meio de um sistema de recompensas e punições. Veremos que resgatar a dimensão moral do homem permitirá a Rousseau pensar a motivação do cidadão em termos radicalmente distintos dos de Hobbes e negar que a manutenção do corpo político dependa, sobretudo, da capacidade do governante para controlar os medos e as esperanças dos súditos a fim de mantê-los obedientes às leis civis estabelecidas pelo próprio leviatã.

Cidadania

O homem de Rousseau apresenta características muito distintas daquelas que Hobbes lhe atribui por natureza. Embora não seja possível desenvolver esse tema aqui, deve-se lembrar que a caracterização do estado de natureza sofre uma mudança radical. Mesmo que a crítica da cultura feita por Rousseau desvele uma sociedade composta por homens muito parecidos com os hobbesianos, a competição, a vaidade e o desejo de poder não são da natureza humana, e isso é de suma importância, pois permite apostar na educação moral e na construção de um corpo político condizente com a liberdade. Há uma tendência natural para a piedade, que pode e deve ser estimulada pela boa educação. Não que o homem não deseje o seu próprio bem por natureza, mas para tornar-se tal como Hobbes o descreve é preciso que o amor de si seja corrompido em amor próprio. Se a piedade é natural e a vaidade é adquirida, a educação pode ser o antídoto contra a corrupção do homem, pois resgata "afeições primitivas" e as transforma em justiça e bondade.[34] Não que a piedade (assim como a bondade e a justiça) seja impensável no caso do homem hobbesiano, mas não é essa a tônica adotada por Hobbes na descrição da natureza humana. A ênfase está em que "o homem é o lobo do homem", para o qual resta a guerra ou a submissão ao governante. Rousseau aposta, em contrapartida, que ao homem está aberta outra possibilidade, outra qualidade de vida política atrelada a uma educação que deposite no jovem as "sementes da humanidade",[35] atrelada à substituição da "existência física e independente que [o homem] recebeu da natureza" por "uma existência parcial e moral".[36] Com isso, Rousseau vincula a obediência à vontade soberana e as leis também ao amor pela cidade, pelos concidadãos e até mesmo pela humanidade, sentimento que se constrói na medida em que os homens aprendem a "sair de si mesmos" para se preocupar com os outros e com o destino da cidade. A integração social exige um *ethos* que implica sentimentos de sociabilidade.

Rousseau não prescinde, obviamente, de governo e leis. As ações devem ser reguladas pelas leis – que ele classifica em leis políticas, civis e criminais –, mas o sucesso de todas elas depende de outro tipo de "lei" que não requer a força da autoridade, pois está enraizada no hábito e gravada "nos corações dos cidadãos".[37] Com isso, ele introduz no *Contrato social* um elemento que considera indispensável para a preservação do corpo político: a legislação não sobrevive sem um tipo de lei radicada no "cora-

---

34 Jean-Jacques Rousseau, *Emílio*, op. cit., p. 264.
35 Ibidem, p. 246.
36 Idem, *Do contrato social*, II, 7, p. 57.
37 Ibidem, II, 12, p. 69.

ção" e sem certo sentimento que liga o cidadão à cidade e aos outros cidadãos. Não sobrevive, portanto, a um individualismo extremado que, como Rousseau deixa muitas vezes transparecer, flerta com o despotismo, como é o caso de Hobbes. Embora o individualismo seja, segundo ele, o espírito do seu tempo (o diagnóstico é o do mais absoluto egoísmo e da falta de liberdade), Rousseau não o pensa como destino inelutável da humanidade.

A despeito de tantas divergências, Hobbes e Rousseau concordam que a razão sozinha não é eficaz para garantir a obediência às regras que ela mesma estipula. Para ambos, portanto, a efetividade da razão requer o ancoramento "afetivo" de qualquer preceito. Ocorre que Hobbes, ao reconhecer a ineficácia das leis da razão, aposta na formação da opinião pela via do controle externo que o governante exerce sobre as paixões dos súditos através de um sistema de recompensas e punições, ao passo que Rousseau aposta na formação de sentimentos de sociabilidade: "o preceito de agir com os outros como queremos que ajam conosco só tem como alicerce real a consciência e o sentimento".[38] Portanto, embora ambos reconheçam que a razão não tem eficácia para *motivar* a ação, Rousseau entende que a "força não tem nenhum poder sobre os espíritos".[39] Assim sendo, para tornar os espíritos favoráveis à vida em sociedade é preciso algo mais do que a repressão ou a ameaça de punição, pois o homem precisa, para viver em uma sociedade baseada na liberdade e na igualdade, aprender a agir de acordo com princípios diversos daquele que considera apenas "a sua pessoa". Trata-se de uma exigência moral: a vida em sociedade requer uma moralidade que estava

---

38 Idem, *Emílio*, op. cit., p. 265.
39 Idem, *Carta a D'Alembert*. Trad. de Roberto Leal Ferreira. Campinas: Ed. da Unicamp, 1993, p. 82.

ausente no estado de natureza e que permite substituir o impulso físico pela voz do dever.[40] E isso é possível de ser conquistado no estado civil na medida em que as "faculdades se exercem e se desenvolvem, suas ideias se alargam [*s'étendent*], seus sentimentos se enobrecem".[41] O que se ganha com isso é uma liberdade moral, a "única a tornar o homem senhor de si mesmo, porque o impulso do puro apetite é escravidão e a obediência à lei que se estatui a si mesmo é liberdade".[42] Essa mesma transformação moral, que torna o homem senhor de si (livre, portanto), o municia para lidar com a tensão que porventura haja entre a sua vontade particular e a vontade comum.

Diferentemente do medo da punição e da esperança de recompensa individual, o amor pela cidade se traduz num tipo de interesse pelo que é público. Não parece que, para Rousseau, o amor pela cidade implique necessariamente a eliminação do indivíduo e do interesse individual, mas o amor pela cidade certamente impede que os cuidados domésticos e estritamente privados absorvam *inteiramente* o cidadão, que, desse modo, seria apenas súdito. Amar a cidade é importar-se com ela: "quando alguém disser dos negócios do Estado: *que me importa?* – pode-se estar certo que o Estado está perdido".[43] Frequentar os espaços públicos favorece esse comprometimento com o coletivo, forma o liame social. Se o coração não se liga ao Estado, não se forma o "espírito social".[44] Esse movimento para fora de si mesmo – que permite o alargamento das ideias e o enobrecimento

---

40 Idem, *Do contrato social*, I, 8, p. 36.
41 Ibidem, I, 8, p. 36.
42 Ibidem, I, 8, p. 37.
43 Ibidem, III, 15, p. 107.
44 Ibidem, IV, 8, p. 141-2.

dos sentimentos,⁴⁵ e que é tão contrário ao cristianismo quanto ao hobbesianismo – forma o *ethos* que auxilia cada um consigo mesmo e com todos os outros a lidar com o conflito entre o interesse particular e o público. O enobrecimento do sentimento implica o desenvolvimento de "sentimentos de sociabilidade".⁴⁶ Portanto, com expectativas e exigências muito maiores do que as de Hobbes, Rousseau quer estender o amor próprio para os outros e ao gênero humano, generalizá-lo para tornar-se equitativo:

> Estendamos o amor próprio sobre os outros seres, nós o transformaremos em virtude, e não há coração humano em que esta virtude não tenha raiz. Quanto menos o objeto de nossos cuidados *se prende a nós mesmos*, menos é de se temer a ilusão do interesse particular, quanto mais generalizamos esse interesse mais ele se torna equitativo; e o amor ao gênero humano não é outra coisa em nós senão o amor à justiça.⁴⁷

Isso mostra que Rousseau está implicado com a questão da motivação moral e política, pois o processo de formação do caráter que conduz à justiça passa pelo desenvolvimento do amor pelo outro e se estende, posteriormente, à humanidade. A justiça e a bondade não podem ser apenas ideias abstratas, "entidades morais formadas pela inteligência, e sim verdadeiras afeições da alma esclarecida pela razão, um progresso ordenado de nossas afeições primitivas".⁴⁸ Se isso é possível é porque se encontra na natureza do homem um elemento que, se cultivado desde a in-

---

45 Ibidem, I, 8, p. 36.
46 Ibidem, IV, 8, p. 143.
47 Idem, *Emílio*, op. cit., p. 288 (grifo meu).
48 Ibidem, p. 289.

fância, o torna justo. O movimento é do particular para o universal e envolve o homem da infância à vida adulta. Da experiência particular das relações primeiras de afeição e amor pode surgir a generalização e, com ela, a ideia de humanidade e o amor pela humanidade.[49] A pessoa, então, sai de si mesma e enxerga os outros como iguais e dignos de respeito: "Respeitai a vossa espécie; pensai que é essencialmente composta pelo conjunto dos povos". Isso exige um exercício de abstração, inclusive da própria posição social, mas que, repito, não pode ser apenas um experimento mental: "ensinai o vosso aluno a amar todos os homens, inclusive os que o desdenham, fazei com que ele não se coloque em nenhuma classe, mas em todas; falai diante dele e com ternura do gênero humano, com piedade até, mas nunca desprezo".[50] Os corações devem ser incitados à humanidade, o que exige, antes de tudo, piedade, pois ela faz com que nos coloquemos no lugar do outro: "são as nossas misérias comuns que incitam nossos corações à humanidade".[51]

O primeiro momento da educação moral é, portanto, o da educação da paixão, não o da sua negação ou o do seu controle visando benefícios individuais: "O amor dos homens é o princípio da justiça humana".[52] Assim como no *Contrato Social* Rousseau recusa a suficiência do direito para ligar os cidadãos entre si e à cidade, no *Emílio*, ele recusa um racionalismo excessivo que acaba por desprezar a questão da motivação: não basta a razão e a sua lei, pois todo preceito moral, para se efetivar, deve estar alicerçado na consciência e no sentimento que, por sua vez, são desenvolvidos na prática. Parece que, de algum modo,

---

49 Cf. Ibidem, p. 262.
50 Idem, *Emílio*, op. cit., p. 253.
51 Ibidem, p. 246.
52 Ibidem, p. 265, n. 4.

Rousseau toma para si o princípio da ética aristotélica – é fazendo o bem que nos tornamos bons – e dá a ele uma extensão tal que "o exercício das virtudes sociais leva ao fundo do coração o amor à *humanidade*".[53]

A educação é para a liberdade, para que o Emílio seja capaz de julgar por si mesmo e julgar os seus semelhantes com equidade.[54] Mas almeja-se que o Emílio seja livre para julgar com os seus próprios olhos e, *ao mesmo tempo*, desenvolva sentimentos que reforcem o vínculo com os outros e a sociabilidade. Em Rousseau, a autolegislação não significa autossuficiência e autarquia. O mesmo é expresso no *Contrato Social*, no qual a liberdade – que consiste em dar leis a si mesmo – convive com o sentimento de sociabilidade e com o amor à pátria. O desenvolvimento da moralidade implica a aquisição da razão ao mesmo tempo que age sobre os sentimentos: "as ideias se alargam, os sentimentos enobrecem".[55] Por essa razão Rousseau não precisa, como Hobbes, fazer a vida em sociedade depender de que todos submetam "suas vontades à vontade do representante e suas decisões à sua decisão".[56] Os cidadãos poderão viver juntos sem abdicar da vontade em nome de um particular. Para isso, entretanto, deverão desenvolver certa disposição para a vida em comum vetada ao homem hobbesiano.

Restabelecendo o vínculo (que Hobbes teria abandonado) entre a moral e a política, Rousseau defende que a aquisição da liberdade moral se deve à vida civil que, por sua vez, com ela se fortalece. Como diz Derathé, "a aquisição da liberdade moral é o verdadeiro benefício que o homem retira da instituição

---

53   Ibidem, p. 284 (grifo meu).
54   Cf. Ibidem, p. 268-270.
55   Ibdem, *Do contrato social* I, 8, p. 36.
56   Thomas Hobbes, *Leviathan*, op. cit., cap. XVII, p. 120.

da sociedade civil".⁵⁷ Daí Rousseau afirmar, no *Emílio*, que "é preciso estudar os homens pela sociedade e a sociedade pelos homens, os que quiserem tratar separadamente da política e da moral nunca entenderão nada de nenhuma das duas"⁵⁸.

* * *

É frequente a crítica que imputa a Rousseau uma solução política autoritária que incorreria na supressão do indivíduo para promover a mais absoluta unidade do povo. Esta é, por exemplo, a interpretação de Charles Taylor, que encontra na solução de Rousseau "uma falha grave", pois a comunidade política livre parece ser uma rigorosa exclusão de toda diferença. A liberdade, a ausência de papéis diferenciados e um propósito comum dotado de firme coesão são, segundo Taylor, inseparáveis para Rousseau, assim como é a "fórmula para as mais terríveis formas de tirania homogeneizante, tendo início com os jacobinos e estendendo-se aos regimes totalitários do nosso século".⁵⁹ Hannah Arendt também coloca Rousseau em um lugar bastante desconfortável, pois, a seu ver, a vontade geral excluiria os processos de troca de opiniões e um eventual acordo entre elas, daí sua qualidade mais notável ser a unanimidade. Isso significa que a unidade nacional só pode ser adquirida quando as vontades particulares são erigidas ao posto do inimigo comum da nação, de modo que o verdadeiro cidadão do corpo político da nação é aquele que "se levanta contra si próprio em sua particularidade".⁶⁰ Essa teoria,

---

57 Robert Derathé, *Rousseau e a ciência política do seu tempo*. Trad. de Natalia Maruyama. São Paulo: Discurso Editorial, 2009, p. 360.
58 Jean-Jacques Rousseau, *Emílio*, op. cit., p. 266.
59 Charles Taylor, *Argumentos filosóficos*. Trad. de Adail Ubirajara Sobral. São Paulo: Edições Loyola, 2000. p. 259
60 Hannah Arendt, *Sobre a revolução*. Trad. de Denise Bottmann. São Paulo: Companhia das Letras, 2011, p. 62.

segundo Arendt, inspirou todas aquelas que fomentam o terror, de Robespierre a Stálin, e que "pressupõem que o interesse de todos deve automaticamente e decerto permanentemente ser hostil ao interesse particular do cidadão".[61] Outra leitura, como a de Rainer Forst, é a de que Rousseau faria exigências aos cidadãos que não podem e tampouco devem ser cumpridas nas sociedades modernas complexas. Além de pressupor uma unidade, uma única voz, que simplesmente não existe nas sociedades plurais – e que só pode ser adquirida pela supressão autoritária da pluralidade ética, étnica, religiosa –, Rousseau esperaria demais do cidadão, que se veria obrigado à participação constante e a considerar a vida política como a realização da boa vida; o que se manifestaria também indevidamente nas teorias republicanas contemporâneas através de "exigências éticas excessivas para o conceito de cidadania".[62]

Assim sendo, Rousseau não teria feito muito diferente de Hobbes, mas apenas trocado o leviatã pela vontade geral em nome da construção de uma totalidade antidemocrática. Não pretendo aqui discutir essa linha de interpretação e tampouco recusar que há passagens no *Contrato Social* que animam esse tipo de leitura, a qual se torna compreensivelmente frequente entre autores que, no contexto pós-totalitário, estavam fortemente mobilizados para detectar o potencial autoritário das propostas que pareciam supor algo como um sujeito coletivo singular em detrimento da liberdade individual e da democracia (Rousseau e Marx são com frequência lidos nesse registro). Por ora e para os meus objetivos aqui, quero apenas salientar que esse tipo de lei-

---
61 Ibidem, p. 63.
62 Rainer Forst, *Contextos da justiça: Filosofia política para além de liberalismo e comunitarismo*. Trad. de Denilson Werle. São Paulo: Boitempo Editorial, 2010, p. 140.

tura também tem sido questionada com bons argumentos. Luiz Roberto Salinas Fortes, por exemplo, detecta mais complexidade em Rousseau: trata-se de uma teoria que expõe o paradoxo da política e que pergunta pela possibilidade da conciliação entre a liberdade dos indivíduos e as necessidades da vida coletiva justamente porque admite a distância entre a instância do coletivo e a instância individual[63].

---

63 Cf. Luiz Roberto Salinas Fortes, *O paradoxo do espetáculo* (São Paulo: Discurso Editorial, 1997), p. 108. Ao invés de entrar na disputa em torno da noção de vontade geral, menciono apenas um aspecto que ao menos dificulta que se impute a Rousseau a eliminação do indivíduo em nome de uma "totalidade sagrada". Trata-se da crítica contundente da intolerância religiosa com a qual ele encerra o *Contrato social* e que aponta na direção oposta da supressão integral das particularidades. Rousseau entende que a intolerância religiosa está diretamente ligada à civil: "na minha opinião, enganam-se os que estabelecem uma distinção entre intolerância civil e teológica. Essas duas intolerâncias são inseparáveis" (Jean-Jacques Rousseau, *Do contrato social*, IV, 8, p. 144), afinal uma pessoa não pode viver em paz com outra que considera *damné*. Um bom remédio contra a execração do outro pela sua religião é deslocar o ponto de vista: "que um turco, que acha o cristianismo tão ridículo em Constantinopla vá ver como acham o maometismo em Paris!" (idem, *Emílio*, op. cit., p. 298). Isso parece indicar que a unidade do corpo político e da vontade geral não prevê uma sociedade onde haja total unidade nos costumes e a eliminação integral da pluralidade. É a intolerância e não a diversidade que, ao menos nesse aspecto, ameaça a sociedade. Portanto, não deve interessar ao soberano – até porque o pacto não lhe dá esse direito – as crenças dos indivíduos, mas apenas que sejam bons cidadãos, que tenham uma "religião civil" e amem os seus deveres: "quanto ao mais, cada um pode ter as opiniões que lhe aprouver, sem que o soberano possa tomar conhecimento delas" (idem, *Do contrato social*, IV, 8, p. 143). No, *Emílio*, Rousseau defende ser melhor que as crianças

Salinas Fortes entende que a vontade geral é resultante "do conjunto das vontades dos associados. Não uma soma de suas vontades enquanto indivíduos que visam apenas o seu interesse particular, mas uma expressão da vontade de cada indivíduo quando imbuído do interesse coletivo e visando ao bem comum"[64]. Lido dessa maneira, Rousseau parece muito mais democrático, dado que a solução das questões políticas se constrói a partir do encontro real entre os cidadãos "com voz e voto". Robert Derathé, por sua vez, nega que a vontade geral exclua a existência das vontades e liberdades individuais, assim como recusa a interpretação de que ela tem um valor absoluto, pois é uma noção relativa, ou seja, "é geral apenas com relação aos cidadãos que compõem o Estado"[65]. É certo que a vontade geral só é possível se "existe um interesse comum que sirva de ligação entre os associados e constitua, assim, o fundamento psicológico da associação"[66]. No entanto, isso não significa abolição da vontade individual ou a suposição de uma vontade essencialmente distinta da individual, pois é sempre em seu interesse que o cidadão se submete à vontade geral que consiste, na verdade, em uma regra de justiça "que o indivíduo consciente das condições da vida em sociedade, aceita para o seu próprio bem, para a sua

64 Luiz Roberto Salinas Fortes, *O bom selvagem*. São Paulo: Editora FTD, 1996. p. 86.
65 Robert Derathé, Rousseau e a ciência política do seu tempo, op. cit., p. 59.
66 Ibidem, p. 65.

segurança pessoal e para a salvaguarda da sua liberdade": um "acordo admirável entre interesse e justiça".[67]

À luz destas leituras, aquela que recusa relevância atual ao pensamento político de Rousseau em função de sua suposta solução política autoritária perde de vista a crítica potente que ele endereça ao individualismo moderno e a negligenciar um aspecto central do seu pensamento político e moral que aponta para os limites da norma e do direito na construção da sociabilidade. A contrapelo das leituras que lhe negam qualquer relevância para as sociedades complexas plurais – quando não só enxergam ameaças antidemocráticas na filosofia política rousseauísta, – considero esse aspecto específico da teoria de Rousseau pertinente e atual. Ao embasar a justiça no amor à humanidade sem fazer da humanidade uma mera ideia abstrata da razão, ao ancorar o liame social em sentimentos de sociabilidade, e, finalmente, ao buscar compatibilizar autolegislação com pertencimento à coletividade, Rousseau de certo modo antecipa as teorias democráticas contemporâneas que acusam a precariedade das soluções liberais, que, excessivamente normativas, descuidam da questão da constituição de um *ethos* democrático.[68]

---

67 Ibidem, p. 352-3.

68 A este respeito, por exemplo, Seyla Benhabib critica as teorias liberais contemporâneas de matriz rawlsiana (bem como a teoria habermasiana da democracia baseada na ética do discurso) que tendem equivocadamente a priorizar a norma e a justiça institucional em detrimento da responsabilidade interpessoal, do amor e da solidariedade, bem como a priorizar a cognição moral em detrimento do afeto moral (*Critique, norm, and utopia*: A *study of the foundations of critical theory*. New York: Columbia University Press, 1986. p. 341-2). O excesso de racionalismo e o formalismo de tais projetos estão vinculados, segundo a autora, à adoção de um modelo legalista de vida pública que desconsidera a importância

Como vimos, na crítica de Rousseau a Hobbes, é possível sublinhar que, para o autor do *Contrato Social*, a vida em comum exige algum tipo de comprometimento com a coletividade e com os outros de uma maneira geral. Mas a crítica que Rousseau faz a Hobbes explicita, *ao mesmo tempo*, os limites da solução do autor do *Leviatã* e os limites das soluções liberais, as quais, embora sustentem um modelo de Estado radicalmente distinto do de Hobbes, também são baseadas em um indivíduo autointeressado e, com isso, tendem a considerar a cidadania ativa e o comprometimento político como exigências excessivas. Contra o individualismo e a "animalização" do homem, supostamente promovidos por Hobbes, Rousseau resgata a sua dimensão moral e restabelece uma relação entre ética e política a fim de trazer para o primeiro plano a questão da cidadania ativa e da formação do liame social, bem como para tornar compatível a liberdade enquanto autolegislação com o pertencimento à coletividade. Para Rousseau, o individualismo (a julgar pela sua leitura de Hobbes) favorece mais a dominação do que a liberdade, daí a necessidade do desenvolvimento de um tipo de sentimento que tira o homem dele mesmo, ao qual ele dá o nome de *amor*. Enfim, Rousseau entende que o liame social em uma sociedade livre

---

do cultivo da amizade e solidariedade cívicas para a constituição de um *ethos* democrático. Muito embora Benhabib entenda que a teoria rousseauísta da vontade geral é problemática, porque pressupõe uma harmonia de interesses numa sociedade sem conflitos, deve-se notar que suas críticas ao liberalismo igualitário e à versão habermasiana da ética do discurso ecoam aspectos centrais do pensamento de Rousseau, tais como a crítica ao individualismo, a dimensão moral e afetiva da política, a preocupação com a formação do liame social e de uma perspectiva comum e compartilhada entre os cidadãos (ibidem, cap. 8).

depende de que haja algo compartilhado. Que se chame isso de "identidade social geral", "civismo", *sensus communis* ou "identificação com o destino da comunidade", para ele, assim entendo, trata-se de um *ethos* que fomenta a disposição para preservar o coletivo e olhar do ponto de vista dos outros e da cidade.[69]

---

69 Para uma análise da noção de "*ethos* democrático" nas teorias contemporâneas cf. Rainer Forst, *Contextos da justiça*, op. cit., cap. 3.

Rawls e Agamben sobre Hobbes[1]

Este texto reconstrói as análises que John Rawls e Giorgio Agamben fazem da filosofia política hobbesiana a fim de responder a seguinte questão: por que, para Rawls, a teoria política de Hobbes é extremamente insatisfatória para uma reflexão a respeito da democracia moderna, ao passo que, para Agamben, essa mesma teoria é a que melhor revela o sentido da política na modernidade? De antemão, vale sublinhar que esses dois autores não divergem significativamente a respeito dos pontos centrais da filosofia política hobbesiana e de sua teoria da soberania. Não é, portanto, em função de interpretações divergentes do autor do *Leviatã* que este se revela, em um caso, muito pouco atual, e, no outro, extremamente atual.

Rawls sobre Hobbes

Hobbes não desempenha nenhum papel em *Uma teoria da justiça* (1971), de Rawls. Na abertura do livro, no momento em

---

1 Este texto é uma versão modificada e com a inclusão de algumas notas explicativas de "A atualidade da teoria hobbesiana da soberania de acordo com J. Rawls e G. Agamben". In: VILLANOVA, Marcelo Gross; LISBOA, Wladimir Barreto (Orgs.). *Hobbes: Natureza, história e política*. Porto Alegre: EDIPUCRS; Córdoba: Brujas, 2011. v. 2. p. 189-206.

que o autor apresenta as razões da atualidade do dispositivo do contrato, Hobbes sequer figura entre os autores modernos do contrato social: Locke, Rousseau e Kant são as fontes das quais ele irá se ocupar. Mas é com o autor do *Leviatã* que Rawls inaugura o curso de filosofia política ministrado na Universidade de Harvard, cujas aulas foram publicadas no livro *Lectures on the history of political philosophy*. Neste curso, Rawls retoma o argumento central do *Leviatã*, e, além disso, explora os pontos de confronto da filosofia política hobbesiana com a tradição filosófica e as divergências entre Hobbes e os seus contemporâneos ingleses. A análise é acertada ao revelar os pressupostos e os objetivos centrais da filosofia política hobbesiana. Partindo do sistema moral secular de Hobbes, ele sublinha a noção de indivíduo autointeressado bem como a independência da moral e da política em relação à teologia. As noções centrais de direito natural, lei natural e estado de natureza, podem todas ser definidas e explicadas sem quaisquer pressupostos teológicos. E o mesmo pode ser dito a respeito do conteúdo do sistema moral: "Isso significa que o conteúdo das leis de natureza, que a razão nos manda seguir, assim como o conteúdo das virtudes morais, podem ser explicados sem que se recorra a afirmações teológicas e podem ser entendidos dentro do sistema secular hobbesiano".[2] Daí se segue uma análise da natureza humana que privilegia a relação sempre tensa entre desejo e razão. Ao mesmo tempo, sem moralizar equivocadamente (como faz Strauss, por exemplo, em outra interpretação bastante influente de Hobbes) os desejos humanos, incluindo aí o desejo de poder, Rawls mostra que, para Hobbes, o fato de os homens serem autointeressados não os transforma

---

2   John Rawls, *Lectures on the history of political philosophy*. Cambridge, MA: Harvard University Press, 2007, p. 27.

em "monstros" totalmente indiferentes ou hostis em relação aos demais, mas ressalta, ao mesmo tempo, que nós "não precisamos ser monstros para nos encontrarmos em dificuldades profundas"[3] na circunstância do estado de natureza: a combinação de interesse próprio com ausência de limite não resulta em outra coisa senão em guerra. Como bem mostra Rawls, é a partir dessa caracterização do estado de natureza que Hobbes tenta encontrar, a despeito da diversidade de visões particulares de bem e de interesses políticos ou religiosos conflitantes, uma base comum a partir da qual possa haver acordo: "O ponto de Hobbes é que, dadas as condições normais da vida humana e dado o sempre presente perigo do conflito social e do colapso que redunda em estado de natureza, toda pessoa racional tem um interesse fundamental e suficiente em apoiar um *soberano efetivo*. E dado esse interesse, toda pessoa racional entraria no contrato social".[4]

Sem entrar na disputa acerca da possibilidade da realização do contrato na situação do estado de natureza ou sobre a suficiência de um contrato meramente hipotético (questões que têm ocupado os comentadores ocupados com o contratualismo moderno), Rawls sublinha o que é fundamental: Hobbes "quer apresentar um argumento filosófico convincente para a conclusão de que um soberano efetivo e forte – com todos os poderes que pensa que um soberano deve ter – é o único remédio para o grande mal da guerra civil que todas as pessoas devem querer evitar por ser contrário aos seus interesses fundamentais".[5] Ademais, além de usar o contrato como uma explicação filosófica de como o Estado poderia surgir (e não de como ele teria efe-

---

3   Ibidem, p. 51.
4   Ibidem, p. 33.
5   Ibidem, p. 33.

tivamente surgido), Hobbes o utiliza para nos incitar a "aceitar um soberano efetivo existente", ou seja, para explicar porque nós temos "razão suficiente para querer que o grande leviatã continue a existir e seja efetivo" (o que, inclusive, faz todo sentido à luz da guerra civil inglesa).[6]

O momento mais original da leitura de Rawls é a análise da razão prática hobbesiana à luz das noções de *racional* (que envolve a consideração do bem ou da vantagem para si mesmo) e *razoável* (que envolve termos justos de cooperação). Seguindo estratégia comum em suas aulas sobre os filósofos modernos, Rawls projeta sua própria noção de razão prática na razão prática hobbesiana a fim de testar se há ali os elementos que permitem a cooperação social. Segundo Rawls, a cooperação social, diferentemente de uma coordenação produtiva e eficiente da atividade social, envolve duas coisas: 1) a noção de vantagem racional, que diz respeito a alguma ideia de bem ou bem-estar para cada indivíduo envolvido na cooperação (*racional*), e 2) termos justos da cooperação social que envolvem, por sua vez, alguma noção de reciprocidade e que se apresentam como restrições à atividade social coordenada, eficiente e produtiva para que ela seja também uma cooperação social justa (*razoável*). Em O *liberalismo político* a diferença e a complementaridade entre o *racional* e o *razoável* é assim exposta: "Como ideias complementares, nem o razoável, nem o racional podem ficar um sem o outro, [pois] agentes puramente razoáveis não teriam fins próprios que quisessem realizar por meio da cooperação equitativa; [ao mesmo tempo] agentes puramente racionais, carecem de senso de jus-

---

6   Ibidem, p. 34.

tiça e não conseguem reconhecer a validade independente das reivindicações dos outros".[7]

Deve ficar claro que o razoável se exprime, segundo Rawls, na reciprocidade, e não numa conduta altruísta de um suposto agente capaz de se guiar exclusivamente em favor dos interesses dos outros. A sociedade razoável, diz ele, "não é uma sociedade de santos, nem de egoístas",[8] mas sim aquela "onde todos têm seus próprios fins racionais, que esperam realizar, e estão dispostos a propor termos equitativos, os quais é razoável esperar que os outros também aceitem".[9] Desse modo, se a sociedade razoável não é uma sociedade de egoístas, também não é uma sociedade na qual se espera tanta virtude que acabaria por ficar fora de nosso alcance. Mas, se é uma sociedade na qual as pessoas procuram realizar seus próprios fins, não é também possível prescindir, para que a cooperação seja justa, de uma faculdade moral que motive a respeitar termos equitativos pelo seu próprio valor intrínseco. Para Rawls, essa faculdade moral – o senso de justiça – é uma virtude social essencial. O que ele procura na filosofia hobbesiana é justamente essa faculdade moral que envolve reciprocidade e que é, para ele, imprescindível para a cooperação social justa.

No entanto, a análise que Rawls faz de Hobbes acaba por revelar (a meu ver, acertadamente) a ausência daquela faculdade moral.[10] As leis de natureza, cujo conteúdo expressa o razoável, são princípios que cada indivíduo assume com vistas a si mesmo,

---

7 Idem, *O liberalismo político*. Trad. de Dinah de Abreu Azevedo. 2. ed. São Paulo: Editora Ática, 2000, p. 96.
8 Ibidem, p. 98.
9 Ibidem.
10 Cf. Yara Frateschi, "Racionalidade e moralidade em Hobbes", *Dois Pontos*, v. 6, p. 195-213, 2009.

à sua própria preservação.[11] Essas leis, portanto, aproximam-se mais de um imperativo hipotético do que de um imperativo categórico: sua bondade consiste no fato de serem *meios* para a vida pacífica, sociável, confortável, que todos nós, enquanto seres racionais, consideramos uma boa coisa. O que temos em Hobbes, portanto, é que o conteúdo da lei de natureza expressa o razoável, mas Hobbes as justifica pelo racional, o que revela que ele baseia o razoável no racional. Justamente por isso, conclui Rawls, não há lugar nessa filosofia para a noção de obrigação moral: "A estrutura formal dos direitos e obrigações está ali, mas se a obrigação moral envolve algo diferente do racional, então, não há lugar para ela na visão oficial de Hobbes".[12] É justamente nesse vácuo que Hobbes encontra e justifica o papel do soberano: o soberano é, com os seus plenos poderes, a condição necessária para que seja racional para todos agir de acordo com os princípios razoáveis expressos nas leis da razão. Em outros termos, dado a ausência da razoabilidade e do senso de justiça, ou se institui uma soberania nos moldes do leviatã ou os homens viverão perpetuamente em estado de guerra generalizada.

Para Rawls, é essa polarização entre "anarquia e absolutismo" que torna a teoria política de Hobbes extremamente insatisfatória quando se busca compreender as características definidoras e as condições de possibilidade da democracia constitucional, tais como a diferenciação entre poderes, a constituição que os regula e que tem a função de garantir direitos básicos, ou, ainda, os procedimentos que garantam a soberania do povo enquanto expressão institucional, etc.[13] Além disso, não há lugar na teoria hobbesiana

---

11 John Rawls, *Lectures on the history of political philosophy*, op. cit., p. 66.
12 Ibidem, p. 66.
13 Ibidem, p. 84.

para uma noção de obrigação moral que envolve, para Rawls, as noções de autorrestrição razoável e de senso de justiça, ambas indispensáveis para a cooperação institucional e social.[14] Disso resulta a impossibilidade de que os conflitos, causados pela diversidade de concepções de bem e de valores, sejam abrandados por uma razão pública, pois é o leviatã quem desempenha esse papel, e, para tanto, ele precisa de plenos poderes, ao mesmo tempo que exige dos súditos que abram mão de julgar as ações do Estado. Em Hobbes, o conflito causado pela pluralidade das concepções de bem é insolúvel a menos que por coerção.[15]

---

14 Ibidem, p. 87.
15 Deve-se acrescentar à leitura de Rawls que a coerção se dá pela punição e também pelo controle ideológico, por meio da formação das opiniões na direção da obediência civil (cf. Yara Frateschi, "A retórica na filosofia política de Thomas Hobbes", op. cit.). Por causa da primazia do racional e da ausência de razoabilidade, é apenas o soberano quem delibera sobre as questões públicas e tem, entre as suas atribuições, a tarefa de controlar as opiniões dos súditos. Podemos ir além e apontar que a exigência de imparcialidade feita por Rawls para que se possa alcançar acordos equitativos também é frustrada por Hobbes, para quem essa possibilidade da imparcialidade está, no mais das vezes e para a maioria dos homens, bloqueada a menos que sob coerção, não sendo, portanto, *imparcialidade*, mas medo ou algum outro tipo de interesse. É tarefa do juiz ser imparcial e isso se deve à profunda descrença de Hobbes quanto à imparcialidade dos membros da sociedade. Poderíamos também pensar, invertendo aqui o jogo, que tipo de resposta Hobbes daria à prioridade do justo sobre o bem, pois sabemos que a justiça consiste no cumprimento dos acordos, mas a lei da razão que comanda o seu cumprimento não tem validade a menos que haja garantia de que o outro também a observe: então poderíamos dizer que para Hobbes o justo deve preceder o bem, caso contrário a guerra não teria fim, mas com a ressalva – que não é um mero detalhe – de que é o soberano quem diz, no limite, o que é justo ou injusto.

Cumpre dizer que, para Rawls, a filosofia política hobbesiana não é apenas insatisfatória para pensar as condições elementares da democracia constitucional, mas mostrou-se também incorreta "uma vez que as instituições da democracia constitucional – que violam as condições de Hobbes para a soberania – *têm de fato existido* e notadamente não têm sido menos estáveis e ordenadas do que o tipo de absolutismo que Hobbes defendia".[16] Em outras palavras, Hobbes nos colocou diante de duas, e somente duas, possibilidades – a anarquia da guerra ou o absolutismo –, rechaçando uma outra forma de vida política: a democrática. Esta forma de vida política, a despeito das previsões de Hobbes, mostra-se efetivamente como alternativa possível e viável. Por isso, no momento de procurar as fontes teóricas da cultura democrática, Rawls abandona Hobbes e vai procurá-las em Locke, Rousseau e Kant.

Agamben sobre Hobbes

Por outro lado, é bastante significativo o protagonismo que Hobbes goza na obra de Agamben: não é Locke, nem Rousseau e tampouco Kant que dão para ele a chave da compreensão da política moderna ou que o ajudam a pensar a política hoje, mas sim Hobbes com a sua teoria da soberania (juntamente com Carl Schmitt). Em *Homo sacer: O poder soberano e a vida nua I*, Agamben recorre a Hobbes para explicar o fundamento do poder soberano na modernidade e o próprio sentido da política moderna. A biopolítica, a teoria do estado de exceção, bem como a tese segundo a qual o campo (de concentração) é o paradigma biopolítico do moderno parecem encontrar sustentação

---

16 John Rawls, *Lectures on the history of political philosophy*, op. cit., p. 85 (grifo meu).

na teoria hobbesiana, que se mostra, para o autor do *Homo sacer*, extremamente atual.

Neste livro de 1995, Agamben detecta um longo e duradouro eclipse da política que perdura "ainda hoje" e o atribui ao triunfo da biopolítica.[17] Diferentemente dos gregos, que excluíam da *polis* a simples vida natural (confinada ao âmbito da família) e exaltavam a vida politicamente qualificada, na modernidade "a vida natural, começa, por sua vez, a ser incluída nos mecanismos e nos cálculos do poder estatal, e a política se transforma em *biopolítica*".[18] Seguindo Foucault, para Agamben é o indivíduo, enquanto simples corpo vivente, que está em jogo na política, e disso resulta uma espécie de "animalização do homem posta em prática através das mais sofisticadas técnicas políticas".[19] O próprio triunfo do capitalismo não teria sido possível sem esse controle disciplinar efetuado pelo biopoder, que criou, "através de uma série de tecnologias apropriadas, 'os corpos dóceis' de que necessitava".[20] O evento fundador da modernidade é, portanto, esse ingresso da vida natural na esfera da *polis*: "a politização da vida nua como tal constitui o evento decisivo da modernidade, que assinala uma transformação radical das categorias político-filosóficas do pensamento clássico".[21] Mas, enquanto Foucault abandonou a abordagem tradicional do problema do poder (baseada em modelos jurídico-institucionais) na direção de uma análise dos modos concretos com que o poder penetra no próprio corpo de seus sujeitos e formas de vida,

---

17 Giorgio Agamben, *Homo sacer: O poder soberano e a vida nua*. Trad. de Henrique Burigo. Belo Horizonte: Editora UFMG, 2007, p. 12.
18 Ibidem, p. 11.
19 Ibidem.
20 Ibidem.
21 Ibidem, p. 12.

Agamben pretende recuperar o ponto de intersecção entre o modelo jurídico-institucional e o modelo biopolítico do poder: esse é o seu objetivo no livro. Para ele, as duas análises não podem ser separadas, pois "a implicação da vida nua na esfera política constitui o núcleo originário – ainda que encoberto – do poder soberano. *Pode-se dizer, aliás, que a produção de um corpo biopolítico seja a contribuição original do poder soberano*".[22] Trata-se, portanto, de revelar o vínculo entre biopolítica e exceção soberana, eventos intimamente relacionados que se estabelecem com a política moderna. Para tanto, o ponto de partida é a constatação de que "a nossa política não conhece hoje outro valor (e, consequentemente, nenhum outro desvalor) que a vida, e até que as contradições que isto implica não forem solucionadas, nazismo e fascismo, que haviam feito da decisão sobre a vida nua o critério político supremo, permanecerão desgraçadamente atuais".[23]

Não pretendo aqui fazer uma análise detida do argumento de Agamben, mas sim ressaltar que há um vínculo entre a biopolítica, o estado de exceção e a tese da íntima solidariedade entre democracia e totalitarismo.[24] Amparado em Carl Schmitt, o filósofo italiano disseca o paradoxo da soberania: o soberano está ao mesmo tempo dentro e fora do ordenamento jurídico, ou seja, por ter o poder legal de suspender a lei, ele se coloca legalmente fora da lei. O que está em questão na decisão soberana é a própria condição de possibilidade da validade da norma jurídica e, com esta, o próprio sentido da autoridade estatal: "O soberano, através do estado de exceção, 'cria e garante a situação', da qual o direito tem necessidade para a própria vigência".[25] Se a soberania

---

22 Ibidem, p. 14.
23 Ibidem, p. 18.
24 Ibidem.
25 Ibidem, p. 25.

se apresenta, assim, na forma de uma decisão sobre a exceção é porque o soberano decide "a implicação originária do ser vivente na esfera do direito, ou, nas palavras de Schmitt, 'a estruturação normal das relações de vida', de que a lei necessita".[26] Agamben lança mão de uma ambígua figura do direito romano, o *homo sacer*, para ilustrar o vínculo entre biopolítica e exceção. O que ocorre no caso *homo sacer* é que uma pessoa era simplesmente posta para fora da jurisdição humana, na medida em que a sua morte (o seu assassinato) não se convertia em sacrilégio e tampouco em homicídio. Daí o vínculo entre a vida nua e a exceção, na medida em que o soberano pode matar sem cometer homicídio e a vida humana é, assim, exposta a uma matabilidade incondicionada (sem constituir transgressão da norma). A politização da vida nua ocorre, portanto, mediante o abandono a um poder incondicional de morte.[27] Analogamente, é o que ocorre na figura do bandido ou do fora da lei (que Agamben explora a partir da antiguidade germânica): o bandido, aquele que pode ser morto sem que se cometa homicídio, é como um homem-lobo, um híbrido entre o humano e o ferino, dividido entre a selva e a cidade:

> que ele seja definido como homem-lobo e não simplesmente lobo (…) é aqui decisivo. A vida do bandido – como aquela do homem sacro – não é um pedaço de natureza ferina sem alguma relação com o direito e a cidade; é, em vez disso, um limiar de indiferença e de passagem entre o animal e o homem, a *phýsis* e o *nómos*, a exclusão e a inclusão: *lobisomem*, ou seja, *nem*

---

26   Ibidem, p. 33.
27   Ibidem, p. 98.

> *homem nem fera*, que habita paradoxalmente ambos os mundos sem pertencer a nenhum.[28]

Para Agamben, essa transformação moderna da política em espaço da vida nua é o que legitimou e tornou necessário o domínio total: porque em nosso tempo a política se tornou *integralmente* biopolítica, "ela pôde constituir-se em uma proporção antes desconhecida em política totalitária".[29] Daí a tese da continuidade entre democracia e totalitarismo:

> antes de emergir impetuosamente à luz do nosso século [século XX], o rio da biopolítica que arrasta consigo a vida do *homo sacer*, corre de modo subterrâneo, mas contínuo. É como se, a partir de um certo ponto, todo evento político decisivo tivesse sempre uma dupla face: os espaços, as liberdades e os direitos que os indivíduos adquirem no seu conflito com os poderes centrais simultaneamente preparam, a cada vez, uma tácita porém crescente inscrição de suas vidas na ordem estatal, oferecendo assim uma nova e mais temível instância ao poder soberano do qual desejariam libertar-se. [...] E apenas porque a vida biológica tornara-se por toda a parte o fato politicamente decisivo, é possível compreender a rapidez, de outra forma inexplicável, com a qual no nosso século as democracias parlamentares puderam virar estados totalitários, e os estados totalitários converter-se quase sem solução de continuidade em democracias parlamentares.[30]

---

28 Ibidem, p. 112.
29 Ibidem, p. 126.
30 Ibidem, p. 127-8.

Uma vez que a política se torna integralmente biopolítica, a fronteira entre democracia e totalitarismo não pode ser claramente demarcada, afinal, o que poderíamos considerar ganhos emancipatórios em termos de conquista de direitos, espaços e liberdades, logo revela a crescente inscrição das nossas vidas na ordem estatal. É nesse sentido que, para Agamben, o campo, "como puro, absoluto e insuperado espaço biopolítico (enquanto tal fundado unicamente sobre o estado de exceção) surgirá como paradigma oculto do espaço político da modernidade".[31] E é também pela lógica da vida nua que ele interpreta as declarações dos Direitos Humanos, que devem deixar de ser vistas como proclamações de valores eternos metajurídicos. Essas declarações representam, afinal, "aquela figura original da inscrição da vida natural na ordem jurídico-política do Estado-nação".[32] A função histórica dos direitos humanos remete à formação do moderno Estado-nação, mas é a vida nua natural – e não o homem como sujeito político livre e consciente – que entra em primeiro plano na estrutura do Estado e torna-se o fundamento terreno de sua legitimidade e soberania. Na modernidade, o homem substitui o cidadão.[33]

---

31 Ibidem, p. 129.
32 Ibidem, p. 134.
33 Ao realizar essa análise dos direitos humanos, Agamben se refere à Hannah Arendt, particularmente à seção "O Declínio do Estado Nação e o fim dos direitos do homem", que encerra a segunda parte ("Imperialismo") de *Origens do totalitarismo*. A tese central de Arendt sobre os direitos humanos, convém lembrar, é a de que, embora declarados como "inalienáveis", os direitos humanos (quaisquer direitos) requerem a existência de um governo que os garanta e os torne eficazes. A experiência dos apátridas e das minorias resultante da desnacionalização em massa após a Primeira Guerra, mostrou que a perda de governo (a perda de um lugar no

Em resumo, o estado de exceção tende cada vez mais a se

mundo e de proteção jurídica e estatal) coincide com a perda do direito a ter direitos. Para a autora, a situação dos apátridas e das minorias mostrou a fragilidade das declarações de direitos humanos justamente quando o "mundo não viu nada de sagrado na abstrata nudez de ser unicamente humano" (Hannah Arendt, *Origens do totalitarismo*. Trad. de Roberto Raposo, São Paulo: Companhia das Letras, 2004, p. 333). Uma vez que, para ela, a privação dos direitos humanos se manifesta, antes de tudo, na privação de "um lugar no mundo que torne a opinião significativa e a ação eficaz" (ibidem, p. 330), uma vez ainda que é a ausência de proteção política e jurídica que impede que as pessoas, enquanto cidadãs, tenham direito a ter direitos, a solução de Arendt passa pela afirmação da necessidade incontornável do pertencimento a uma comunidade política organizada capaz de garantir efetivamente direitos. Para Agamben, Arendt teria chegado perto de compreender a conexão "íntima e necessária" entre o destino dos direitos do homem e o Estado-nação (Giorgio Agamben, *Homo sacer*, op. cit., p. 133) e ela quase percebeu a real função histórica das declarações de direitos humanos na formação do moderno Estado-nação (ibidem, p. 134), função que, para ele, não é outra senão a inscrição da vida natural na ordem jurídico-política. Embora Arendt tenha de fato vinculado a fragilidade dos direitos humanos à transformação do Estado em um instrumento da nação, ela efetivamente não conclui (como Agamben gostaria que ela tivesse feito) que a *função histórica* dos direitos humanos tenha sido a inscrição da vida natural na ordem política do Estado a partir do século XIX. Tampouco conclui que haja uma conexão "necessária" entre os destinos dos direitos do homem e o do Estado-nação (nas palavras de Agamben). O que Arendt detecta aí, ao invés de "necessidade", é um paradoxo, e procura resolvê-lo reafirmando a necessidade da instituição de um poder estabelecido e controlado territorialmente, que garanta aos cidadãos o direito a ter direitos (cf. *Origens do totalitarismo*, op. cit., Prefácio, p. 13). Para a autora, o problema é que os direitos humanos, supostamente inalienáveis, são sistematicamente alienados quando se perde a

apresentar como o paradigma de governo dominante na política contemporânea e, além disso, constitui-se como um patamar de indeterminação entre democracia e absolutismo. Mas, afinal, o que Hobbes tem a ver com tudo isso?

Uma das teses centrais do *Homo sacer*, segundo a qual a política originária é o estado de exceção, visa colocar em questão a teoria da origem contratual do poder estatal. A teoria hobbesiana da soberania auxilia Agamben nesse sentido. Como aponta o autor, a identidade entre estado de natureza e violência é o que permite a Hobbes justificar o poder absoluto do soberano, que permanece em estado de natureza. Isso significa que a soberania se apresenta, então, como "um englobamento do estado de natureza na sociedade, ou, se quisermos, um limiar de indiferença entre natureza e cultura, entre violência e lei, esta própria indistinção constitui a específica violência soberana".[34] Assim, se o estado de natureza não é uma época cronologicamente anterior à fundação da cidade, ele é um princípio interno desta, que aparece no momento em que se considera a cidade *tanquam dissoluta* (portanto, algo como o estado de exceção). Interessa aqui reter esta ideia: para Agamben, o fundamento do poder soberano, em Hobbes, não deve ser buscado na cessão livre de direitos pelos

---

cidadania e o pertencimento a uma comunidade política. Daí se segue, no caso de Arendt, uma defesa inconteste do Estado de Direito e da proteção jurídica das pessoas. Muito diferente de Agamben, Arendt não sustenta a tese da continuidade entre democracia e totalitarismo: ao contrário, para ela, o totalitarismo se constrói e institui justamente pela destruição da democracia, se por "democracia" se entende uma organização política, jurídica e institucional que garanta a proteção da pessoa jurídica e garanta o direito à cidadania. Tratarei deste tema adiante, em "Hannah Arendt: sobre Hobbes, o imperialismo e o totalitarismo".

34 Giorgio Agamben, *Homo sacer*, op. cit., p. 41-2.

súditos, mas, sobretudo, "na conservação da parte do soberano do seu direito natural de fazer qualquer coisa em relação a qualquer um, que se apresenta, então, como direito de punir".[35] Isso significa a sobrevivência do estado de natureza no coração do Estado e significa também que, na verdade, a violência soberana não é fundada em um pacto, mas sobre "a inclusão exclusiva da vida nua no Estado".[36] A permanência do soberano em estado de natureza desfaz, segundo Agamben, o mito do contrato, ao mesmo tempo que revela o vínculo entre Estado e exceção. E o que está na base disso tudo, até mesmo da caracterização do estado de natureza como um estado de guerra, é que o estado de natureza hobbesiano é uma "condição em que cada um é para o outro vida nua e *homo sacer*".[37] Aquela figura híbrida do lobisomem, da qual falávamos acima, encontra-se em Hobbes, segundo Agamben, quando ele define o homem (animalizando-o) como lobo do homem. Assim, Hobbes funda a soberania através da remissão ao "homem lobo do homem" e compõe o seu Estado com súditos, que estão, pela eminência da exceção, na fronteira entre o lobo (o animal) e o humano. Nas palavras

---

35 Continua Agamben citando o capítulo XXVIII do *Leviatã*: "Este é o fundamento", escreve Hobbes, "daquele direito de punir que é exercitado em todo Estado, pois que os súditos não deram este direito ao soberano, mas apenas, ao abandonar os próprios, deram-lhe o poder de usar o seu no modo que ele considerasse oportuno para a preservação de todos; de modo que o direito não foi *dado*, mas *deixado* a ele, e somente a ele – com exceção dos limites fixados pela lei natural – de um modo tão completo, como no puro estado de natureza e de guerra de cada um contra o próprio vizinho" (Ibidem, p. 113).
36 Ibidem, p. 113.
37 Ibidem, p. 112.

do autor: "esta lupificação do homem e humanização do lobo é possível a cada instante no estado de exceção".[38]

Para Agamben, o novo corpo político do Ocidente é formado justamente pelos corpos matáveis dos súditos hobbesianos. Se Hobbes revela o que é fundamental na política moderna é porque expõe com clareza que é "a matabilidade do corpo que funda tanto a igualdade natural entre os homens quanto a necessidade do *Commonwealth*".[39] Com isso, Hobbes acabaria mostrando que,

> contrariamente ao que nós modernos estamos habituados a representar-nos como espaço da política em termos de direitos do cidadão, livre-arbítrio e de contrato social, do ponto de vista da soberania, *autenticamente política é somente a vida nua*.[40]

Em suma, Agamben recorre a Hobbes para desmascarar a democracia moderna e o Estado de Direito, convencido de que o que vingou, com a biopolítica, foi justamente o desmoronamento da fronteira entre democracia e soberania absoluta. As teorias do contrato ajudam a promover a ilusão da democracia, que ele pretende desfazer desmitificando a importância do contrato em Hobbes e vinculando-o ao estado de exceção. Se Hobbes ajuda Agamben nessa missão, é porque, diferentemente de Locke, Rousseau e Kant, funda o Estado em um contrato que dá origem a uma soberania absoluta. O que dizer, então, das teorias contratualistas de Locke, Rousseau e Kant? Parece que, para Agamben, essas teorias teriam apenas contribuído para construir a ilusão

---

38   Ibidem, p. 112-3.
39   Ibidem, p. 131.
40   Ibidem, p. 113.

da democracia fundada na vontade dos homens e consagrada em Estado de Direito, o que condena a democracia à impotência, porque nos impede de enfrentar o problema da soberania (que é a exceção), ao mesmo tempo que nos torna incapazes de pensar na modernidade uma política não estatal.[41] Por outro lado, Hobbes – lido na chave da biopolítica e da exceção – pode nos ajudar a revelar o que está oculto nas ideologias da modernidade. Desvelamento necessário para que se possa "fazer sair o político da sua ocultação e, ao mesmo, restituir o pensamento à sua vocação prática",[42] para que se possa, enfim, pensar em uma política integralmente nova, isto é, não mais "fundada sobre a *exceptio* da vida nua".[43]

Considerações finais

Eu não me propus aqui a comparar as teorias políticas de Rawls e Agamben, não apenas porque isso seria inexequível nos limites desse texto, mas também porque foge à minha compreensão o que Agamben tem em vista quando aponta para uma política "integralmente nova", não estatal e que parece não se configurar como Estado de direito. Sabemos apenas que essa política integralmente nova não deveria estar fundada na biopolítica, mas não no que ela implicaria.[44] Rawls, que sustenta

---

41 Ibidem, p. 116.
42 Ibidem, p. 12.
43 Ibidem, p. 19.
44 Em *Estado de exceção*, Agamben afirma que não é possível "o retorno do estado de exceção efetivo em que vivemos ao estado de direito" (*Estado de exceção – Homo sacer II, 1*. Trad. de Iraci Poletti. São Paulo: Boitempo Editorial, 2004, p. 131). Para ele, o direito contém uma fratura *essencial* entre o estabelecimento da norma e sua aplicação (ibidem, p. 49) e está intimamente ligado, portan-

Liberdade, cidadania e *ethos* democrático 151

um modelo mais bem definido de democracia, diz claramente no prefácio de *Uma teoria da justiça* que a sua esperança é a de que a teoria da justiça como equidade pareça razoável e útil, "para uma grande gama de orientações políticas ponderadas e, portanto, expresse uma parte essencial do núcleo comum da tradição democrática",[45] deixando claro que seu projeto envolve uma teoria da justiça e princípios normativos. Agamben, com sua vocação crítica aparentemente radical, indica apenas o que a política não deve ser. Com sua teoria do estado de exceção, com as teses da continuidade entre democracia e totalitarismo e da identidade entre direito e violência, ele nos deixa sem saber que tipo democracia (se é que seria algo com esse nome) ele almeja. Além disso, seu diagnóstico extremamente pessimista da modernidade, segundo o qual todos os ganhos em termos de direitos, liberdades e espaços são ilusoriamente emancipatórios, parece eliminar os critérios pelos quais avaliar democracias mais ou menos consolidadas: todas se encontram sob a lógica da exceção e da biopolítica.[46] Mas se, de um lado, Agamben afirma que

---

to, à violência (ibidem, p. 96). Não sabemos, assim, que papel o direito teria, se é que teria algum, numa política não biopolítica. Ele chega a falar em algo como um "novo direito", na esteira de Foucault, livre de toda disciplina e soberania (ibidem, p. 97), mas não vai além disso.

45 John Rawls, *Uma teoria da justiça*. Trad. de Almiro Pisetta e Lenita M. R. Esteves. São Paulo: Martins Fontes, 2000, p. xiii-xiv.

46 Não pretendo com isso recusar que Agamben aponte, com algum grau de acerto e em momentos específicos de quebra da democracia, certa atualidade em Hobbes. O problema, assim entendo, é não vincular a exceção como quebra da democracia, mas como algo aparentemente inerente à sua natureza, que seria, ao fim e ao cabo, totalitária. Em *Estado de exceção*, ele ilustra o vínculo entre biopolítica e exceção com a "Military Order" e o "Patriot Act" (promulgados por Bush em

o campo (de concentração) é o paradigma do espaço político da modernidade, por outro, não oferece elementos para uma reflexão acerca da possibilidade da reversão da situação de completa dominação que constata.[47]

Se faltam elementos para comprar o projeto teórico de Rawls com o de Agamben, vê-se, porém, com muita nitidez, que eles partem de diagnósticos radicalmente distintos da política moderna. Se Agamben atualiza Hobbes no final do século XX é porque pensa que o estado de exceção é hoje o paradigma de governo. Enquanto ele desfaz a fronteira entre direito e violência

---

2001). Ali se mostra, segundo o autor, o significado biopolítico do estado de exceção "como estrutura original em que o direito inclui em si o vivente por meio de sua própria suspensão": o que Bush fez foi anular radicalmente todo o estatuto jurídico do indivíduo, "produzindo, dessa forma, um ser juridicamente inominável e inclassificável". O que ocorre nesses casos, como em Guantánamo (assim como os judeus nos *Lager* nazistas) é a criação de sujeitos que são objeto de uma pura dominação de fato, com a vida nua atingindo a sua máxima indeterminação (Giorgio Agamben, *Estado de exceção*, op. cit., p. 14-5). Com isso se revela aquela íntima relação entre democracia e totalitarismo da qual falávamos acima e que Agamben assim resume após analisar o caso do Terceiro Reich (um estado de exceção que durou doze anos): "O totalitarismo moderno pode ser definido, nesse sentido, como a instauração, por meio do estado de exceção, de uma guerra civil legal que permite a eliminação física não só dos adversários políticos, mas também de categorias inteiras de cidadãos que, por qualquer razão, pareçam não integráveis ao sistema político. Desde então, a criação voluntária de um estado de emergência permanente (ainda que, eventualmente, não declarado no sentido técnico), tornou-se uma das práticas essenciais dos Estados contemporâneos, *inclusive nos chamados democráticos*" (ibidem, p. 13, grifo meu).

47 Voltarei a este tema adiante, em "Giorgio Agamben: a democracia contemporânea e a questão de gênero".

e entre democracia e totalitarismo, apontando para a falência da democracia moderna, Rawls reafirma a existência real e, em alguns momentos e lugares, a existência estável de instituições que compõem a estrutura básica da sociedade democrática. Rawls não enxerga atualidade em Hobbes porque a filosofia política hobbesiana errou ao postular que a única solução para a anarquia fosse o absolutismo e ao recusar as características elementares da democracia constitucional.[48] Porque Hobbes não diferencia poder soberano de poder ilimitado e também não distingue o soberano (a quem todos obedecem, e que, por sua vez, não obedece a ninguém) de um sistema legal definido por um conjunto de regras, não há lugar, em seu pensamento político, para instituições democráticas. Nota-se, portanto, que os fatores que levam Agamben a ver em Hobbes o autor chave para a compreensão da modernidade política são justamente aqueles que levam Rawls a desconsiderá-lo e a iniciar sua busca pela formação do pensamento democrático moderno com Locke, Rousseau e Kant. Portanto, ao invés de trazer Hobbes para o século XX, Rawls procura localizá-lo no século XVII para entender o seu sofisticado sistema filosófico à luz do contexto histórico e teórico em que foi formulado. Importa estudar Hobbes não pela sua atualidade, mas por causa da grandeza da sua obra, e, além disso, para entender que é reagindo a ele que se forma o pensa-

---

48 Por exemplo: a ideia da constituição como lei suprema que regula o governo e define os poderes das suas diferentes instituições (executivo, legislativo, etc.); a ideia de que um dos propósitos da constituição é assegurar – pela revisão judicial – que certos direitos básicos sejam respeitados; que deve haver procedimentos que garantam a soberania do povo enquanto expressão institucional garantindo a possibilidade de revisão da constituição, etc.

mento democrático moderno.[49] Sem conhecer o *Leviatã*, não se entende a relevância e o alcance das mudanças introduzidas por Locke, Rousseau e Kant, as quais lançam as bases da cultura democrática na modernidade.

Se, para Rawls, Hobbes não contribui para refletir sobre a democracia moderna, e, para Agamben, é ele quem revela a sua característica central, não é porque esses autores fazem leituras muito díspares de Hobbes – ambos exaltam o seu aspecto central: a teoria da soberania absoluta –, mas sim porque sustentam diagnósticos radicalmente distintos da modernidade e, mais especificamente, da democracia contemporânea.

---

49 John Rawls, *Lectures on the history of political philosophy*, op. cit., p. 42.

Hannah Arendt: Sobre Hobbes, o imperialismo e o totalitarismo[1]

Origens do totalitarismo (1951) é uma obra que se propõe a *compreender* a dominação totalitária e não propriamente a detectar as suas causas. Arendt não assume a tarefa de desvendar a cadeia causal que teria levado ao totalitarismo, mas de compreender 1) a sua absoluta e medonha novidade em relação a todas as formas precedentes e conhecidas de dominação, e 2) os elementos do passado que se *cristalizam* no totalitarismo. Ao dividir a obra em três partes – Antissemitismo, Imperialismo e Totalitarismo – Arendt não pretendia, nas duas primeiras, escrever uma história do antissemitismo e do imperialismo, mas sim analisar o elemento de ódio aos judeus e o elemento da expansão uma vez que ambos "eram claramente visíveis e desempenhavam um papel decisivo no próprio fenômeno totalitário".[2] Neste texto, vou me concentrar sobretudo na segunda parte da obra, sobre o imperialismo. (1) Trata-se de compreender em que sentido

---

1 Uma versão reduzida deste capítulo, escrito em 2018, foi publicada na revista *Ideação*, n. 42, Julho/Dezembro de 2020, com o título "Hannah Arendt sobre Thomas Hobbes e o racismo imperialista".
2 Hannah Arendt, "Uma réplica a Eric Voegelin". In: _____. *Compreender: Formação, exílio e totalitarismo*. Org. de Jerome Kohn, trad. de Denise Bottmann. São Paulo: Companhia das Letras, 2008, p. 419.

as práticas imperialistas, a mentalidade burguesa do século XIX e a ideologia racial são elementos que de algum modo *se cristalizam* posteriormente na estrutura da dominação totalitária.

Há ainda outros dois objetivos subjacentes a essa análise da segunda parte de *Origens*. (2) Sugerir que nesta primeira grande obra de Arendt surgem as questões com as quais ela vai se defrontar ao longo do seu percurso intelectual e que serão temas centrais da sua própria filosofia política. Ao discernir os elementos que se cristalizam no totalitarismo, Arendt estabelece, a contrapelo, as condições mais elementares da vida democrática (ou "republicana", como ela preferia): a Constituição e a proteção legal dos cidadãos, a participação ativa das cidadãs e dos cidadãos, a formação de um *ethos* democrático e de uma mentalidade que seja condizente com a pluralidade. Interessa particularmente notar que a análise que ela faz da mentalidade imperialista do século XIX coloca em pauta um problema ao qual ela responde filosoficamente, nos anos 1960, com a "mentalidade alargada" e com a apropriação do juízo de gosto kantiano.[3] Parece que, desde as *Origens*, está claro para ela que a preservação da liberdade e da pluralidade exigem – além de governo constitucional, proteção legal, instituições democráticas e participação política – uma mentalidade que lhes seja condizente: certamente não aquela que o século XIX viu florescer, que é autointeressada, racista e nacionalista, mas uma outra que seja capaz de conviver com a pluralidade de perspectivas e que seja mais afeita à solidariedade e à responsabilidade pelos outros e pelo mundo comum.

---

3   Na última seção deste texto, retomarei essa questão. Tratarei também do tema da "mentalidade alargada" em "Juízo e Opinião em Hannah Arendt", adiante.

(3) Trata-se de mostrar, ainda, que o antihobbesianismo de Arendt é estruturante da tese central da segunda parte da obra, ainda que a literatura crítica mais relevante sequer o mencione. Thomas Hobbes desempenha um papel de destaque na narrativa que Arendt constrói no livro de 1951 porque, a seu ver, ele é o filósofo que antecipou em trezentos anos os anseios e a moral da burguesa imperialista, a mesma que contribui de maneira muito significativa para a destruição das barreiras políticas e éticas que abrem caminho para o totalitarismo no século XX. Mais ainda, ao destruir a ideia de humanidade, Hobbes teria fornecido o pré-requisito de todas as doutrinas raciais futuras. A presença de Hobbes neste livro não deve ser minimizada, embora seja comumente esquecida.[4] Eu pretendo mostrar que o pensamento político de Arendt se constrói como antítese da filosofia prática de Hobbes, identificado por ela como o grande filósofo da burguesia, o "idólatra do sucesso", o autor que pavimenta o caminho das ideologias raciais. Hobbes corrói a possibilidade da

---

4 Intérpretes importantes e que me orientam constantemente na leitura da obra de Hannah Arendt, tais como Seyla Benhabib, Margaret Canovan, Maurizio Passerin d'Entrèves e André Duarte, não se detém mais demoradamente na presença de Hobbes em *Origens do totalitarismo*. Parece-me, entretanto, que a interpretação que Arendt faz de Hobbes neste seu primeiro grande livro nos dá uma chave para compreendermos as suas próprias exigências a respeito dos elementos indispensáveis da vida democrática e dos quais ela tratará posteriormente em seus escritos. Apesar disso, concordo com Canovan, *Hannah Arendt: A reinterpretation of her political thought* (Cambridge, UK: Cambridge University Press, 1982), p. 12, para quem *Origens* traça uma agenda para o pensamento futuro de Arendt. Acrescentaria que parte dessa agenda surge também em resposta aos aspectos mais marcantes da filosofia de Thomas Hobbes, tal como interpretada por Arendt.

democracia com a sua concepção da natureza humana e com o seu modelo de Estado. Nada pode ser mais avesso às intenções de Arendt, pois se os homens fossem como Hobbes os retrata eles jamais seriam capazes de viver em comunidades políticas; se estivessem condenados a agir apenas em seu benefício, jamais poderiam se responsabilizar pelos outros; se o único juízo que lhes resta é pautado pelo ponto de vista estritamente individual ou de uma minoria, jamais seriam capazes de viver com outros e só lhes restaria dominá-los ou exterminá-los. Analisarei a interpretação que Arendt faz de Hobbes na última seção deste texto.

Compreender o totalitarismo

Arendt começou a escrever *Origens do totalitarismo* em 1945 e finalizou a obra em 1949, pouco mais de quatro anos depois da derrota de Hitler e menos de quatro antes da morte de Stálin. Ela descreve esse período como os primeiros anos de uma calma relativa após décadas de "tumulto, confusão e puro horror," desde a Primeira Guerra Mundial, o surgimento subsequente de movimentos totalitários, o solapamento dos governos constitucionais, e o surgimento de "todos os tipos de tiranias fascistas e semi-fascistas, ditaduras militares e de partido único e, por fim, o estabelecimento firme dos governos totalitários baseados no apoio da massa".[5] Com a derrota da Alemanha nazista, uma parte da história (*story*) chegou ao fim e o momento lhe

---

5 Hannah Arendt, *Origens do totalitarismo*, op. cit., p. 339. Tradução modificada de acordo com *The origins of totalitarianism*. 2.ed. Cleveland: Meridian Books, 1958 (daqui em diante, *Origins*), p. xxiii. Para o presente texto, parte significativa das traduções de *Origens do totalitarismo* foi modificada. A paginação conforme a edição de 1958 será indicada entre parênteses. Agradeço a Renata Romolo Brito por revisar essas traduções.

pareceu, então, propício "para olhar para os eventos contemporâneos com o olhar retrospectivo do historiador e com o zelo analítico do cientista político".[6] Arendt se vê, assim, diante de uma primeira chance de *"tentar contar e tentar compreender o que aconteceu"*, pois já não se via dominada por uma "cólera muda [*speechless outrage*]" e por um "horror impotente".

A tentativa de compreensão passa pela construção de uma narrativa coerente sobre o fenômeno, daí o vínculo entre o trabalho do teórico político e o do historiador, o do olhar retrospectivo e o do zelo analítico. Mas não apenas a compreensão está vinculada à possibilidade de narrar, pois contar uma história sobre o que aconteceu também é o caminho para lidar com as dores, as mágoas e os horrores causados por aquela experiência: "todas as mágoas são suportáveis se as colocamos em uma história (*story*) ou contamos uma história sobre elas", diz a epígrafe do capítulo V de *A condição humana*, emprestada de Isak Dinesen. Escrever uma história sobre o aconteceu só é possível, entretanto, quando não se está mais sob o domínio de cólera muda e horror impotente. Narrar, já é uma potência, é uma abertura para a compreensão e para a ação.[7]

---

6   Hannah Arendt, *Origens do totalitarismo*, p. 339.
7   Seyla Benhabib, em *The reluctant modernism of Hannah Arendt* (2.ed. Oxford: Rowman & Littlefield Publishers, 2000), p. 71-72, 91-94, analisa lindamente a identificação que Arendt faz entre a teórica política e a narradora de eventos passados (*storyteller*). Ao insistir a respeito da contingência da história e afirmar reiteradamente que "poderia ter sido de outro modo", explica Benhabib, Arendt nos ensina que a teórica política, enquanto narradora de eventos passados, está comprometida com os atores políticos do presente dispostos a que o futuro seja "de outro modo" (ibidem, p. 72).

As perguntas que motivam a investigação empreendida na obra publicada em 1951 são aquelas que Arendt reconhece serem as perguntas com as quais a sua geração foi obrigada a conviver a maior parte de sua vida: O que havia acontecido? Por que havia acontecido? Como pôde ter acontecido?[8] O problema é que o totalitarismo tem uma medonha originalidade na medida em que promove uma ruptura com todas as nossas tradições e demole tanto as nossas categorias de pensamento político quanto os nossos critérios de juízo moral. Em outras palavras, "o próprio acontecimento, o fenômeno que tentamos – e devemos tentar – compreender, privou-nos de nossos instrumentos tradicionais de compreensão".[9] Com a ruptura que o totalitarismo promove com a tradição, Arendt entende, como Walter Benjamin, que o passado não foi propriamente perdido, mas está fragmentado.[10] É preciso, portanto, buscar uma narrativa coerente sobre ele, contar uma história que seja capaz de relacionar o passado com o presente, sem o que não compreendemos o próprio presente e nem a nós mesmos no nosso tempo e, além disso, perdemos a perspectiva do futuro.[11]

---

8   Hannah Arendt, *Origens do totalitarismo*, op. cit., p. 339-40.
9   "Compreensão e Política". In: _____. *Compreender*, op. cit., p. 332. Para uma análise deste tema, conferir o excelente livro de André Duarte, *O pensamento à sombra da ruptura: Política e filosofia em Hannah Arendt* (São Paulo: Paz e Terra, 2000), especialmente capítulos 1 e 3.
10 No capítulo sobre Walter Benjamin que consta de *Homens em tempos sombrios* (Trad. de Denise Bottmann. São Paulo: Companhia das Letras, 2003), Arendt explicita toda a sua dívida com Benjamin, quem "sabia que a ruptura da tradição e a perda da autoridade que corriam durante a sua vida eram irreparáveis e conclui que teria que descobrir novas formas de tratar o passado" (ibidem, p. 166).
11 Ibidem, p. 174. Os dois escritos mais elucidativos de Arendt a esse respeito são o capítulo sobre Walter Benjamin em *Homens em tem-*

O diagnóstico de Arendt é o de que a estrutura da civilização ocidental atingiu um ponto de ruptura,[12] mas isso não nos fornece "a orientação para as possibilidades do século XX".[13] Em outras palavras, o diagnóstico de ruptura deixa em aberto o prognóstico do futuro. Cumpre, então, tentar compreender e descobrir os elementos que levaram à dissolução da tradição, e este é o intuito do livro, sem a *passividade* de ceder ao processo de desintegração como se ele fosse uma "necessidade histórica":[14]

> Não podemos mais nos dar ao luxo de extrair aquilo que foi bom no passado e simplesmente chamá-lo de nossa herança, deixar de lado o mau e simplesmente considerá-lo um peso morto, que o tempo, por si mesmo, relegará ao esquecimento. A corrente subterrânea da história ocidental finalmente veio à luz e usurpou a dignidade da nossa tradição. Essa é a realidade em que vivemos. E é por isso que todos os esforços de escapar da desolação do presente, refugiando-se na nostalgia por um passado ainda intacto ou no antecipado oblívio de um futuro melhor, são vãos.[15]

No prefácio que escreve para a primeira edição de *Origens*, Arendt diz que o seu intuito é compreender o fenômeno totalitário, o que não significa "deduzir o que é sem precedentes do precedente ou explicar por analogias e generalidades de tal modo que o impacto da realidade e o choque da experiência não

---

pos sombrios e a resposta à resenha de Voegelin para *Origens do totalitarismo* ("Uma réplica a Eric Voegelin", op. cit.).
12 Idem, *Origens do totalitarismo*, op. cit., p. 11.
13 Ibidem, p. 11. Trad. mod. (*Origins*, p. ix).
14 Ibidem, p. 12.
15 Ibidem, p. 13. Trad. mod. (*Origins*, p. ix).

possam mais ser sentidos".[16] Compreender significa encarar a realidade sem preconceitos e, para tanto, é preciso evitar analogias e explicações causais simplórias que nos tornam incapazes de discernir a característica distintiva do fenômeno em questão. É preciso ainda se afastar das ideologias do progresso ou da ruína que tendem a uma antecipação dogmática do futuro e obstam tarefa da compreensão sem preconceitos: "Progresso e ruína são duas faces da mesma moeda" e resultam de superstições.[17] Erramos se pensamos que o totalitarismo é uma outra forma de tirania ou que é apenas o outro lado do liberalismo. E mesmo que possamos encontrar elementos de tirania e de liberalismo na dominação totalitária "essas afinidades significam apenas que é preciso traçar distinções ainda mais claras".[18] Erramos também ao tentar traçar uma linha de continuidade entre a modernidade e o totalitarismo ou tornar o totalitarismo o seu resultado inevitável: para Arendt, o totalitarismo significa, ao contrário, um rompimento com o tipo de consenso (*consensus iuris*) que opera no direito internacional do mundo ocidental nos tempos moder-

---

16 Ibidem, p. 12. Trad. mod. (*Origins*, p. viii).
17 Ibidem. Trad. mod. (*Origins*, p. vii). Conferir "Arendt contra o progresso, a ruína e a utopia", adiante.
18 Idem, "Uma réplica a Eric Voegelin", op. cit., p. 421. Em resposta a Voegelin, Arendt esclarece: "O professor Voegelin parece pensar que o totalitarismo é apenas o outro lado do liberalismo, do positivismo e do pragmatismo. Mas, concorde-se ou não com o liberalismo (e posso dizer aqui com bastante clareza de não ser liberal, positivista ou pragmatista), o importante é que os liberais certamente não são totalitários. Isso não exclui o fato de que certos elementos liberais ou positivistas também se prestam ao pensamento totalitário; mas essas afinidades significam apenas que é preciso traçar distinções ainda mais claras, pelo *fato* de que os liberais não são totalitários" (ibidem).

nos e que nos orienta mesmo em tempos de guerra.[19] Além do mais, o totalitarismo, diferentemente das democracias liberais, não incita o individualismo: mais perverso do que isso, ele destrói a individualidade ao mesmo tempo que elimina a conexão das pessoas umas com as outras e com o mundo comum. Menos interessada em igualdades ou essências e mais interessada na particularidade e especificidade dos fenômenos, Arendt conclui que o desenraizamento característico das massas totalitárias não é o mesmo das massas que a precederam. A diferença crucial está na perda do "eu" (*self*) e até mesmo de interesses egoístas.[20]

O que Arendt procura é compreender a especificidade da dominação totalitária e os mecanismos que "dissolveram os tradicionais elementos do nosso mundo político e espiritual".[21] Mas se o totalitarismo não tem precedentes na história, ele evidentemente não irrompeu do nada e tampouco pode ser encarado como uma "necessidade histórica". Para tentar responder às perguntas com as quais sua geração se viu confrontada, Arendt retrocede, na primeira parte do livro, ao antissemitismo, e, na segunda parte, ao imperialismo. É preciso mergulhar na corrente subterrânea da história europeia para compreender como determinados fatos puderam adquirir "uma virulência inteiramente inesperada".[22]

Embora não vá tratar aqui da primeira parte desta obra, é preciso observar que Arendt a escreve mobilizada por um fator

---

19 Idem, *Origens do totalitarismo*, op. cit., p. 514.
20 Idem, "Uma réplica a Eric Voegelin", op. cit., p. 422. Para a especificidade das massas totalitárias conferir Nathália Rodrigues da Costa, *A sociedade de massas em Hannah Arendt*. Campinas: IFCH - Unicamp, 2018. Dissertação (Mestrado em Filosofia).
21 Hannah Arendt, *Origens do totalitarismo*, op. cit. p. 12.
22 Ibidem, p. 21.

perturbador (sobretudo com respeito ao nazismo): o apoio das massas ao regime. Pessoas desorganizadas, desconectadas de interesses coletivos e de classe, apoiaram maciçamente o governo criminoso, ainda que informadas sobre o que acontecia com os judeus, como foi o caso na Alemanha.[23] Na primeira parte do livro, a autora rastreia os antecedentes dessa ampla aceitação e pergunta "como isso pôde acontecer?". Evitando cair nas armadilhas da historiografia judaica (que, em geral, adota uma tendência apologética dos judeus) e da antissemita (que recai no pecado inverso), Arendt não se propõe a escrever uma história do antissemitismo, mas remontar à história judaica do século XIX e à consequente evolução do antissemitismo, que atiram, no século XX, os judeus no turbilhão dos acontecimentos: quando o antissemitismo se torna o agente catalizador do movimento nazista e do estabelecimento da estrutura organizacional do Terceiro Reich e quando surge o genocídio, "crime sem precedentes em meio à civilização ocidental".[24] O antissemitismo é analisado, portanto, como pré-história do totalitarismo, como um fator que se *cristalizou* no totalitarismo. Para Arendt, não é possível se contentar com a teoria que apresenta o judeu como bode expiatório, afinal essa teoria parece supor que este poderia ter sido qualquer outro. A pergunta central é: por que um determinado bode expiatório se adapta tão bem ao papel que querem lhe imputar?[25] Isso não significa, evidentemente, negar que os judeus tenham sido vítimas, mas questionar por que se constituíram como centro da ideologia nazista antes mesmo do estabelecimento do terror. A escolha da vítima não é completamente arbitrária, pois carece

---

23 Cf. Ibidem, p. 339, n. 1.
24 Ibidem, p. 20. Trad. mod. (*Origins*, p. xiv).
25 Ibidem, p. 25.

da adesão das massas. Não basta denunciar a fraude evidente dos Protocolos de Sião, por exemplo, mas prestar atenção no fato de tantas pessoas acreditarem numa fraude tão evidente.[26] Para entender como isso foi possível, Arendt analisa, primeiro, a relação entre o surgimento dos movimentos antissemitas e o declínio do Estado-nação; em seguida, procura explicar a hostilidade da ralé[27] para com os judeus; e, finalmente, ocupa-se do Caso Dreyfus, "uma espécie de ensaio geral para o espetáculo do nosso tempo",[28] pois revela as potencialidades do antissemitismo como arma política. A narrativa da primeira parte das *Origens do totalitarismo* pretende mostrar como o antissemitismo penetra lenta e gradualmente em todas as camadas da sociedade em quase todos os países europeus nesse período até emergir como motivo de união da opinião pública.[29]

A segunda parte do livro – sobre o imperialismo – pretende narrar a desintegração do Estado-nação destacando os ingredientes para o surgimento subsequente dos movimentos e governos totalitários: a era imperialista inaugura o fenômeno da política mundial, sem o qual "a pretensão totalitária de governo global não teria sentido".[30] O principal evento do período imperialista foi a emancipação política da burguesia, a "primeira classe na história a ganhar proeminência econômica sem aspirar ao do-

---

26 Ibidem, p. 27.
27 Sobre a definição de ralé (*mob*), vale conferir o artigo de Margaret Canovan "The People, the Masses, and the mobilization of power: The paradox of Hannah Arendt's populism" (*Social Research*, v. 69, n. 2, p. 403-422, 2002).
28 Hannah Arendt, *Origens do totalitarismo*, op. cit., p. 30.
29 Ibidem, p. 45.
30 Ibidem, p. 151.

mínio político".³¹ A burguesia cresceu dentro do Estado-nação (e junto com ele), que se caracteriza por um governo de uma sociedade dividida em classes, pretendendo manter-se acima delas. Para Arendt, convém lembrar, a estrutura política do Estado-nação emergiu quando nenhum grupo em particular estava em posição de exercer sozinho o poder político, de modo que "o governo assumiu o verdadeiro domínio político, que não mais dependia de fatores econômicos e sociais".³² A burguesia, mesmo quando já tinha se tornado classe dominante, permaneceu por período considerável delegando ao Estado as decisões políticas, e foi somente quando ficou patente que o Estado-nação não se prestava como estrutura para o maior crescimento da economia capitalista que a "luta latente entre o Estado e a sociedade tornou-se abertamente uma luta pelo poder".³³

Para os objetivos deste texto, cumpre sublinhar que sobretudo a partir do século XIX – com a ascensão política da burguesia e com o imperialismo ultramarino e continental – vão se rompendo o que eu vou chamar de *barreiras éticas, políticas e jurídicas* para a instauração posterior da dominação totalitária. Contudo, antes de reconstruir este argumento, vejamos quais são, em linhas bem gerais, as especificidades dessa forma totalitária de dominação.

Ideologia e Terror

Para Arendt, não adianta procurar na história da filosofia política ocidental, de Platão a Kant, uma classificação para a forma de governo totalitário. Se recorremos à classificação das formas

---

31 Ibidem, p. 153.
32 Ibidem, p. 59. Trad. mod. (*Origins*, p. 38).
33 Ibidem, p. 154. Trad. mod. (*Origins*, p. 123).

de governo estabelecida pela filosofia política (que não mudou de maneira muito significativa em dois milênios) seremos tentados a identificá-lo como tirania moderna: um poder sem leis, exercido arbitrariamente por um único homem e baseado no medo. Contudo, embora seja verdade que o totalitarismo desafia as leis positivas, uma análise do fenômeno em questão nos mostra que não se trata de um governo que opera sem a orientação de uma lei, tampouco que seja arbitrário, pois "afirma obedecer rigorosamente e inequivocamente àquelas leis da Natureza ou da História que sempre acreditamos serem as origens de todas as leis".[34] Não é arbitrário no sentido de que recorre à "legitimidade" dessas forças sobre-humanas – Natureza (no caso do nazismo) ou História (no caso do stalinismo) – em nome das quais justifica o sacrifício de qualquer lei positiva ou interesse, individual ou de grupo, que nada valem quando se trata de instaurar a lei da justiça na Terra. Com isso, desaparecem todos os critérios e padrões que orientam a conduta humana individual porque a lei – seja a da Natureza, seja a da História – aplica-se diretamente à Humanidade, e não a pessoas concretas. Não se trata, portanto, da substituição de um conjunto de leis por outro, não se trata do reestabelecimento do *consensus iuris*, mas de uma outra forma de legalidade, que desafia as próprias leis que formula porque se baseia na pretensão de prescindir de qualquer consentimento.[35] Isso não tem nada em comum com

---

34 Ibidem, p. 513
35 Sobre isso, Arendt afirma: "A esta altura, torna-se clara a diferença fundamental entre o conceito totalitário de lei e de todos os outros conceitos. A política totalitária não substitui um conjunto de leis por outro, não estabelece o seu próprio *consensus iuris*, não cria, através de uma revolução, uma nova forma de legalidade. O seu desafio a todas as leis positivas, inclusive às que ela mesma formula,

o argumento tradicional do direito natural ou do direito divino, porque nesses dois casos Natureza e Deus, enquanto fontes de autoridade das leis positivas, tinham a função de fornecer uma fonte permanente e imutável para leis positivas.[36] Tanto no nazismo quanto no stalinismo, todas as leis se tornaram "leis de movimento", inclusive a lei da natureza e a da história, que também se tornam "movimentos", seja no sentido da evolução seja no sentido da supressão da luta de classes.[37] Se Darwin e Marx serviram de amparo "filosófico" para nazistas e bolcheviques respectivamente é porque couberam de algum modo na ideia de transformar a evolução e a história em um movimento natural e progressivo, que progride em uma direção inevitavelmente.[38]

---

implica a crença de que pode dispensar qualquer *consensus iuris* e ainda assim não resvalar para o estado tirânico da ilegalidade, da arbitrariedade e do medo. Pode dispensar o *consensus iuris* porque promete libertar o cumprimento da lei de todo ato ou desejo humano; e promete a justiça na terra porque afirma tornar a humanidade a encarnação da lei" (ibidem, p. 514-5).

36 Cf. ibidem, p. 515.

37 Nas palavras de Arendt: "Na interpretação do totalitarismo, todas as leis se tornam leis de movimento. Embora os nazistas falassem da lei da natureza e os bolchevistas falem da lei da história, natureza e história deixam de ser a força estabilizadora da autoridade para as ações dos homens mortais; elas próprias tornam-se movimentos. Sob a crença nazista em leis raciais como expressão da lei da natureza, está a idéia de Darwin do homem como produto de uma evolução natural que não termina necessariamente na espécie atual de seres humanos, da mesma forma como, sob a crença bolchevista numa luta de classes como expressão da lei da história, está a noção de Marx da sociedade como produto de um gigantesco movimento histórico que se dirige, segundo a sua própria lei de dinâmica, para o fim dos tempos históricos, quando então se extinguirá a si mesmo" (ibidem).

38 Ibidem, p. 315.

Liberdade, cidadania e *ethos* democrático 169

Serviram, portanto, para a ideia racista da sobrevivência natural da raça mais pura e para a ideia da sobrevivência da classe mais progressista.³⁹ Ao chamar Marx de "Darwin da história", Engels compreendeu perfeitamente "o papel decisivo que o conceito de desenvolvimento desempenhava nas duas teorias".⁴⁰ Em mãos nazistas, em um caso, ou bolcheviques, em outro, suas obras se tornaram a base de ideologias nas quais o termo "lei" deixa de expressar a estrutura de estabilidade que ampara as ações humanas para se tornar a expressão do próprio movimento.⁴¹

---

39 Ibidem, p. 516.
40 Ibidem.
41 A *história* a que se refere Arendt aqui – mais precisamente, a filosofia da história recuperada pelos ideólogos do totalitarismo russo – é de matriz marxiana e vem acompanhada daquela que ela considerada a mais perniciosa ideia difundida no século XX: a ideia de progresso. O que essa história (de matriz marxiana) produziu de nocivo (em mãos bolcheviques) foi a justificativa do terror. O completo desafio à legalidade foi justificado e defendido em nome da realização da "Lei da História" que conduziria à verdadeira justiça, ao progresso, à evolução. Enquanto executores dessa lei, os governantes justificam todos os seus atos, inclusive os mais assassinos. Eis o modo, enfim, pelo qual a vinculação entre história e progresso presente na filosofia da história de Marx foi usada em nome do totalitarismo. Nas palavras de Arendt: "o terror é a legalidade quando a lei é a lei do movimento de alguma força sobre humana", leia-se, a história, com H maiúsculo (Ibidem, p. 517). Isso não significa que Arendt atribua a Marx qualquer responsabilidade pelo totalitarismo soviético, obviamente, mas apenas que, a seu ver, a teoria marxiana foi instrumentalizada servindo de ideologia para justificar o terror. Como Arendt afirma em outro momento: "Responsabilizar os pensadores da idade moderna, especialmente os rebeldes contra a tradição do século XIX, pela estrutura e pelas condições do século XX é ainda mais perigoso que injusto" ("A Tra-

O terror é a essência do governo totalitário: o seu objetivo é tornar possível a lei do movimento, tornar possível a propagação da força da natureza ou da história impedindo qualquer ação humana espontânea. O terror impede a espontaneidade da ação e seleciona os inimigos da humanidade. No caso da Alemanha, o inimigo é vinculado à raça, no caso soviético, ele é vinculado à classe; inimigo é aquele que estorva o caminho do processo natural ou histórico e deve ser eliminado em benefício da "fabricação da humanidade".[42] O inimigo objetivo é indigno de viver, é a raça inferior ou a classe "em declínio" [*dying*], contra as quais a Natureza ou a História já decretaram a sua sentença de morte.[43]

Mas o terror não é capaz de guiar sozinho o comportamento humano e requer o auxílio da ideologia. Arendt caracteriza a ideologia, de maneira geral, como um tipo de explicação que faz desaparecer todas a contradições factuais e cujas conclusões são devedoras de uma lógica que torna o processo argumentativo imune a quaisquer novas ideias e a quaisquer novas experiências. Parte-se de uma premissa, da qual todo o resto é deduzido – a lógica de uma única ideia se impõe às custas dos fenômenos –, com a pretensão de desvelar os mistérios de todo o processo histórico, "os segredos do passado, as complexidades do presente e

---

dição e a época moderna". In: _____. *Entre o Passado e o Futuro*. 3. ed. Trad. de Mauro A. Barbosa. São Paulo: Perspectiva, 1992, p. 54). André Duarte esclarece muito bem este ponto: "Se era falso afirmar que o pensamento de Marx houvesse 'causado' o totalitarismo estalinista, também não se poderia deixar de perceber que a 'atualidade' do seu pensamento tinha a ver com o fato de que ele pôde ser utilizado e mal utilizado por aquela nova forma de governo" (*O pensamento à sombra da ruptura*, op. cit., p. 79).

42 Cf. Hannah Arendt, *Origens do totalitarismo*, op. cit., p. 517.
43 Cf. Ibidem, p. 519.

as incertezas do futuro".[44] Racismo e comunismo se tornaram as ideologias decisivas do século XX nas mãos de Hitler e de Stálin, com algumas especificidades: 1) "a pretensão de explicação *total* promete esclarecer todos os processos históricos, a explanação total do presente e a previsão segura do futuro";[45] 2) o pensamento ideológico emancipa-se da realidade "que percebemos com os nossos cinco sentidos e insiste numa realidade 'mais verdadeira' que se esconde por trás de todas as coisas perceptíveis"[46] e não funciona sem a doutrinação que conta com as instituições de ensino e com a propaganda totalitária, ambas voltadas justamente para apartar o pensamento da experiência e da realidade. As instituições educacionais num governo totalitário e a propaganda têm precisamente essa função: forjar uma *mentalidade* que veta a relação das pessoas com a realidade e obstrui a capacidade de pensamento. Troca-se "a liberdade inerente da capacidade de pensar pela camisa de força da lógica, que pode subjugar o homem quase tão violentamente quanto uma força externa".[47] Veremos adiante que, para Arendt, a vida democrática requer justamente a formação de uma outra mentalidade, uma mentalidade alargada, vinculada à realidade e aos outros, que só podem aparecer enquanto *outros* quando não transformados em um só Homem. Uma mentalidade que não obstrua, mas conte com a capacidade do pensamento, e que seja capaz de resistir à camisa de força que as ideologias pretendem nos impor. 3) A ideologia totalitária opera com uma coerência que não existe em nenhuma parte da realidade, pois arruma os fatos sob a forma de um processo absolutamente lógico, que expressa pavor à

---

44 Ibidem, p. 521.
45 Ibidem, p. 523.
46 Ibidem.
47 Ibidem, p. 522.

contradição. Hitler e Stálin souberam fazer uso desse recurso de tal modo que bastava às pessoas serem convencidas da existência de uma raça inferior ou de uma classe em declínio para deduzir o seu extermínio. Não resta outra alternativa, e quem não chega à essa necessária conclusão é estúpido ou covarde.[48] Assim, as pessoas são preparadas para ser vítimas ou carrascos.

O terror e a ideologia, combinados, impedem que as pessoas tenham voz e exerçam o pensamento.[49] Impedidas de exercer a liberdade de pensamento e a liberdade de se movimentar entre os outros, as "pessoas perdem o contato com os seus semelhantes e com a realidade que as rodeia", perdem o senso comum. De acordo com Arendt, "o súdito ideal do governo totalitário não é o nazista convicto e nem o comunista convicto, mas aquele para quem já não existe a diferença entre fato e ficção (isto é, a realidade da experiência) e a diferença entre o verdadeiro e o falso (isto é, os critérios do pensamento)".[50] Este tipo de dominação difere ainda de todas as outras porque destrói tanto a esfera da vida pública quanto a esfera da vida privada e, com ela, a capa-

---

48 Cf. ibidem, p. 524.
49 Cf. ibidem, p. 525-6.
50 Ibidem, p. 526. A análise de Arendt salienta o momento em que as pessoas perdem o senso comum e os laços sociais e, com isso, sob o ataque da propaganda ideológica, também se tornam incapazes de discernir a verdade da mentira, o fato da ficção. O que dá esteio ao sucesso da gigantesca máquina de propaganda destinada a transformar a mentira em verdade é, no limite, o esvaziamento quase total do espaço público, o que impossibilita que as pessoas se relacionem umas com as outras pela ação e pelo discurso. Apartadas dos outros e de si mesmas, destituídas de laços e de senso comum, já não podem resistir à investida da propaganda que cria um mundo totalmente fictício amparado por uma lógica perfeita que não deixa espaço sequer para a dúvida.

cidade de sentir, inventar e pensar. O governo totalitário não se contenta em isolar as pessoas umas das outras e destruir suas capacidades políticas, mas precisa também gerar solidão, destruir a experiência de pertencer ao mundo. As pessoas perdem um lugar no mundo reconhecido e garantido pelos outros e se tornam inteiramente supérfluas.[51] A experiência humana básica no totalitarismo é, assim, a perda do mundo e a consequente perda de si mesmo, da própria identidade, que depende, para ser confirmada, da presença de outras pessoas.[52] No confronto com o fenômeno totalitário, Arendt descobre que é a companhia das outras pessoas que permite a formação da identidade. A pessoa – sem identidade porque isolada das outras – perde a confiança em si mesma como parceira dos próprios pensamentos, e o diálogo interno característico do pensamento é obstruído porque não há nem mesmo um outro com que eu possa conversar internamente. A pluralidade é destruída fora e dentro de nós: o eu e o mundo perdem-se ao mesmo tempo. O que resta é a capacidade para o raciocínio lógico, que não requer nem a presença do eu nem a presença dos outros.[53]

---

51 Ibidem, p. 528.
52 Cf. ibidem, p. 529.
53 Interessa particularmente sublinhar aqui a tese formulada por Arendt em resultado da sua análise da experiência humana básica sob as formas totalitárias de governo: Arendt descobre, com a sua investigação sobre o totalitarismo, que a identidade requer a presença dos outros. O *self* depende do mundo, da sua inserção e do seu enraizamento no mundo, da relação que estabelece com as outras pessoas, pessoas distintas com perspectivas distintas, e que confirmam a sua identidade. Sem mundo, eu não sou. Os elementos que Arendt detecta como característicos da forma totalitária de dominação – isolamento e perda do mundo, desenraizamento e superfluidade, destruição da vida pública e privada, destruição da

A despeito das muitas diferenças entre o caso russo e o alemão, Arendt entende que um dos aspectos característicos do terror totalitário é que ele é desencadeado quando desaparece toda oposição organizada.[54] É condição *sine qua non* do domínio total que as classes sejam transformadas em massas, e que *solidariedade* interna aos grupos seja eliminada.[55] Também são

---

capacidade do pensamento e da capacidade de ação – são, a contrapelo, os elementos centrais da sua filosofia política, desenvolvida conceitualmente e de maneira mais acabada em A *condição humana*. Em quaisquer circunstâncias e sob quaisquer particularidades, a vida democrática requer a preservação de um mundo comum e de um espaço público onde possamos construir e expressar as nossas identidades em relações de reconhecimento recíproco, onde possamos exercer a liberdade de pensamento e de ação, onde, enfim, a pluralidade possa efetivamente existir e se manifestar. Embora a pluralidade seja um *fato* no sentido de que ninguém jamais é "igual a qualquer outro que viveu, vive ou viverá" (Hannah Arendt, A *condição humana*, Trad. de Roberto Raposo, rev. e apr. de Adriano Correia. São Paulo: Forense Universitária, 2014, p. 10) – e um fato radicado ontologicamente na natalidade –, a pluralidade depende de condições políticas para efetivamente se concretizar. É a experiência do totalitarismo que ensina isso a Arendt.

54 Hannah Arendt, *Origens do totalitarismo*, op. cit., p. 345.
55 Ibidem, p. 346. Para uma análise acurada das massas, conferir André Duarte, op. cit., p. 48-53. Categoria central na análise que Arendt faz do totalitarismo, as massas se caracterizam pela perda do interesse comum e pela ausência de vínculos entre as pessoas: "a perda desse fundamento ou finalidade comuns significa a perda do vínculo que se estabelece 'entre' os homens em uma determinada comunidade, ligando-os e separando-os de um modo articulado. A falta de interesse comum das massas sinaliza a sua 'ausência de lugar próprio' [*homelessness*] e o seu 'desenraizamento' [*rootlessness*], indicando-se assim que elas são fruto do processo de atomização da sociedade. Os homens-massa não tem quaisquer relações comuni-

elementos comuns: o culto à personalidade do líder, o Estado Policial (o ramo executivo dos governos deixa de ser o partido para ser a polícia), a eliminação de pessoas inteiramente inocentes identificadas como "inimigos objetivos", ou seja, "criminosos sem crime".[56] O que nos desafia ao tentarmos compreender a especificidade da dominação totalitária é que os métodos de extermínio nos campos de concentração – sobretudo no nazismo –, além de não terem nenhum precedente comparável, não são passíveis de serem explicados por qualquer princípio de utilidade (em outras palavras, nem mesmo a racionalidade instrumental dá conta de explicá-los). O horror do extermínio dos povos nativos que acompanhou a colonização das Américas, da Austrália e da África, assim com a escravidão antiga e moderna, ainda se baseiam no princípio de que "tudo é permitido" em nome do aumento de poder.[57] Pretendem-se, assim, ancorados em uma certa ideia de utilidade, ou seja, havia um interesse que "justificava" os meios de dominação empregados.

Arendt não está, com isso, aceitando a justificativa, evidentemente. O que ela está procurando mostrar é que a forma totalitária de dominação e extermínio sequer se preocupa com uma justificativa (mesmo que hipócrita) e efetivamente se dá sem qualquer motivação utilitária. Não há razões econômicas a serem apresentadas, afinal, o interno do campo de concentração não tem valor econômico algum.[58] Nesse sentido, diz Arendt, não adianta invocar o liberal que mora em você para tentar compreender o

---

tárias e por isso mesmo 'fornecem a melhor matéria possível para os movimentos nos quais o povo é tão comprimido entre si que parece ter se tornado um'" (ibidem, p. 51).

56 Hannah Arendt, *Origens do totalitarismo*, op. cit., p. 347.
57 Cf. ibidem, p. 490.
58 Cf. ibidem, p. 495.

que aconteceu, porque o que aconteceu não tem nenhuma racionalidade.[59] Os campos de concentração instauram uma forma de dominação que não tem nenhum precedente e que está fora da nossa capacidade de compreensão racional e até mesmo da nossa imaginação. Daí ela recorrer à imagem do Inferno para descrevê-los, acionando de algum modo a nossa imaginação. A imagem do inferno para descrever os campos nazistas traduz uma realidade "onde toda a vida era organizada, completa e sistematicamente, para causar o maior sofrimento possível".[60]

A massa detida no campo de concentração é tratada como se já não mais existisse, como se o que se passa com ela não pudesse mais interessar a ninguém, como se já estivesse morta.[61] Aquilo que durante milhares de anos a imaginação humana relegou ao Inferno, tornou-se possível na Terra, e o inferno totalitário prova que "o poder do homem é maior do que jamais ousaram pensar e que podemos realizar as nossas fantasias infernais sem que o céu nos caia sobre a cabeça ou a terra se abra sob nossos pés".[62] Se houve um antecedente para isso, Arendt o detecta na preparação histórica e *politicamente inteligível* de cadáveres vivos. Os cadáveres vivos a que ela se refere são as centenas de milhares de seres humanos apátridas, desterrados, proscritos e indesejados e os homens que a crise e o desemprego haviam tornado, depois da Primeira Guerra, economicamente supérfluos e socialmente onerosos. E isso aconteceu, com silencioso consentimento, porque os Direitos Humanos

---

59 Cf. ibidem, p. 490.
60 Ibidem, p. 496.
61 Ibidem.
62 Ibidem, p. 497.

perderam completamente a sua validade: foram proclamados, mas não foram *politicamente assegurados*.[63]

A dominação total foi precedida de três passos: a morte da pessoa jurídica, a morte da pessoa moral e a morte do indivíduo. A morte jurídica remonta ao momento em que certas categorias de pessoas foram excluídas da proteção da lei e que, com a desnacionalização em massa depois da Primeira Guerra, foram tornadas "fora da lei"; remonta também aos posteriores campos de concentração criados fora do sistema penal normal (ou seja, aquele em que um crime definido acarreta uma pena previsível), nos quais pessoas – judeus, portadores de deficiência, oponentes políticos, homossexuais – eram confinados como "medida policial preventiva". A morte jurídica da pessoa, diz Arendt, "é a condição primordial para que ela seja inteiramente dominada".[64] O próximo passo na preparação de cadáveres vivos é a sua morte moral, ou seja, a corrosão da solidariedade humana resultante do mais absoluto isolamento. Pior: O triunfo mais terrível do totalitarismo foi ter conseguido evitar que a consciência moral se alocasse no indivíduo, e isso foi conquistado com o terror. As pessoas já não tinham a opção de escolher entre o bem o mal, só lhes restava a opção entre matar e matar. "Quem poderia resolver o dilema moral daquela mãe grega a quem os nazistas permitiram escolher um dos seus três filhos para ser morto?".[65] De um modo ou de outro, as pessoas eram forçadas a agir como assassinas – de filhos, companheiros, amigos –, e a própria linha divisória entre perseguidor e perseguido desapareceu. Depois da morte da pessoa jurídico-política e da morte da pessoa moral, foi

---

63 Ibidem, p. 498.
64 Ibidem, p. 502.
65 Ibidem, p. 503.

bem-sucedida a morte da individualidade, e talvez isso ajude a entender por que milhares e milhares de pessoas tenham sido levadas às câmaras de gás sem resistência. Destruir a individualidade, é destruir a "espontaneidade, a capacidade do homem de iniciar algo novo com seus próprios recursos [...]. Morta a individualidade, nada resta senão horríveis marionetes com rostos de homens, todas com o mesmo comportamento do cão de Pavlov, reagindo com perfeita previsibilidade mesmo quando marcham para a morte".[66] Foi assim que aprendemos que o poder do homem é tão grande que ele "realmente pode vir a ser o que o homem desejar".[67]

O fim dos direitos humanos

Vimos que Arendt detecta na ausência de proteção legal a condição primordial para a dominação total. Este já um resultado da Primeira Guerra mundial e da dissolução dos Estados multinacionais europeus que tiveram como consequência o surgimento de dois grupos de vítimas, extraordinariamente numerosos, que estavam em pior situação do que todos os outros que tinham perdido a posição social, a possibilidade de trabalhar ou de manter a propriedade: os apátridas e as minorias, que não dispunham de governos que os representassem e protegessem de modo algum. Interessa, para os objetivos desse texto, analisar a tese arendtiana que é formulada a partir dessas experiências de pessoas e grupos que perdem a proteção do Estado e, com isso, perdem também o direito a ter direitos e até mesmo a possibilidade de reivindicar os "direitos humanos". Reivindicar para quem? A tese é a de que a expressão "direitos humanos" torna-se,

---

66 Ibidem, p. 506.
67 Ibidem, p. 507.

infelizmente, idealismo desolador e leviana hipocrisia[68] quando não há efetivamente a proteção do governo:

> Os Direitos do Homem, afinal, haviam sido definidos como "inalienáveis" porque se supunha serem independentes de todos os governos; mas sucedia que, no momento em que seres humanos deixavam de ter um governo próprio e precisavam recorrer aos seus direitos mínimos, não restava nenhuma autoridade para protegê-los e nenhuma instituição disposta a garanti-los.[69]

O ponto crucial, para Arendt, é o seguinte: a privação dos direitos humanos manifesta-se antes de tudo na privação "de um lugar no mundo que torne a opinião significativa e a ação eficaz".[70] A perda do lar e a perda da condição política equivalem, assim, à efetiva expulsão da humanidade. O que é relevante na tese de Arendt é a constatação de que a partir do século XX não se pode mais assegurar "que o direito a ter direitos, ou o direito de cada indivíduo de pertencer à humanidade, deveria ser garantido pela própria humanidade".[71] Confirmou-se amargamente o argumento apresentado por Burke em sua oposição à Declaração dos Direitos do Homem feita pela Revolução Francesa: os direitos humanos são mera "abstração" e, portanto, não são "inalienáveis". Nota-se que Arendt lamenta que o argumento de Burke tenha se mostrado correto e tenha sido confirmado historicamente: ele teria comemorado a realização

---

68 Ibidem, p. 302.
69 Ibidem, p. 325. Trad. mod. (*Origins*, p. 291-2).
70 Ibidem, p. 330.
71 Ibidem, p. 332.

da sua previsão, ela a recebe como uma confirmação acerba.[72] Infelizmente, "a coerência pragmática do conceito de Burke parece estar fora de dúvida, à luz das nossas várias experiências".[73] É a coerência "pragmática" do conceito de Burke que se mostra correta, não a sua "coerência ética", poderíamos acrescentar. A existência de direitos humanos baseado na suposta existência de um ser humano em si desmoronou quando o mundo "não viu nada de sagrado na abstrata nudez de ser unicamente humano":

> E, em vista das condições políticas objetivas, é difícil dizer como poderiam ter ajudado a encontrar uma solução para o problema dos conceitos do homem sobre os quais se baseiam os direitos humanos – que é criado à imagem de Deus (na fórmula americana), ou que representa a humanidade ou que abriga em si as sagradas exigências da lei natural (na fórmula francesa).[74]

Ao fim e ao cabo, ficou evidente que a nudez abstrata de ser unicamente humano é o maior risco que se pode correr. Não à toa, de acordo com ela, os apátridas desconfiam dos direitos naturais e buscam justamente o reconhecimento da sua cidadania e de direitos nacionais.

Desse enfrentamento com a realidade efetiva dos apátridas no século XX resultante no fenômeno novo da desnacionalização em massa, Arendt conclui que a perda de um lugar na comunidade equivale à perda da condição política (que nos permite agir e lutar no nosso próprio tempo) e da personalidade

---

72 Ibidem, p. 333.
73 Ibidem. Trad. mod. (*Origins*, p. 299).
74 Ibidem, p. 333. Trad. mod. (*Origins*, p. 299-300).

legal.[75] Ela sublinha que o fenômeno da desnacionalização em massa já pressupunha uma estrutura estatal que, embora ainda não inteiramente totalitária, "não toleraria qualquer oposição e preferiria perder seus cidadãos a abrigá-los com opiniões divergentes".[76] Mas fato é que nenhuma lei ou acordo internacional foi capaz de deter a desnacionalização em massa e tampouco garantir o direito de asilo para pessoas expulsas de seu país de origem. Este é o grande paradoxo, dolorosamente irônico, da política contemporânea: a discrepância entre o esforço dos idealistas que teimam em considerar os direitos humanos "inalienáveis" e a situação real de seres humanos sem direito algum.[77] A solução encontrada foi (é ainda em 2018) os campos de internamento. Quando todas as tentativas das conferências internacionais falharam no sentido de estabelecer um lugar para os apátridas, os campos de internamento acabaram se tornando o substituto prático da pátria: "de fato, desde os anos 1930 esse era o único 'país' que o mundo tinha a oferecer aos apátridas".[78]

O Estado-nação, quando se viu incapaz de prover uma lei para quem havia perdido a proteção do governo nacional, transferiu o problema para a polícia, que passou a ter – como em qualquer Estado Policial – autoridade para governar diretamente as pessoas.[79] Não é preciso dizer, acrescenta Arendt, que os regimes totalitários, onde a polícia havia galgado o auge do poder, ansiavam particularmente pela consolidação desse domínio arbitrário e direto da polícia sobre vastos grupos de pessoas.

---

75 Cf. Ibidem, p. 334.
76 Ibidem, p. 311. Trad. mod. (*Origins*, p. 278).
77 Ibidem, p. 312.
78 Ibidem, p. 318. Trad. mod. (*Origins*, p. 284).
79 Ibidem, p. 321.

Mas voltemos ao ponto principal. O que Arendt conclui a partir do fenômeno da desnacionalização em massa é que a privação fundamental dos direitos humanos "manifesta-se, primeiro e acima de tudo, na privação de um lugar no mundo que torne a opinião significativa e a ação eficaz".[80] O que se perde, antes de tudo, é o direito à ação e à opinião, o direito a ter direitos, o direito de viver em uma comunidade organizada na qual ocupamos um lugar ao agir e opinar: isso significa, efetivamente, a expulsão da própria humanidade, a perda da relevância da fala e de todo relacionamento humano. O paradoxo da perda dos direitos humanos é que "essa perda coincide com o instante em que a pessoa se torna um ser humano em geral – sem uma profissão, sem uma cidadania, sem uma opinião, sem uma ação pela qual se identifique e se especifique".[81] Desde Aristóteles, diz Arendt, o ser humano tem sido definido como um ser dotado do poder de fala e de pensamento, e ficou evidente que a perda de um lugar na comunidade e da condição política o fez perder também as características mais essenciais da vida humana. Com os apátridas aconteceu algo que de certo modo acontecia também com os escravos da Antiguidade (aqueles que Aristóteles não considerava propriamente humanos): eles perderam até mesmo a possibilidade de lutar pela liberdade. A perda da comunidade expulsa da humanidade.[82]

---

80 Ibidem, p. 330.
81 Ibidem, p. 336.
82 Ibidem, p. 330, 334. Para uma análise detida do modo como Arendt enfrenta este problema, conferir Renata Romolo Brito, *Direito e política na filosofia de Hannah Arendt*. Campinas: IFCH-Unicamp, 2013. Tese (Doutorado em Filosofia), especialmente o capítulo 2.

Imperialismo e racismo

Ainda que Arendt remonte à desnacionalização em massa ocorrida depois da Primeira Guerra para detectar a morte jurídica de grupos vastíssimos em solo europeu, ela puxa ainda mais o fio da história para detectar na era imperialista um conjunto de práticas, valores e ideologias que já no século XIX significavam uma quebra muito significativa com a tradição e que, de algum modo, pavimentaram o caminho para a dominação total. Vejamos.

A ideia central do imperialismo é a expansão como objetivo supremo da política,[83] perfeitamente condizente com o crescimento das transações comerciais, alvo supremo do século XIX. Quando a classe burguesa rejeita as fronteiras nacionais como barreiras à expansão econômica, ela deve ingressar na política por necessidade econômica. Plenamente em conformidade com a lei básica do sistema capitalista – o crescimento econômico –, a burguesia assume posição política para impor essa lei aos governos e para que a expansão pudesse tornar-se objetivo principal da política externa.[84] Adota, assim, o lema "expansão pela expansão [*expansion for expansion's sake*]".[85] O problema é que, contrariamente à expansão econômica, a estrutura política não pode expandir-se sem limites "porque não se baseia na produtividade do homem, que, de fato, é ilimitada".[86] Para Arendt, o Estado-nação, baseado no consentimento interno, é a estrutura política que menos se presta ao crescimento ilimitado. Só se efetiva como nação conquistadora se convencida de estar impondo

---

83 Hannah Arendt, *Origens do totalitarismo*, op. cit., p. 155
84 Cf. ibidem, p. 156.
85 Ibidem.
86 Ibidem. Trad. mod. (*Origins*, p. 126).

a sua lei a um povo de bárbaros. Arendt mostra como isso se deu na era imperialista quando a força se tornou a essência da ação política ao destruir as comunidades dos povos "conquistados", consideradas apenas obstáculos ao acúmulo de poder e riqueza. O que o totalitarismo fez, depois, foi intensificar esse processo de destruição de toda e qualquer estrutura política organizada.[87]

Nota-se que Arendt marca dois momentos distintos da relação entre burguesia e Estado. Antes da expansão imperialista, a burguesia contentava-se com qualquer tipo de Estado, desde que garantisse a manutenção da sua propriedade: o Estado era considerado, na verdade, como uma força policial bem organizada para que esta classe pudesse levar adiante o seu principal desejo sem precisar integrar o corpo político e para que os seus membros pudessem ser "essencialmente pessoas privadas".[88] A preocupação econômica preponderante era compatível com padrões de conduta exclusivamente autointeressados, próprios de uma sociedade competitiva que identifica o direito com a conveniência, com o "sucesso", com a força. Enquanto as instituições estavam preservadas pelo Estado-nação, os valores burgueses podiam ser mantidos sob algum controle, contudo, quando a burguesia se emancipa politicamente em nome da expansão "essas práticas e estratégias privadas transformam-se gradualmente nas regras e princípios para a condução dos negócios públicos".[89] A consequência da transformação de homens de negócio em estadistas é precisamente a seguinte: os valores que guiam as suas vidas privadas tornam-se o único, ou o mais relevante, princípio político

---

87 Cf. Ibidem, p. 167.
88 Ibidem, p. 165.
89 Ibidem, p. 168. Trad. mod. (*Origins*, p. 138).

publicamente reconhecido. O interesse público é igualado ao interesse privado da classe proprietária.

Outro fator destacado por Arendt na sua tentativa de compreender o imperialismo ultramarino como antecedente do nazismo é a aliança entre a ralé e o capital, ou seja, a aliança entre pessoas supérfluas e o capital supérfluo. A expansão promovida pela burguesia visava resolver o problema de um mercado interno saturado –[90] que gera capital supérfluo – e o problema de uma vasta quantidade de mão obra que não tinha mais função.[91] O imperialismo encontra um refúgio para esse "lixo humano", oferecendo um remédio permanente para "um mal permanente" das sociedades capitalistas e agravado com o crescimento industrial. A ralé, gerada pela monstruosa acumulação de capital sem distribuição de renda, acaba se aliando à "sua genitora", a burguesia, na empresa imperialista: juntos, estabeleceram um "paraíso de parasitas"[92] na África do Sul, considerada por Arendt "o canteiro do Imperialismo",[93] e, como veremos adiante, solo fértil para o florescimento daquela que viria a ser mais tarde a elite nazista.[94] A aliança que está na base na política imperialista é entre os demasiadamente ricos e os mais pobres e supérfluos, aliados para a pilhagem de territórios alheios e "para a degradação permanente de povos estrangeiros".[95] A burguesia se convence de que "o pecado original do acúmulo de capital" requeria novos pecados para manter o sistema em funcionamento e,

---

90 Cf. Ibidem, p. 178-9.
91 Arendt se beneficia do estudo de Rosa Luxemburgo neste capítulo, qualificado por ela como "brilhante". Cf. Ibidem, p. 178, n. 45.
92 Ibidem, p. 181.
93 Ibidem, p. 180. Trad. mod. (*Origins*, p. 151).
94 Ibidem, p. 237.
95 Ibidem, p. 184-5.

com isso, abandona "as coibições da tradição ocidental".⁹⁶ Mas a sua política baseada na força precisava do auxílio de uma massa igualmente destituída de princípios, que foi devidamente manipulada pela genitora e inspirada por doutrinas raciais.⁹⁷

Não pretendo aqui analisar as diferenças entre o imperialismo ultramarino dos distintos países europeus (pois há sim diferenças consideráveis entre a França e a Inglaterra, por exemplo), mas sublinhar que o imperialismo, em geral, opera com dois mecanismos de dominação interconectados e mutuamente dependentes: o racismo e a burocracia. É certo que havia racismo e ideologias racistas antes do imperialismo, como Arendt pretende mostrar no capítulo 7 do livro ao analisar, entre outras, as teorias de Gobineau, Burke (que contribui para o racismo inglês com o seu ataque específico à Revolução Francesa e a afirmação nacionalista do "povo inglês"),⁹⁸ a contribuição luxuosa que o romantismo alemão em aliança com o nacionalismo deu ao pensamento racial,⁹⁹ o poligenismo, etc. O fato do hitlerismo

---

96 Ibidem, p. 186.
97 Cf. Ibidem.
98 "O principal argumento de Burke contra os 'princípios abstratos' de Revolução Francesa está contido na seguinte frase: 'a constante política da nossa constituição consiste em afirmar e assegurar as nossas liberdades como *herança* [*entailed inheritance*], que recebemos os nossos antepassados e que devemos transmitir à nossa posteridade; como um patrimônio pertencente especialmente ao povo desse reino, se qualquer referência a qualquer outro direito mais genérico ou anterior'. O conceito de herança, aplicado à natureza da liberdade, foi a base ideológica da qual o nacionalismo inglês recebeu seu curioso toque de sentimentos raciais desde a Revolução Francesa" (Ibidem, p. 206. Trad. mod. *Origins*, p. 176).
99 "Essa insistência na origem tribal comum como essência da nação, formulada pelos nacionalistas alemães durante e após a guerra de

ter exercido enorme atração internacional nos anos 1930 mostra que o racismo, embora tenha sido promovido como doutrina estatal na Alemanha, estava enraizado na opinião pública de diversos países: "o racismo não era arma nova nem secreta, embora nunca antes [de Hitler] tivesse sido usada com essa minuciosa consistência".[100] Na narrativa de Arendt, a ideologia racista tem raízes do século XVIII e emerge simultaneamente em diversos países durante o século XIX, sendo que, no início do século XX, reforça a própria ideologia imperialista até se transformar em arma estatal com Hitler. A tese de Arendt é a de que o imperialismo, eis a sua novidade, toma a raça como princípio do corpo político (substituindo a "nação" pela "raça") para justificar a dominação ou o extermínio dos povos africanos, não considerados pelos europeus como humanos: "Dessa ideia resultaram os mais terríveis massacres da história".[101] A combinação entre racismo e burocracia permitiu combinar também administração com massacre, ou "massacres administrativos", como mostra a análise da dominação imperialista na África do Sul.[102]

Uma das teses mais fortes (e também menos desenvolvidas) de *Origens do totalitarismo* é a de que o racismo imperialista teve um "efeito bumerangue" sobre a conduta dos povos europeus:[103]

1814, e a ênfase que os românticos davam à personalidade inata e à nobreza natural prepararam intelectualmente o caminho para a Alemanha pensar em termos de raça. Da primeira ideia, surgiu a doutrina orgânica da história com as suas leis naturais, da outra [o romantismo] surgiu no fim do século XIX o grotesco homúnculo do super-homem, cujo destino natural é dominar o mundo" (ibidem, p. 200. Trad. mod. *Origins*, p. 170).
100 Ibidem, p. 188. Trad. mod. (*Origins*, p. 158).
101 Ibidem, p. 215.
102 Ibidem, p. 216.
103 Cf. Ibidem, p. 236.

> A sociedade racial da África do Sul ensinou a ralé a grande lição da qual tivera sempre uma intuição confusa, a de que por meio de pura violência um grupo subprivilegiado podia criar uma classe inferior a si, que para isso não era nem necessária uma revolução, mas bastava que se unisse aos grupos das classes dominantes, e que os povos estrangeiros ou atrasados ofereciam as melhores oportunidades para o emprego dessas táticas.[104]

Tanto teria sido assim que os primeiros a perceber todo o impacto da experiência africana foram os líderes da ralé, que "decidiram que eles também tinham que pertencer à raça dominante".[105] O "efeito bumerangue" se consuma, de acordo com Arendt, na medida em que "as possessões coloniais africanas tornam-se o solo mais fértil para que florescesse o grupo que viria a ser mais tarde a elite nazista".[106] O que a futura elite nazista aprendeu com a experiência colonial é que era possível transformar povos em raças e, assim, elevar o seu próprio povo à posição de raça dominante.

O imperialismo dependeu da construção de uma lenda que teve papel decisivo não apenas na formação do "caráter imperialista", mas também na formação dos burocratas e dos agentes secretos do Império.[107] Ancorada no racismo – que tem a função de justificar a dominação dos povos "selvagens", ao mesmo tempo que eleva o "orgulho do homem ocidental" –, a lenda imperialista teve notável sucesso em convencer os agentes do Império de que faziam parte de um processo expansionista sem limites a cujas

---

104 Ibidem, p. 237. Trad. mod. (*Origins*, p. 206).
105 Ibidem, p. 237.
106 Ibidem.
107 Cf. Ibidem, p. 238.

"leis" deveriam obedecer, como quem obedece "as leis do processo" com a convicção de que têm a "função" de manter o processo em andamento.[108] Salta aos olhos a tese arendtiana de que essa

---

108 Cf. Ibidem, p. 246. Algumas passagens de *Origens* rendem a Arendt críticas contundentes de racismo e eurocentrismo, como a que lhe endereça Anne Norton em "Heart of Darkness: Africa and African Americans in the writings of Hannah Arendt". In: HONIG, Bonnie. (Org.). *Feminist interpretations of Hannah Arendt* (Pennsylvania: Pennsylvania State University Press, 1995. p. 247-62). Kathryn T. Gines, em *Hannah Arendt and the negro question* (Bloomington: Indiana University Press, 2014), também detecta no livro de 1951 indícios da incapacidade de Arendt de lidar teoricamente com a questão do racismo contra pessoas negras. Não pretendo dar conta dessa questão aqui (que será objeto da minha pesquisa futura), mas menciono alguns trechos do livro que motivam tais críticas: quando Arendt descreve o encontro do europeu com um mundo "selvagem", violento e marcado pela escravidão; quando afirma que os europeus encontraram na África tribos que "nunca haviam engendrado por si mesmas qualquer expressão da razão ou paixão humanas, quer em atos culturais, quer em costumes populares, e cujas instituições nunca haviam ultrapassado um nível muito baixo" (Hannah Arendt, *Origens do totalitarismo*, op. cit., p. 207); quando ela diz que a colonização na América e na África ocorreu quando dois continentes "sem cultura ou história próprias" caíram nas mãos dos europeus (ibidem, p. 217); quando recorre a Joseph Conrad, em *O coração nas trevas*, para descrever como "o mundo dos selvagens nativos compunha perfeito cenário para homens que haviam fugido da realidade da civilização [os europeus]" (ibidem, p. 220-1); quando afirma que, para os europeus, o que tornava os africanos "diferentes dos outros seres humanos não era absolutamente a cor da pele, mas o fato de se portarem como se fossem parte da natureza; de que tratavam a natureza como sua senhora inconteste; de que não haviam criado um mundo humano, uma realidade humana, e que, portanto, a natureza

lenda imperialista – tão bem formulada por Kipling quando diz

> havia permanecido, em toda a sua majestade, a única realidade esmagadora, diante da qual os homens pareciam fantasmas, irreais e espectrais" (ibidem, p. 222-3. Trad. mod. *Origins*, p. 192).

Anne Noron censura duramente Arendt por descrever uma África sem história, como se os eventos do passado africano não fossem compreensíveis para os europeus e tampouco para a razão humana, como se os africanos não pudessem ser aceitos como seres humanos, como se fossem irreais. Arendt descreve a África "como um território alheio à política", à liberdade e ao consentimento (Anne Norton, op. cit., p. 253). Seyla Benhabib responde à Norton com uma outra interpretação que pretende afastar Arendt da acusação de racismo. Para ela, Anne Norton faz uma leitura profundamente equivocada do livro de 1951, e, com isso, perde de vista que Arendt estava, nessas passagens, descrevendo o ponto de vista do europeu e não manifestando o seu próprio ponto de vista a respeito da África e dos africanos. Benhabib defende que Arendt estava interessada em compreender o racismo europeu e a moral europeia, e que por isso explicita o ponto de vista do europeu, que não era o dela. Por não entender isso, Norton não teria captado o significado moral tampouco o significado político da tentativa de Arendt de explorar os vínculos entre a emergência do totalitarismo na Europa e a corrida para a África (cf. Seyla Benhabib, *The reluctant modernism of Hannah Arendt*, op. cit., p. 84-5). Como antecipei, não pretendo dar conta dessa questão aqui. Com relação às passagens supracitadas de *Origens do totalitarismo*, concordo com Benhabib: nada parece indicar que Arendt adote o ponto de vista do homem europeu que ela descreve. Pelo contrário, a sua intenção é captar a moralidade (racista) europeia e denunciar que da ideia de raça "resultaram os mais terríveis massacres da história" (Hannah Arendt, *Origens do totalitarismo*, op. cit., p. 215). Isso não significa, entretanto, que Arendt, em momentos posteriores, tenha mostrado sagacidade para enfrentar o racismo contra pessoas negras. Concordo com Gines, particularmente em sua objeção de que Arendt compreende de maneira muito limitada este racismo, como fica evidente em tex-

"Conquistarás o mundo sem que ninguém se importe como; conservarás o mundo em teu poder sem que ninguém saiba como; e levarás o mundo em tuas costas sem que ninguém se aperceba como" – é eficaz em convencer os funcionários, "que carregam o fardo do homem branco", de que têm uma função nesse processo histórico inexorável. Para ela, essa lenda não teve apenas consequências devastadoras nas regiões da África e da Ásia para as quais os homens europeus se lançaram para cumprir a sua suposta função na história, mas também na própria Europa, na medida em que constrói o cenário favorável para todos os horrores que a Europa viveu no século XX. Este é, de acordo com Arendt, o "efeito bumerangue" do imperialismo ultramarino:

> Quando a ralé europeia descobriu a "linda virtude" que a pele branca podia ser na África, quando o conquistador inglês na Índia se tornou um administrador que já não acreditava *na validade da lei universal*, mas estava convencido de sua própria capacidade inata de governar e dominar, quando os "matadores de dragões" se transformaram em "homens brancos" de "raças superiores" ou em burocratas e espiões, jogando o Grande Jogo de infindáveis motivos ulteriores num movimento sem fim; quando os Serviços de Informação Britânicos (especialmente depois da Primeira Guerra Mundial) começaram a atrair os melhores filhos da Inglaterra, que preferiam servir a forças misteriosas no mundo inteiro do que a servir ao bem comum no seu país, *o cenário parecia estar pronto para todos os horrores possíveis. Sob o nariz de todos estavam muitos dos elementos que,*

---

tos posteriores, com destaque para "Reflexões sobre Little Rock" e "Sobre a violência" (Cf. Kathryn T. Gines, *Hannah Arendt and the negro question*, op. cit., p. 1-2).

> *reunidos, podiam criar um governo totalitário à base do racismo*. Burocratas indianos propunham "massacres administrativos", enquanto funcionários africanos declaravam *"que nenhuma consideração ética, tal como os Direitos do Homem poderá se opor" ao domínio do homem branco*.[109]

Os Direitos Humanos, enquanto barreira ética, não resistiram ao desejo de domínio do homem europeu branco. Destruída definitivamente a barreira, a expansão colonial pavimenta o caminho do totalitarismo.

Assim como o imperialismo ultramarino mobiliza o racismo e, com isso, vê-se imune à qualquer "consideração ética" ou baseada nos Direitos Humanos, o imperialismo continental, amparado pela ideologia racial dos movimentos de unificação (pangermanismo e pan-eslavismo) também caminha para corroer aquilo que poderia lhe fornecer um obstáculo ético: a ideia de humanidade. Importa notar que, na narrativa que Arendt tece desses momentos precursores do nazismo e do bolchevismo, a ideologia racial (seja no caso do imperialismo ultramarino, seja no caso do continental) destrói o que eu estou chamando de barreiras éticas para a sua completa realização. O racismo continental – guardadas as devidas diferenças entre os movimentos de unificação – penetra lentamente em vastas camadas da população da Europa central e oriental para as quais o "ideal de humanidade" não só perde sentido, mas se torna um empecilho para a afirmação da ideia oposta que exalta as qualidades de um povo em detrimento dos outros, e que é própria do nacionalismo tribal.[110]

---

109 Hannah Arendt, *Origens do totalitarismo*, op. cit., p. 251-2, grifos meus. Trad. mod. (*Origins*, p. 221).
110 Cf. Ibidem, p. 258.

Liberdade, cidadania e *ethos* democrático 193

A despeito das diferenças entre os tipos de imperialismo – a mais importante, de acordo com Arendt, é que o continental não tinha as mesmas raízes econômicas do que o ultramarino e não se organizou pela exportação de capital e homens supérfluos, mas pela exportação de uma ideologia, a única coisa que tinha a oferecer –,[111] em ambos os casos, a base ideológica é racial. No caso do imperialismo continental, essa base ideológica teve enorme sucesso em proporcionar um novo tipo de sentimento nacionalista "cuja violência se provou um excelente motor para pôr as massas em movimento e bastante adequada para substituir o antigo patriotismo nacional como um centro emocional".[112] Trata-se, para Arendt, de um novo tipo de nacionalismo (o tribal) que penetra na Europa central e oriental e que é marcado por uma "tremenda arrogância, inerente em sua auto-centralidade, que ousa avaliar um povo, seu passado e seu presente, pelo padrão de exaltadas qualidade interiores, e inevitavelmente rejeita sua existência, sua tradição, suas instituições e sua cultura visíveis".[113] O nacionalismo tribal insiste que o "povo" está rodeado de "um mundo de inimigos" e que há uma diferença fundamental entre este povo e todo os outros: daí a negação da própria ideia de uma humanidade comum.

Aos movimentos de unificação étnica subjaz uma "teologia" que teve considerável influência no desenvolvimento posterior dos movimentos totalitários.[114] A arrogância do "povo escolhido" se contrapõe a qualquer ideal de humanidade, seja aquele expresso na fé judaico-cristã – que afirma a igualdade do homem com base na sua origem divina –, seja aquele sustentado pelo libera-

---

111 Cf. Ibidem.
112 Ibidem, p. 257-8. Trad. mod. (*Origins*, p. 226).
113 Ibidem, p. 258. Trad. mod. (*Origins*, p. 227).
114 Cf. Ibidem, p. 265.

lismo e pelo humanismo moderno. Essa "teologia" afirma que o indivíduo só tem valor se pertencer ao povo escolhido e conduz a um "desabrigo metafísico [*metaphysical homelessness*]"[115] na medida em que suplanta qualquer embasamento metafísico para a ideia de humanidade ou de igualdade. O "desenraizamento metafísico [*metaphisical rootlessness*]" (que Arendt vincula ao "desenraizamento territorial" dos movimentos racistas de expansão continental) tem a consequência "muito real e muito destrutiva" de eliminar a responsabilidade comum e compartilhada.[116] Na verdade, o apelo ao isolamento tribal e à ambição da raça dominante tem que destruir justamente a noção de responsabilidade vinculada ao ideal de humanidade, seja o religioso, seja o humanista. Responsabilidade mútua e solidariedade passam a ser apenas com relação ao "povo" – ou à raça – a que se pertence, os demais não importam absolutamente, são inimigos e podem ser dominados ou exterminados.

Outros dois fatores ainda são destacados por Arendt a respeito do nacionalismo tribal do pangermanismo e do pan-eslavismo. Ambos posteriormente exercem profundo impacto no nazismo e no bolchevismo, respectivamente. O primeiro é o seu elemento de antissemitismo, o segundo, uma profunda e incentivada hostilidade contra o Estado.[117] Ódio aos judeus e ódio ao Estado enquanto instituição (ou à política, em geral) são aspectos que perduram no cenário europeu e que exercem seu papel na construção do totalitarismo. Vejamos.

O antissemitismo encontra solo fértil para tornar-se "questão central e centralizadora" porque o nacionalismo tribal ha-

---

115 Ibidem. Trad. mod. (*Origins*, p. 234)...
116 Cf. Ibidem, p. 267.
117 Cf. Ibidem, p. 269.

via se constituído como "motor emocional" dos movimentos de unificação. Este motor emocional prepara a enorme eficácia do antissemitismo na medida em que promove o "alargamento da consciência tribal".[118] De acordo com a Arendt, são diversos os fatores que empurraram os judeus para o centro dessas ideologias racistas, mas ela atribui especial atenção a um deles: a própria pretensão judaica de ser "um povo eleito".[119] Os próprios judeus já haviam dividido o mundo em duas partes – "eles próprios e todos os outros" – e agora se tornavam objeto de ódio racista, um ódio que "advinha da supersticiosa apreensão de que Deus poderia ter realmente escolhido os judeus e não eles".[120] O obstáculo oferecido pelos judeus – que se consideram o "povo escolhido" – a outro povo que também quer o título de escolhido por Deus é um truísmo, diz Arendt. Mas interessa notar aqui não apenas que os próprios judeus atraem o ódio de quem exalta a Rússia Sagrada e a Alemanha Sagrada, mas também que essa pretensão de "sacralidade" de um povo está relacionada, para ela, com a falta de *laços políticos* e com ausência de um *mundo comum*:

> Sempre que os povos são apartados da ação e das realizações, sempre que esses laços naturais com o mundo comum são rompidos ou não existem por um motivo ou por outro, eles tendem a voltar-se para dentro de si mesmo, em sua existência [*givenness*] nua e natural, e a alegar divindade e uma missão de redimir a terra.[121]

---

118 Cf. Ibidem, p. 238. Voltarei a este tema da consciência tribal nas considerações finais.
119 Ibidem, p. 272.
120 Ibidem, 274-5.
121 Hannah Arendt, *Origens do totalitarismo*, p. 273. Trad. mod. (*Origins*, p. 241).

A raiz desse ímpeto para voltar-se para si mesmo e exaltar qualidades próprias do "povo" é justamente o desenraizamento político e a falta de um mundo comum no qual a ação faça sentido e tenha relevância.

Para Arendt, a "tragédia do Estado-nação" ocorre quando a consciência do nacionalismo tribal começa a interferir na sua função principal de oferecer proteção legal para *todos* os habitantes do seu território independentemente da nacionalidade.[122] Deste momento em diante, o Estado, capturado pela nação, passa a reconhecer como cidadãos somente os nacionais e a "conceder completos direitos civis e políticos somente àqueles que pertenciam à comunidade nacional".[123] O Estado deixa de ser um instrumento da lei para tornar-se um instrumento da nação.[124]

---

122 Cf. Ibidem, p. 26.
123 Cf. Ibidem.
124 Contudo, embora este tenha sido o desenrolar dos acontecimentos a partir do final do século XIX, Arendt, puxando mais o fio da história, detecta a origem do conflito entre Estado e nação no próprio nascimento do Estado-nação moderno, "quando a Revolução Francesa combinou a Declaração dos Direitos do Homem com a demanda da soberania nacional" (ibidem, p. 262. Trad. mod. *Origins*, p. 230). Os mesmos direitos essenciais, explica ela, eram reivindicados ao mesmo tempo como herança inalienável de todos os seres humanos e como herança específica de nações específicas. A mesma nação era ao mesmo tempo sujeita às leis que adviriam dos Direitos do Homem e soberana, isto é, "não vinculada a nenhuma *lei universal* e sem reconhecer nada acima de si mesma" (ibidem, grifo meu. Trad. mod. *Origins*, p. 230). A soberania da nação contradiz, assim, a sua submissão à uma lei universal. O resultado prático dessa contradição elementar, diz Arendt é que: "a partir de então os direitos humanos eram protegidos e aplicados apenas sob a forma de direitos nacionais e a própria instituição do Estado, cuja tarefa suprema era proteger e garantir ao homem os

Em síntese, quando o nacionalismo se torna a expressão perversa da transformação do Estado em instrumento da nação, tanto a soberania perde a conotação original de proteção da liberdade, quanto a própria ideia de "direitos humanos" cede diante da arbitrariedade. O Estado – sem a limitação da lei e tampouco dos direitos humanos – perde aparência legal e racional.

Como mencionamos anteriormente, outro aspecto precursor do totalitarismo e que Arendt detecta nos movimentos imperialistas continentais é o que podemos chamar de "hostilidade contra a política", que se converte, em determinado momento, em ódio ao próprio Estado.[125] O que prepara esse elemento emocional de ódio é a oposição que os movimentos de unificação fizeram aos partidos políticos, apelando para uma vaga e amarga "disposição anti-ocidental" em voga, por exemplo, na Alemanha e na Áustria pré-Hitler, e que, nos anos 1920, havia atingido também a *intelligentsia* europeia.[126] É certo que a efetiva desintegração do sistema de partidos europeu só acontece posteriormente com os movimentos totalitários e a transformação das classes em massas, mas Arendt detecta no final do século XIX o seu precursor, pois os movimentos de unificação propagam profunda desconfiança aos partidos e exploram o ódio do povo contra essa instituição.[127] De onde vem esse ódio? De lugares distintos, mas uma coisa parece certa para Arendt: ele está relacionado com

---

    seus direitos como homem, como cidadão e como nacional, perdeu a sua aparência legal e racional e pôde ser interpretado pelos românticos como representante nebuloso de uma 'alma nacional' que, pelo próprio fato de sua existência, devia estar além e acima da lei" (Ibidem. Trad. mod. *Origins*, p. 231).

125 Cf. ibidem, p. 292.
126 Cf. ibidem, 280-1.
127 Cf. ibidem, p. 283-4.

o distanciamento que o governo burocrático e baseado em decretos (e não em leis) promove em relação aos cidadãos. Com a distinção entre governo burocrático e legal, Arendt pretende explicitar que, quando o governo não se vê obrigado a justificar as suas ações, os governados perdem o vínculo com o Estado e já nem sabem mais o que os governa, quem os governa e com quais razões. O próprio governo promove essa ignorância em nome de uma política de opressão que é eficiente justamente porque impede o raciocínio político do povo.[128] Toda burocracia é caracterizada por um pseudomisticismo, e a relação dos governados com o governo perde as bases racionais. Parece, para Arendt, que este é um cenário favorável àquele humor anti-institucional e irracional da população do qual os movimentos de unificação se aproveitam e que constitui, depois, um forte "fator emocional na abertura do caminho para o totalitarismo".[129] Com a subida de Hitler ao poder, o sistema partidário europeu colapsa de maneira espetacular:[130] o que não se pode esquecer é que quando eclode a Segunda Guerra o sistema partidário já estava profundamente abalado, assim como as massas já estavam violentamente descontentes com ele.[131]

Para finalizar essa seção sobre o imperialismo observo que, ao analisar os antecedentes do totalitarismo, Arendt parece determinada a marcar que com a ascensão política da burguesia e

---

128 Cf. ibidem, 276.
129 Ibidem, p. 279.
130 Ibidem, p. 295.
131 Em *Sobre a revolução*, op. cit., Arendt aborda o problema do distanciamento entre governantes e governados em outro contexto e à luz das limitações da democracia representativa baseada no sistema de partidos. Abordarei este tema em "Liberdade política e cultura democrática em Hannah Arendt", adiante.

com o imperialismo vão se rompendo as barreiras éticas e políticas para a instauração posterior da dominação totalitária, a qual ela mesma detecta como um ponto radical de ruptura com a própria civilização e tradição ocidentais. O imperialismo ultramarino mostrou que os direitos humanos, enquanto barreira ética, não resistiram ao desejo de domínio do homem branco europeu. O imperialismo continental também destruiu deliberadamente aquilo que poderia que lhe fornecer um obstáculo: a ideia de humanidade. A ideologia racial é o denominador comum entre eles, e é justamente essa ideologia que forja uma *mentalidade* (europeia) que depois se vê cristalizada de um outro modo, ainda mais radicalizado, no totalitarismo. O tipo de nacionalismo que a expansão colonial promoveu, também não sem impactos futuros, era alimentado por uma teologia, fosse pan-eslavista fosse pangermanista, em torno do "povo escolhido",[132] e que se contrapõe a qualquer ideal de humanidade, seja aquele expresso na fé judaico-cristã – que afirma a igualdade do homem com base na sua origem divina –, seja aquele sustentado pelo liberalismo ou pelo humanismo moderno. Ao mesmo tempo que produz "desenraizamento territorial", o nacionalismo conduz a um "desabrigo metafísico", pois destrói qualquer embasamento metafísico para a ideia de humanidade; e ao destituí-la de embasamento destrói também a noção de responsabilidade e qualquer tipo de solidariedade: o outro se torna um inimigo que pode ser eliminado. Na minha interpretação, o ponto de Arendt aqui – que é o mesmo quando ela analisa a desnacionalização em massa após a Primeira Guerra Mundial – é que coibições éticas são importantes – tanto que devem ser destruídas com recursos ideológicos –, mas muito frágeis. Não bastam, portanto.

---

132 Cf. Hannah Arendt, *Origens do totalitarismo*, op. cit., p. 265.

Assim como a Declaração dos Direitos do Homem não bastou para proteger os apátridas, as minorias e milhões de pessoas que Hitler e Stálin levaram à morte, nas condições dos campos de concentração. Mas, afinal de contas, o que Thomas Hobbes tem a ver com tudo isso?

Thomas Hobbes e a mentalidade imperialista

Se o fenômeno da desnacionalização em massa e a perda do direito a ter direitos levam Arendt a constatar que o século XX dá (a amarga) prova de que Aristóteles estava correto em supor que as características próprias do ser humano só podem ser atualizadas quando vivemos em comunidades políticas, [133] ela não o faz, deve-se notar, sem atribuir a Thomas Hobbes um papel de destaque nessa longa narrativa que procura compreender os elementos que tornaram o totalitarismo possível. Vimos que o imperialismo impulsionado pela classe burguesa é um precursor do totalitarismo. Os princípios hobbesianos, em franca oposição à tradição do pensamento político ocidental, tornaram-se os princípios da burguesia imperialista do século XIX.

De acordo com Arendt, Hobbes antecipa os padrões burgueses, aqueles que se impõem justamente quando a burguesia se emancipa no século XIX, assume o seu papel político e usa a política (a destrói, na verdade) em nome do objetivo maior da expansão. O imperialismo é a consolidação dos padrões que Hobbes enunciou com trezentos anos de antecedência. Ou, para emprestar as palavras de Arendt, é no momento da expansão imperialista que a "alta sociedade finalmente admitiu sua prontidão em aceitar a mudança revolucionária nos

---

133 Cf. ibidem, p. 330.

padrões morais proposta pelo 'realismo' de Hobbes".[134] Afinal, o "pecado original" do acúmulo de capital requeria, naquelas circunstâncias, novos pecados para manter o sistema em funcionamento, e isso persuadiu a burguesia a "abandonar as coibições da tradição ocidental".[135] Leia-se: a burguesia abandona as barreiras da tradição ocidental e reproduz um comportamento que espelha justamente o "realismo" de Hobbes. Filósofo sagaz, Hobbes percebeu na ascensão da burguesia "todas aquelas qualidades antitradicionalistas da nova classe, que iriam levar três séculos para desenvolver-se por completo".[136]

> É significativo que os modernos adeptos do poder estejam em completo acordo com a filosofia do único grande pensador que já tentou derivar o bem público a partir do interesse privado e que, em benefício deste bem privado, concebeu e esboçou um *Commonwealth* cuja base e objetivo final é o acúmulo do poder. Hobbes é, realmente, o único grande filósofo que a burguesia pode, legítima e exclusivamente, reivindicar, mesmo que os seus *princípios* não tenham sido reconhecidos pela classe burguesa durante muito tempo.[137]

A análise que Arendt faz do *Leviatã* em *Origens do totalitarismo* visa desmascarar a sua suposta fundamentação filosófica: Hobbes atribui à natureza humana o que é próprio do homem burguês. O Estado hobbesiano, baseado no acúmulo de poder e isento da limitação da lei divina, natural ou baseada no contrato,

---

134 Ibidem, p. 185. Trad. mod. (*Origins*, p. 156).
135 Ibidem, p. 186.
136 Ibidem, p. 174.
137 Ibidem, p. 168 (grifo meu). Trad. mod. (*Origins*, p. 139).

corresponde não às supostas necessidades da natureza humana, mas às necessidades políticas da burguesia em ascensão. A sagacidade filosófica de Hobbes reside aí: em ter percebido os anseios da nova classe e em ter imputado à natureza humana os padrões de conduta da burguesia.[138] O poder ilimitado do Estado responde ao anseio pelo acúmulo infindável de propriedade e riqueza dessa nova classe. Se, para Arendt, Hobbes antecipa em trezentos anos os padrões morais e políticos da burguesia imperialista é porque ele teria claramente percebido que o processo ilimitado de acúmulo de capital necessita de uma estrutura política de poder ilimitado.[139] O dinamismo da nova classe social torna verdadeiro que ela não pode garantir o poder que tem sem adquirir mais poder: este é justamente o lema do imperialismo. Foi o processo de constante acúmulo de poder – necessário ao acúmulo de capital – que criou finalmente a ideologia do progresso do século XIX e prenunciou o surgimento do imperialismo.[140] Essa noção de progresso rompe com aquela do século XVIII concebida na França pré-revolucionária e que ainda estava vinculada com a liberdade e com a emancipação humana. A emancipação humana se torna um empecilho para a evolução da sociedade burguesa, que não deseja a liberdade e tampouco a autonomia, mas tão somente acúmulo de poder e capital. No século XIX, a burguesia se prontifica a sacrificar tudo e todos, e a filosofia do poder torna-se a filosofia da elite, pronta a admitir que "a sede de poder só podia ser saciada pela destruição".[141] É fato que Hobbes levou três séculos para ser bem-sucedido, mas foi. Demorou tanto tempo, de acordo com Arendt, porque a Revolução Francesa, com a sua concepção do

---

138 Cf. ibidem, p. 172.
139 Ibidem, p. 172. Trad. mod. (*Origins*, p. 143).
140 Cf. ibidem, p. 173.
141 Ibidem.

homem como legislador e cidadão, *quase* conseguiu "evitar que a burguesia desenvolvesse inteiramente sua noção de história como processo necessário".[142] Uma vez eliminada a barreira, as antecipações de Hobbes se viram confirmadas.

Na interpretação de Arendt, Hobbes não é propriamente um liberal, ou seja, um filósofo que aposta no equilíbrio secreto da concorrência e no interesse próprio esclarecido como base da virtude política.[143] A sua filosofia teria sido construída para justificar a tirania (a mesma que Arendt vê a burguesia abraçar quando se emancipa e assume o lema da expansão a qualquer custo, mesmo que seja ao preço do extermínio).[144] Não à toa, Hobbes interpreta filosoficamente a igualdade humana como "igual poder de matar", uma igualdade entre assassinos em potencial. Essa base filosófica se espelha no modo como ele concebe a relação entre os Estados, em "condição de guerra perpétua, sempre à beira do combate, com fronteiras armadas e canhões assestados contra os seus vizinhos".[145] A lei que regula os indivíduos, regula as nações: o benefício próprio. É a guerra que resolve o problema, concedendo a vitória a alguns e condenando os outros à morte.

> Com "vitória ou morte", o Leviatã pode realmente suplantar todas as *limitações políticas provenientes da existência de outros povos* e envolver toda a terra em sua tirania. Mas quando vier a última guerra e todos os homens tiverem recebido o seu quinhão, nenhuma paz final terá sido estabelecida na terra: a máquina de acumular poder, sem a qual a expansão contínua não

---

142 Ibidem, p. 174.
143 Cf. ibidem, p. 175.
144 Cf. ibidem, p. 174.
145 Ibidem, p. 176.

teria sido possível, precisará de novo material para devorá-lo em seu infindável processo.[146]

Mas, afinal, quem é este homem burguês que Hobbes retrata com tanta precisão? Ele é portador de uma razão exclusivamente calculadora, não tem vontade livre, não é motivado por nada além dos seus interesses individuais e é guiado por um incessante desejo de poder, alçado ao estatuto de paixão humana fundamental. É o desejo de poder que regula as relações entre os indivíduos e a sociedade, de modo que todas as demais ambições humanas são suas consequências. É evidente, para Arendt, que Hobbes concebe este retrato da natureza humana em função das necessidades do Leviatã (que por sua vez é desenhado em conformidade com as ambições da nova classe burguesa) e não o inverso:[147] um Estado baseado na força e não em direitos. Trata-se de um indivíduo solitário e privado, apartado da participação política (a não ser para fins de lucro e dominação), que não estabelece laços permanentes com outros e tampouco se responsabiliza por eles. Hobbes, o "grande idólatra do sucesso",[148] antecipa a total falta de responsabilidade de homens competitivos que se eximem de qualquer responsabilidade social e exigem do Estado que os proteja dos pobres e dos criminosos. Do ponto de vista do burguês, não há diferença entre o pobre e o criminoso, pois ambos estão fora da sociedade competitiva. Este é, para Arendt, um aspecto inegável da moral da classe burguesa: eximir-se da responsabilidade por quem está fora do sistema de competição que ela mesma criou.[149] Por fim, o homem hobbesiano é alguém que

---

146 Ibidem (grifo meu).
147 Cf. ibidem, p. 170.
148 Cf. ibidem, p. 174.
149 Cf. ibidem.

julga apenas em conformidade consigo mesmo e com o amparo de uma razão exclusivamente calculadora. O valor que orienta o juízo deste homem é o seu "preço", que muda constantemente em uma sociedade guiada pela lógica da oferta e da procura. Por considerar a sua vantagem em completo isolamento – isto é, sem levar os outros em consideração – adota o *ponto de vista* de uma absoluta minoria, o ponto de vista dos burgueses.

Ao identificar Hobbes como o filósofo por excelência da burguesia, Arendt tira da classe burguesa o seu manto liberal, mostrando que ela rompe com as ideias de liberdade, emancipação e autonomia quando se prontifica a excluir e exterminar quem supostamente se coloca em seu caminho. É certo, admite Arendt, que a filosofia de Hobbes nada contém das modernas doutrinas raciais. No entanto, ele forneceu ao pensamento político o requisito elementar dessas doutrinas ao prescindir "em princípio da ideia de humanidade como o único conceito regulador da lei internacional".[150] Ele propicia, portanto, o melhor fundamento teórico para "ideologias naturalistas", para as quais as nações são tribos separadas umas das outras, sem qualquer tipo de conexão, sem vínculo de solidariedade, compartilhando apenas o instinto de preservação. O que Arendt imputa a Hobbes – a destruição da ideia de humanidade – é, para ela, a base de toda e qualquer ideologia racial:

> Se a ideia de humanidade, cujo símbolo mais convincente é a origem comum da espécie humana, já não é válida, então nada é mais plausível que uma teoria que afirme que as raças vermelha, amarela e negra descendem de macacos diferentes dos que originaram a raça branca, e que todas as raças foram predestinadas pela

---

150 Ibidem, p. 187.

natureza a guerrearem umas com as outras até que desapareçam da face da terra.[151]

Escrevendo essas palavras na segunda metade dos anos 1940, Arendt teme que o racismo leve à destruição da civilização humana. Ela está se referindo, para emprestar suas palavras, aos russos, quando se tornaram eslavos, aos franceses, quando se tornaram "comandantes de uma *force noir*", aos ingleses, quando se tornaram "homens brancos", aos alemães, quando se tornaram arianos.[152] Eles são os responsáveis pelo declínio da tradição ocidental, não Hobbes, evidentemente. Mas, no âmbito da filosofia, Hobbes deu a sua contribuição ao romper com a tradição e destruir a ideia de humanidade. Não é por acaso que ele transforma os escritores gregos e romanos em velhos moralistas ultrapassados.[153] O que não está ultrapassado, de acordo com Arendt, é o retrato que ele faz da moralidade burguesa.[154]

Considerações finais

Não raro Arendt é censurada por não ter estabelecido com clareza a relação entre o imperialismo e o totalitarismo.[155] Embora reconheça que a segunda parte de *Origens* contém uma análise potente sobre o imperialismo, Seyla Benhabib, por

---

151 Ibidem.
152 Ibidem (*Origins*, p. 157).
153 Cf. Ibidem, p. 174.
154 Cf. Ibidem, p. 169.
155 Cf. p. ex. Seyla Benhabib, *The reluctant modernism of Hannah Arendt*, op. cit., p. 63-75; Karuna Mantena, "Genealogies of catastrophe: Arendt on the logic and legacy of imperialism". In: BENHABIB, Seyla (Org.). *Politics in dark times: Encounters with Hannah Arendt*. Cambridge, UK: Cambridge University Press, 2010, p. 86.

exemplo, considera difícil discernir qualquer "relação causal" ou "vínculo histórico" entre o fenômeno do imperialismo e o do totalitarismo.[156] A favor de Arendt, é preciso dizer que ela é bem explicita ao esclarecer que não estava buscando as *causas* do totalitarismo, mas os elementos históricos que nele se cristalizaram. Para Arendt, o imperialismo não é causa do totalitarismo, mas isso não significa que não tenha desempenhado um papel decisivo no fenômeno totalitário.[157] Procurei mostrar neste texto que o imperialismo deixa um legado e sublinhei um de seus aspectos: o racismo e a prática do extermínio como política de Estado. Ambos os elementos, estreitamente vinculados, estão presentes inegavelmente na dominação totalitária. Se a relação não é simplesmente causal – e não é mesmo – o que Arendt nos mostra é que tanto o racismo como as práticas de extermínio não começam com o nazismo, mas estão presentes na história europeia, sendo aspectos da corrente subterrânea da história ocidental que ela se dispõe a trazer à luz.[158] Novamente, cumpre esclarecer que Arendt não estava buscando a "essência" do totalitarismo no imperialismo. Diferente disso, ela vincula ao imperialismo a formação de uma ideologia racial e de práticas de extermínio ("justificadas" ideologicamente) que de algum modo pavimentam o solo para o horror que se instaura posteriormente na própria Europa.

Em um sentido diferente de Benhabib, Karuna Mantena argumenta que Arendt localiza na expansão do século XIX a formação de uma ideologia e de práticas políticas que podem ser

---

156 Cf. Seyla Benhabib, *The reluctant modernism of Hannah Arendt*, op. cit., p. 76.
157 Hannah Arendt, "Uma réplica a Eric Voegelin", op. cit., p. 419.
158 Cf. idem, *Origens do totalitarismo*, op. cit., Prefácio à primeira edição, p. 13.

"vinculadas genealogicamente com as catástrofes da Segunda Guerra Mundial".[159] O legado do imperialismo foi ter feito parecer aceitável que práticas de extermínio se tornassem política de Estado.[160] Se o imperialismo "prepara" a catástrofe é na medida em que as suas ideias e práticas, "da conquista global e dominação racial aos massacres administrativos e campanhas de extermínio, estabelecem o repertório "de ideologias legitimadoras e precedentes práticos para o nazismo e seu programa genocida".[161] A metáfora do "efeito bumerangue", como vimos, assinala que as práticas de desumanização levadas a cabo pelos europeus com a dominação imperialista retornam para a própria Europa e são instauradas com extrema violência nos campos de concentração. O imperialismo ultramarino, ao afirmar a superioridade do homem europeu em detrimento da validade universal da "lei" que confere dignidade a todos os seres humanos, construiu o cenário favorável para a criação de governos totalitários baseados no racismo.

Arendt localiza no imperialismo um conjunto de práticas e valores que contradizem frontalmente a tradição ocidental, o que o totalitarismo fez depois foi promover uma ruptura radical com essa tradição. Imperialismo e totalitarismo não são, portanto, o resultado da lógica imanente da tradição ocidental, mas o sinal do seu colapso.[162] Procurei mostrar neste texto que Arendt

---

159 Karuna Mantena, op. cit., p. 86.
160 Ibidem, p. 86-7
161 Ibidem, p. 88.
162 Ao negar que o imperialismo e o totalitarismo sejam imanentes à lógica da civilização ocidental, Arendt assume uma posição consideravelmente diferente de críticos anticoloniais e pós-coloniais que, ao inverso, tendem a localizar justamente na tradição ocidental as raízes do imperialismo, do colonialismo e do próprio fas-

não se furta em responsabilizar a elite burguesa expansionista por livrar-se das coibições da tradição ocidental quando não mais adequadas às suas ambições.[163] A elite o fez destruindo deliberadamente a ideia de humanidade em nome de uma ideologia racista que pudesse "justificar" a dominação e o extermínio das "raças inferiores". Se não é possível detectar aí as "causas" no nazismo, evidentemente, nem por isso podemos esquecer que quando Hitler sobe ao poder o racismo não era arma nova.[164] Tampouco podemos esquecer que a corrida imperialista já havia se colocado frontalmente contra os direitos humanos para a "justificação" do domínio do homem branco.[165] O imperialismo continental, por sua vez, cria uma ideologia nacionalista que corrói a ideia de humanidade e propaga um tipo de racismo que penetra lenta e gradualmente na Europa Central e Oriental. O

---

cismo (Cf. Karuna Mantena, op. cit.) Com isso, ela pode apostar, diferentemente de Frantz Fanon, por exemplo, na reconstituição futura da tradição ocidental (Cf. *The wretched of the Earth*, New York: Grove Press, 1968, p. 235). Fanon clama por uma nova história, um novo homem, que implique uma ruptura com tradição europeia. Arendt, por sua vez, lamenta a ruptura dessa tradição. Essa posição lhe rende, não raramente, a acusação de eurocêntrica e cúmplice com a história europeia (Cf. Kathryn T. Gines, "Race thinking and racism in Hannah Arendt's *The origins of totalitarianism*". In: KING, Richard H.; STONE, Dan (Orgs.). *Hannah Arendt and the uses of history*. New York: Berghahn Books, 2007. p. 38-53). Infelizmente, como já mencionado, não posso dar conta dessa questão aqui. Pretendo fazer isso na próxima etapa da minha pesquisa comparando a abordagem que Arendt faz do imperialismo e do racismo com as análises de Frantz Fanon, Aimé Césaire e da literatura pós-colonial mais recente.

163 Cf. Hannah Arendt, *Origens do totalitarismo*, p. 186.
164 Hannah Arendt, *Origens do totalitarismo*, p. 188.
165 Cf. ibidem, p. 251.

nacionalismo tribal, ao mesmo tempo que nega a ideia de uma humanidade comum – seja a da tradição cristã, humanista ou liberal –, constitui-se como motor emocional dos movimentos de unificação e prepara a eficácia enorme do antissemitismo, promovendo o que Arendt chama de "consciência tribal alargada [enlarged tribal consciousness]".[166] Sublinho a relação clara estabelecida por Arendt entre a decadência da ideia tradicional de humanidade e o alargamento da consciência tribal. Se houver algum indício no livro de 1951 da posterior apropriação que Arendt faz do juízo de gosto kantiano transformando-o em modelo do juízo político de uma sociedade democrática, parece que ele está aqui. É flagrante a contraposição entre as aspirações de Arendt por uma "mentalidade alargada" e este alargamento da consciência tribal que ela detecta como antecedentes do nazismo e do bolchevismo, devidamente apropriado por Hitler e Stálin.[167] Como indiquei no início deste texto, delineiam-se em *Origens* os temas centrais dos quais Arendt se ocupará posteriormente: ao discernir as características da dominação totalitária e os elementos que nela se cristalizam, ela estabelece, a contrapelo, as condições mais elementares da democracia.

Vimos ainda que Arendt vincula o nacionalismo e a autovalorização arrogante de um povo em detrimento de outros com a falta de laços políticos. Sempre que um povo é apartado da ação, diz ela, tende a voltar para dentro de si mesmo, alegando divindade e a "missão de redimir a terra".[168] Na minha interpretação, a defesa incontestes que Arendt posteriormente faz da democracia participativa, em *Sobre a revolução* (1963), é conse-

---

166 Cf. ibidem p. 270. Trad. mod. (*Origins*, p. 238).
167 Cf. ibidem, p. 253, n. 1. Voltarei a este tema adiante em "Juízo e Opinião em Hannah Arendt".
168 Cf. Hannah Arendt, *Origens do totalitarismo*, op. cit., p. 273.

quente com essa análise histórica feita no livro de 1951 sobre os elementos que se cristalizam no totalitarismo. Convencida de que a falta de ação e de laços políticos cria um solo fértil para a ideia nefasta de superioridade e unidade de um povo – que é uma ideia racista –, Arendt defenderá não apenas a democracia participativa, mas que a Constituição garanta instituições participativas para que todos os cidadãos possam ter um lugar na política e para que as suas ações e opiniões tenham importância na comunidade em que vivem. Além do mais, a ampliação da mentalidade – que é condizente com uma cultura democrática e baseada na pluralidade – precisará encontrar esteio político e institucional para poder se desenvolver. Este aspecto da filosofia política arendtiana claramente responde ao fato, para ela histórico, de que o alargamento da consciência tribal e o racismo estão relacionados com a ausência de laços políticos e de ação, que ela definirá mais tarde, em A condição humana (1958), como a atividade que corresponde à condição humana da pluralidade.[169]

Vimos também que um dos elementos do totalitarismo, que já aparece nos movimentos de unificação étnica, é o ódio contra a política em geral (contra o Estado e os partidos políticos em particular). Os movimentos de unificação mobilizaram deliberadamente o ódio aos partidos e Hitler soube muito bem como se aproveitar desse estado emocional. Mas é evidente, para Arendt, que o sucesso da manipulação das massas está relacionado ao fato de que elas mesmas já estavam apartadas dos processos decisórios e já não se viam vinculadas nem aos partidos e tampouco ao Estado. O humor anti-institucional, que abre caminho para o totalitarismo, foi sim manipulado pelos movimentos de unificação e por Hitler, mas esse humor tinha um ancoramento no distanciamento da po-

---

169 Idem, A condição humana, op. cit., p. 8.

pulação em relação às instâncias decisórias. Posteriormente, em *Sobre a revolução*, este tema retorna quando Arendt faz uma dura crítica à restrição da participação nas democracias representativas baseadas no sistema de partidos.[170] Na obra de 1963, ela mostra que a restrição da participação impede não apenas o exercício da liberdade positiva, mas também obsta o desenvolvimento de uma cultura democrática que a valorize. À luz da análise que feita em *Origens* da manipulação do ódio à política pelos movimentos de unificação, parece evidente que, para Arendt, o fator emocional do ódio contra a política floresce com mais facilidade quando os cidadãos se veem apartados da participação e não têm chances de desenvolver um *ethos* democrático. O ódio – do outro ou da política – é veneno letal para as democracias.

Além do mais, a análise histórica dos elementos que se cristalizam no totalitarismo e a investigação da estrutura da dominação totalitária levam Arendt a concluir que a produção de "cadáveres vivos" é precedida pela morte jurídica das pessoas (que também não é propriamente uma novidade promovida pelo totalitarismo, que nisso foi antecipado pela situação dos apátridas e das minorias depois da Primeira Guerra). Essa análise a leva a concluir que a vida democrática em sociedades plurais tem como condição *sine qua non* a proteção jurídica e um sistema de leis proporcionado pela Constituição.[171] Isso não significa que o

---

170 Tratarei mais demoradamente deste tema em "Liberdade política e cultura democrática em Hannah Arendt", adiante.
171 Da investigação sobre os elementos que se cristalizam no totalitarismo, Arendt extrai os elementos que o distinguem das democracias e que são pelo menos dois: Estado de direito e cidadania participativa. Renata Romolo Brito, em *Direito e política na filosofia de Hannah Arendt*, op. cit., mostra que o direito, para Arendt, longe de ser um instrumento de domina-

estado constitucional seja condição suficiente da liberdade, pois a liberdade exige ação política e participação ativa. Mas como

---

ção, "estabelece a organização fundamental para o exercício da liberdade política". As relações políticas ocorrem dentro de um contexto jurídico, ao mesmo tempo que o direito pode garantir e estabilizar os ganhos conquistados no espaço público e com participação política. De acordo com Brito, "o poder político, para Arendt, se revela em processos democráticos de formação discursiva da vontade e da opinião, que acontecem em um pano de fundo jurídico. Esse pano de fundo é o que permite a comunicação entre os homens, estabelecendo canais entre eles, ao mesmo tempo em que limita e organiza esse processo" (ibidem, p. 17). Tenho estreita afinidade com essa tese sobre Arendt, que tive o enorme prazer de orientar, e acrescento que nesse aspecto apontado por Brito, Arendt se distancia não apenas de Marx (como mencionei inicialmente), mas também de Giorgio Agamben, para quem o direito é congenitamente violento e contém uma fratura essencial, o que leva o autor a afirmar, depois de diagnosticar que vivemos em estado de exceção, que o retorno desse estado em que vivemos "para o estado de direito não é possível" (Giorgio Agamben, *Estado de exceção*, op. cit., p. 131). A "verdadeira" ação política corta o nexo entre direito e violência e, assim, Agamben nutre a expectativa de um dia em "que a humanidade poderá brincar com o direito, como as crianças brincam com os objetos fora de uso, não para devolvê-los ao seu uso canônico, mas para libertá-los definitivamente dele" (ibidem, p. 98). Arendt sustentava, em contrapartida, que o Estado de Direito é condição *sine qua non* da democracia e não estava disposta a "brincar" com ele. O fenômeno totalitário a ensinou que a morte jurídica da pessoa é o primeiro passo na construção da dominação totalitária, e, com isso, ela não pode desatar a liberdade e a pluralidade do direito. Vou me ocupar mais demoradamente desse aspecto da teoria de Agamben em "Giorgio Agamben e a emancipação da mulher", adiante.

a liberdade não vigora num ambiente onde as fronteiras da lei foram abolidas, o estado constitucional é sim condição necessária da vida política: "abolir as cercas da lei entre os homens – como faz a tirania – significa tirar dos homens os seus direitos e destruir a liberdade como realidade política viva; pois o espaço entre os homens delimitado pela lei é o espaço vital da liberdade".[172] Com isso, Arendt marca posição em relação à desconfiança profunda nutrida pelo pensamento de esquerda desde Marx a respeito do elemento jurídico da política: para ela, o direito é condição necessária da liberdade, não sendo congenitamente violento e opressivo. Não que o direito não possa ser violentado – quem viveu a transição da República de Weimar para o nazismo sabe que sim –, mas a violência deriva do uso e não da natureza do direito. Não é só da abolição efetiva das fronteiras da lei pelos governos totalitários que Arendt se ocupa em "Ideologia e Terror" (1953), há também o início de um diálogo com a matriz ideológica que teria animado a sua vertente pretensamente de esquerda: sem qualquer referência explícita a Marx, ela está recusando nas entrelinhas que o direito seja mera ideologia ou superestrutura que visa manter a dominação de uma classe sobre outra. Encontramos, nesse texto, os indícios de aspectos centrais da filosofia política arendtiana: anti-marxista, ela já defende aqui que o direito é condição da liberdade; anti-liberal, ela pensa a liberdade como participação ativa, através da ação e do discurso.

Mais tarde, ao estabelecer com mais precisão os contornos desse anti-marxismo ant-liberal (que reúne o elemento jurídico e institucional com a liberdade positiva), Arendt dirá que "o verdadeiro conteúdo da liberdade significa participação nas coisas

---

172 Hannah Arendt, *Origens do totalitarismo*, op. cit., p. 518

públicas ou admissão no mundo público".[173] Assim, os cidadãos de uma democracia ou de uma república não são apenas portadores de direitos, pois que devem ainda poder participar dos processos decisórios e erigir juntos a comunidade em que vivem e as regras que deverão obedecer. Arendt não abrirá mão da combinação desses dois fatores: direitos e cidadania participativa. Mais ainda: para se contrapor à mentalidade burguesa, ao racismo e ao nacionalismo, é imprescindível pensar as condições para o desenvolvimento de uma cultura democrática que valorize a pluralidade, que saiba conviver com o diverso, que seja capaz de fomentar a solidariedade e a responsabilidade pelo mundo comum. Parece claro para Arendt que apenas a formação de um *ethos* democrático pode se contrapor à moral burguesa, à incapacidade da sociedade competitiva de lidar com aqueles que considera "supérfluos", à desumanização característica do racismo e à arrogância assassina do nacionalismo.

Por fim, a filosofia política arendtiana contrapõe ponto por ponto a filosofia política hobbesiana: contra o Estado baseado na força, ela defende o Estado de Direito; contra a mentalidade exclusivamente auto-interessada, ela defenderá uma mentalidade democrática e alargada que seja capaz de transcender as condições subjetivas privadas para levar os outros em consideração;[174] contra o juízo do homem hobbesiano, baseado no ponto de vista individual ou de uma minoria, Arendt defende que o juízo somente será capaz de nos orientar no domínio público e no mundo comum se considerar amplamente a perspectiva das outras pessoas.

---

173 Hannah Arendt, *Sobre a revolução*, op. cit., p. 26.
174 Cf. idem, "A crise na cultura: Sua importância social e política" (p. 274-5) e "Verdade e política" (p. 299), ambos em *Entre o passado e o futuro*, op. cit.

Para concluir, sublinho que, embora Arendt reconheça que a perda do ideal de igualdade (ou de humanidade) tenha tido consequências devastadoras, ela mesma não procura um "enraizamento metafísico" para este ideal. Para o incômodo dos humores filosóficos mais universalistas, ela afirma, em *Origens do totalitarismo*, que "não nascemos iguais, nos tornamos iguais enquanto membros de um grupo ou por força de nossa decisão de nos garantirmos direitos mutuamente iguais".[175] A igualdade

---

175 Cf. idem, *Origens do totalitarismo*, op. cit., p. 355. Seyla Benhabib critica Arendt por não dar uma resposta filosófica a Edmund Burke: "A categoria inteira dos 'direitos humanos', a existência de 'um direito a ter direitos' em sua [de Arendt] fraseologia perspicaz, é justificável? Podemos dizer que os seres humanos 'possuem' direitos da mesma forma em que possuem partes do corpo? Se insistirmos que devemos tratar todos os humanos como seres portadores do direito a ter direitos, com base em quais pressupostos filosóficos defendemos essa insistência? Baseamos esse respeito pelos direitos humanos universais na natureza, na história ou na racionalidade humana? Procura-se em vão pela resposta a essas questões no texto arendtiano. Mas, ao recusar-se ao compromisso filosófico de justificar os direitos humanos, ao deixar sem fundamentos sua própria formulação engenhosa do 'direito a ter direitos', Arendt também nos deixa com uma inquietação a respeito do fundamento normativo de sua própria filosofia política" (Seyla Benhabib, *The reluctant modernism of Hannah Arendt*, op. cit., p. 82). Benhabib está correta em dizer que não encontramos na obra de Arendt uma fundamentação filosófica explícita para os direitos humanos ou para o direito a ter direitos. Este não era um problema *filosófico* para Arendt, mas é para Benhabib. O que Arendt faz, como vimos, é criticar a coerência pragmática do argumento de Burke à luz das nossas experiências reais e buscar um modo de resolver o problema concretamente. Se os direitos humanos e os princípios morais universais não foram capazes de oferecer uma barreira consistente à dominação imperialista, o problema não está na sua falta

que podemos e devemos almejar é uma igualdade política – que nos confere direito a ter direitos –, a única condizente com a pluralidade humana. Isso não a torna, de modo algum, anti-universalista. Muito diferente disso, o que ela afirma é que o respeito à dignidade humana implica reconhecer os outros não como entidades abstratas, mas sim como "co-construtores de um mun-

> de justificação filosófica. O problema é muito amplo e concreto, envolve as relações de poder, a cultura política, a cultura e os valores de um modo mais abrangente, afinal, a despeito de normas universais terem sido declaradas e formalizadas no século XVIII, a dominação imperialista e totalitária revelou toda a sua fragilidade. De modo algum isso leva Arendt a desmerecer a importância enorme das coibições éticas universalistas. Como sabe Benhabib, Arendt lamenta, e não comemora, o fim dos direitos humanos. Mas Arendt também vai além. A sua tese é a de que os direitos humanos se revelam "mera abstração" e aí está a sua fragilidade, pois baseiam-se na suposta existência de um "ser humano em si" e não foram capazes de resistir quando o mundo "não viu nada de sagrado na abstrata nudez de ser unicamente humano" (Hannah Arendt, *Origens do totalitarismo*, op. cit., p. 333). Arendt não está preocupada em fornecer justificação teórica para os direitos humanos ou para a ideia de humanidade, mas sim em denunciar que, diante de certas condições bastante objetivas, os direitos humanos, por mais fundamentais (e bem fundamentados) que sejam, não resolvem o problema (como não foram capazes de deter o extermínio na África ou a desnacionalização em massa depois da Primeira Guerra Mundial). O seu ponto é que tanto a fórmula americana quanto a fórmula francesa dos direitos humanos se mostraram frágeis e impotentes; ser "unicamente humano" não é garantia contra a desumanização; e negar isso é abraçar um idealismo hipócrita. A solução teórica encontrada por Arendt, à luz do fenômeno totalitário, é que requeremos "direito a ter direitos", pois a pluralidade e a nossa liberdade dependem de pertencermos à uma comunidade política organizada pelo direito.

do comum".[176] Estes outros são pessoas concretas, que precisam umas das outras para criar um mundo comum, que precisam estabelecer laços políticos para poderem viver juntas pela ação e pelo discurso.

---

176 Ibidem, p. 509. Trad. mod. (*Origins*, p. 458).

Excurso: Arendt contra o progresso, a ruína e a utopia

O Diagnóstico de ruptura apresentado em *Origens do Totalitarismo* não implica um prognóstico do futuro. Arendt deixa o futuro aberto. O erro das ideologias do progresso ou da ruína – duas faces da mesma moeda – é fechar o campo da investigação teórica, desmerecer as especificidades dos fenômenos e obstruir o campo de ação. Se tudo está previamente decidido, se os acontecimentos se concatenam por algum tipo de necessidade que nos escapa – conduzindo-nos à ruína ou ao progresso – restaria ao teórico apenas desvendar a lógica dessa necessidade (aos agentes, aparentemente, não restaria papel relevante). Arendt questiona que esta seja a tarefa da teórica ou da filósofa política.[177] Este é um tema que aparece na investigação sobre o totalitarismo e que a acompanha ao longo de toda a sua obra, na qual ela identifica com maior precisão os arautos do progresso do que os da ruína. No âmbito da filosofia, Hegel é o representante exemplar do progresso, mas ele não está sozinho.

Enquanto a era da dúvida, inaugurada por Descartes, deu origem à suspeita e ao desespero, um outro movimento, na era moderna, passa a manifestar imenso otimismo com relação ao progresso. Isso está claramente expresso, segundo Arendt, em Adam Smith, Kant, Hegel e Marx, para os quais o "progresso tornou-se o projeto da Humanidade, atuando por trás das costas dos homens reais – uma força personificada que iremos encontrar mais tarde na 'mão invisível' de Adam Smith, no 'ardil da natureza' de Kant, na 'astúcia da razão' de Hegel, e no 'materialismo dialético' de Marx".[178] O que todos eles têm em comum é que

---

177 Cf. Hannah Arendt, *Origens do totalitarismo*, op. cit., Prefácio.
178 Idem, *A vida do espírito*. Trad. de Antonio Abranches, Cesar A. R. de Almeida, Helena Martins, rev. tec. de Antonio Abranches. Rio de Janeiro: Relume-Dumará, 2002. p. 302.

essa força que corre por trás das costas dos homens desconsidera os agentes reais e a sua pluralidade: o modelo é "o homem", ou seja, "um sujeito", um grande sujeito que opera à despeito dos *selves* particulares e concretos. E é precisamente essa ideia de Humanidade, esse grande sujeito, que permite a crença no progresso. Isso se agrava com a Revolução Francesa, que

> demonstrou aos espíritos de seus mais pensativos espectadores a realização possível de coisas invisíveis como *liberté, fraternité, egalité,* parecendo constituir assim uma refutação tangível para a mais antiga convicção dos homens pensantes: a de que os altos e baixos da história e dos negócios sempre instáveis não merecem ser levados à sério.[179]

A revolução inverte o humor instaurado por Descartes e sustentado pela "tribo de homens notoriamente melancólicos", os filósofos, que se tornaram "exultantes e otimistas",[180] convertidos a uma fé no progresso não só do conhecimento, mas dos assuntos humanos em geral. Sabemos que Arendt está longe de sustentar o mesmo otimismo com a Revolução Francesa, que não pode ser avaliada a despeito dos próprios altos e baixos: uma revolução que começa efetivamente popular, mas que vai se degradando até a instauração do Terror.[181] Mas o que está em questão aqui não é propriamente a análise que Arendt faz da Revolução Francesa, mas a maneira pela qual ela é, segundo Arendt, lida

---

179 Ibidem.
180 Ibidem, p. 303.
181 Trato da análise que Arendt faz da Revolução Francesa no artigo "Liberdade política e cultura democrática em Hannah Arendt", adiante.

em chave filosófica, que é a chave da filosofia do sujeito, de um grande sujeito, a Humanidade que triunfa.

Em *Entre o passado e futuro*, ao discutir o conceito de autoridade à luz da sua história, Arendt volta a criticar os arautos do progresso (liberais) e da ruína (conservadores): ambos perdem a capacidade de fazer distinções. Em geral, as teorias liberais, partindo do pressuposto do progresso, tendem a olhar cada desvio de rumo como um mero processo reacionário e a passar por alto das diferenças importantes entre regimes autoritários (que restringem a liberdade), regimes tirânicos e ditaduras (que abolem a liberdade) e regimes totalitários (que eliminam a espontaneidade). O teórico liberal, preocupado com o progresso, tende a ver aqui apenas diferenças de grau, ignorando que mesmo um governo autoritário que se empenha em restringir a liberdade ainda assim permanece de algum modo ligado aos direitos civis, aboli-los significaria transformar-se em tirania. Impulsionado pela ideia de que todo poder corrompe e de que o progresso requer a constante perda do poder, o liberal costuma perder diferenças importantes no modo pelo qual o poder é exercido em regimes distintos e o modo pelo qual esses regimes se relacionam com a liberdade e com os direitos.[182] É isso que o leva, em geral, a perder de vista a diferença entre totalitarismo e autoritarismo e a identificar "tendências totalitárias" em qualquer governo ou em qualquer tipo de limitação autoritária. Isso, claro, obscurece a especificidade monstruosa dos regimes totalitários, o que, no limite, nos torna impotentes contra esses regimes e nos torna incapazes de entender onde há e onde não há campo para a ação e para a resistência.

---

182 Hannah Arendt, "Que é autoridade?". In: _____. *Entre o passado e o futuro*, op. cit., p. 133-4.

Os conservadores, por sua vez, detectam no presente um processo de ruína que começou supostamente com a perda da autoridade moderna de tal modo que a liberdade, sem as restrições necessárias aos seus limites, está fadada a ser destruída.[183] Novamente, os conservadores tendem a identificar formas distintas de governo e, mais grave ainda, tendem a igualar democracia e totalitarismo: "o governo totalitário se não é identificado com a democracia, é visto como seu resultado quase inelutável, isto é, o resultado do desaparecimento de todas as autoridades tradicionalmente reconhecidas".[184]

O resultado é que, desatentos às diferenças estruturais entre os regimes, liberais e conservadores produzem teorias que não se aplicam às instituições políticas factualmente existentes: os primeiros medem o refluxo da liberdade, os segundos, o da autoridade e veem tendência totalitárias onde quer que esse refluxo aconteça. Fixam o olhar em um aspecto específico para justificar a teoria do progresso ou a da ruína. Não que Arendt negue o recuo da liberdade ou da autoridade, o que ela recusa é a atitude do teórico de antecipar o resultado e selecionar os fenômenos que compravam uma tese previamente estabelecida. Do ponto de vista conceitual, perde-se o significado tanto da liberdade, quanto da autoridade. Qual é o ganho crítico? Para Arendt, nenhum. Estamos diante de teorias que se forjam com base em dogmas e ideologias, sem atenção aos fenômenos e destruindo a especificidade dos conceitos. Novamente, por mais antagônicos que pareçam, desconhecem que são "faces da mesma moeda", pois a ideologia do progresso e a ideologia da ruína correspondem às duas direções possíveis do processo histórico e,

---

183 Ibidem, p. 134.
184 Ibidem, p. 135.

"caso admitamos, como ambos fazem, que existe algo de semelhante a um processo histórico com uma direção definível e um fim previsível, obviamente ele só nos pode conduzir ao paraíso ou ao inferno".[185]

Isso se deve a uma visão da história como processo, uma visão da história que borra distinções, que perde o sentido do particular, que perde as especificidades dos casos concretos e dos fenômenos. Trata-se de uma tendência moderna, pois liberalismo e conservadorismo apresentam-se como as filosofias políticas que correspondem à filosofia da história do século XIX: "em forma e conteúdo elas são a expressão política da consciência histórica do derradeiro estágio da época moderna".[186] Arendt mostrava enorme descontentamento diante das ciências políticas e históricas de seu tempo que perderam, do ponto de vista dela, a capacidade de fazer distinções e se utilizam de termos como "nacionalismo", "imperialismo" e "totalitarismo" "de modo indiscriminado para todos os tipos de fenômenos políticos (geralmente como meros termos 'cultos' para designar a agressão) e nenhum é compreendido em seu contexto histórico específico".[187] O resultado, diz ela, é uma generalização "em que as próprias palavras perdem o seu significado".[188] Se o termo "imperialismo", por exemplo, for usado para explicar a história assíria, romana, britânica e bolchevique, ele não significa nada.[189] O mesmo vale

---

185 Ibidem, p. 138.
186 Ibidem, p. 139.
187 Idem, "Uma réplica a Eric Voegelin", op. cit., p. 423.
188 Ibidem.
189 O impacto da obra de Giorgio Agamben no Brasil tem sido bastante significativo desde meados dos anos 2000. Embora a teoria do estado de exceção pareça ter à primeira vista um potencial crítico para desmascarar algumas das nossas "ilusões democráticas", Gior-

para o termo "totalitarismo": se todo refluxo da liberdade é to-

> gio Agamben não parece assíduo na capacidade de fazer distinções (tão cara à Arendt) ao sentenciar o triunfo da biopolítica na modernidade (Cf. *Homo sacer*, op. cit., p. 12). Ele sustenta duas teses centrais: 1) a de que há um vínculo entre biopolítica e exceção soberana, eventos intimamente relacionados que se estabelecem com a política moderna e que revelam que a nossa política não conhece *hoje* outro valor além da vida; 2) a de que há uma "íntima solidariedade entre democracia e totalitarismo" (ibidem). Para ele, a transformação moderna da política em espaço da vida nua é o que legitimou e tornou necessário o domínio total: "somente porque em nosso tempo a política se tornou integralmente biopolítica, *ela pôde constituir-se em uma proporção antes desconhecida em política totalitária*" (ibidem, p. 126, grifo meu). Inspirada em Arendt e na sua análise sobre a especificidade da dominação totalitária, questiono qual é efetivamente o potencial elucidativo e crítico dessa tese que borra as diferenças entre democracia e totalitarismo e que termina por desprezar a realidade efetiva dos modos distintos de funcionamento do poder, inclusive em sua relação com as instituições, com o direito e com o espaço público. Mais ainda: Ao afirmar que "antes de emergir impetuosamente à luz do nosso século [século XX], o rio da biopolítica que arrasta consigo a vida do *homo sacer*, corre de modo subterrâneo, mas contínuo" (ibidem, p. 127), Agamben parece sustentar uma visão da história que expressa o mesmo vício da filosofia do grande sujeito que opera por traz das costas dos *selves* reais, a despeito da sua existência factual e concreta, a despeito dos contextos, das formas de governo e da ação política. É o "rio da política" – que corre de modo contínuo – que o permite antecipar o diagnóstico definitivo do eclipse da política na modernidade e sentenciar que o campo (o de concentração) é o paradigma oculto do espaço político da modernidade (Cf. ibidem, p. 129). Tornar o campo de concentração paradigma oculto da modernidade é, no mínimo, perder de vista a extrema novidade, o extremo horror e a especificidade das fábricas de morte tornadas instituição central do governo totalitário. Vale conferir, para ques-

talitário, a medonha originalidade do totalitarismo se perde em generalizações vazias.

A recusa de antecipar o que está por vir está diretamente vinculada à recusa de que caiba à filósofa antecipar "qualquer espécie de futuro utópico".[190] Liberais e marxistas padecem desse mal, com um resultado danoso: projetam uma sociedade harmonizada, e mais uma vez os opostos se encontram no mesmo lugar. Arendt repudia veementemente a ficção da harmonia política, a projeção de uma sociedade onde poderia imperar um único interesse compartilhado por todos. No limite, liberais e marxistas sustentam a utopia antidemocrática de um comportamento uniforme, previsível, apaziguado, uma sociedade sem conflitos.[191] É isso que a mão invisível de Adam Smith e a sociedade socializada de Marx têm em comum, são tentativas de escapar das fragilidades e das frustrações da ação humana, e Marx opera esse escape construindo a ação à imagem do fazer e derivando a política da História. O repúdio dessas utopias por Arendt é o repúdio da ideia de que poderemos chegar a um ponto em que a "justiça será garantida para sempre", que tudo estará, em certas condições, resolvido de uma vez por todas. Sempre que ouvimos "grandiosos desígnios em política" prometendo

---

tionar Agamben, "As técnicas sociológicas e o estudo dos campos de concentração" (In: _____. *Compreender*, op. cit., p. 260-71), de 1950, onde Arendt argumenta duramente contra a tendência do historiador e do cientista social de traçar analogias que drenam a sua capacidade de compreender fenômenos distintos e guardar as suas especificidades. Analisei mais demoradamente a teoria de Giorgio Agamben em "Giorgio Agamben: a democracia contemporânea e a questão de gênero", adiante.
190 Hannah Arendt, *Entre o passado e o futuro*, op. cit., Prefácio, p. 41.
191 Hannah Arendt, *A condição humana*, op. cit., p. 53.

que a justiça será garantida para sempre, que uma guerra poderá acabar com todas as guerras ou que poderemos salvar o mundo inteiro para a democracia, "estamos nos movendo no domínio desse tipo de pensamento".[192]

Convém lembrar que o nazismo e o stalinismo também sustentam, cada qual ao seu modo, a utopia de uma sociedade completamente apaziguada, conformada e uniforme. A resistência de Arendt a qualquer projeção utópica deve ser compreendida também à luz dessas ideologias, implementadas com terror no século XX. É reagindo a essas experiências concretas, à tradição do pensamento filosófico ocidental e às teorias liberais e marxistas que Arendt passa a reivindicar que a pluralidade se torne "objeto de espanto" de uma nova filosofia política.[193] Isso implica recusar a um só tempo as ideologias do progresso, abandonar a expectativa da harmonia política e fazer frente à uma concepção de Humanidade que amortece e esconde a pluralidade humana em nome de uma harmonia fictícia.

---

192 Hannah Arendt, "O conceito de História – Antigo e moderno". In: _____. *Entre o passado e o futuro*, op. cit., p. 114.
193 Este é o tema central do texto "Juízo e opinião em Hannah Arendt" que compõe esta coletânea.

Juízo e Opinião em Hannah Arendt[1]

"A tradição de nosso pensamento político teve seu início definido nos ensinamentos de Platão e Aristóteles. Creio que ela chegou a um fim não menos definido com as teorias de Karl Marx".[2]

A primeira parte deste texto reconstrói a história da filosofia política, tal como contada por Hannah Arendt a partir de alguns dos seus personagens principais: Platão, Hegel e Marx. Trata-se de acompanhar a narrativa da "biografia do filósofo" que Arendt nos apresenta. Se é possível narrá-la como a biografia *do* filósofo é porque, a despeito dos distintos contextos, problemas e eventos aos quais as suas filosofias respondem, estes filósofos apresentam um traço comum: a fuga da política e a hostilidade contra a pluralidade humana. De Platão a Marx, a filosofia política não é capaz de lidar com as fragilidades e incertezas inerentes aos assuntos humanos e o modo que encontra de enfrentá-las é abolindo o fato de que as pessoas, os agentes, existem no plural. Mas filósofos, por mais sofisticados que sejam, não conseguem abolir fatos, muito menos a condição humana da pluralidade:

---

1 Artigo publicado nos *Cadernos de Filosofia Alemã: Crítica e Modernidade*, v. 24, n. 1, p. 35-65, 2019.
2 Hannah Arendt, "A tradição e a época moderna", op. cit., p. 43.

seria preciso, para tanto, deter a possibilidade do nascimento. Defendo que narrar a "biografia do filósofo" é, para Arendt, um exercício de submeter a filosofia política ocidental a uma crítica radical da qual depende a possibilidade de uma nova filosofia política. Para abandonar a hostilidade com relação aos assuntos humanos, os filósofos precisariam fazer da pluralidade humana – responsável pela nossa grandeza e pela nossa miséria – "o objeto do seu espanto".[3]

Relaciona-se diretamente com a hostilidade típica do filósofo contra a pluralidade humana o desprezo ou a negligência pela ação e a preferência "pela atividade muito mais confiável do fazer".[4] Platão, Aristóteles, Hegel e Marx priorizam, todos, um mesmo modelo de atividade humana: a fabricação.[5] É a *poiesis* e não a *práxis* que fornece esse modelo, ao preço da redução da ação à uma atividade orientada pela categoria meios e fins, análoga àquela que produz objetos e reifica, que ergue um mundo artificial e fabrica. É assim que a filosofia política acaba se tornando uma contradição em termos, querendo a todo custo eliminar o que é próprio da política – a pluralidade, a ação e o discurso (*speech*) – em nome de uma segurança e de uma estabilidade que o domínio dos assuntos humanos simplesmente não é capaz de fornecer. A filosofia política é a filha bastarda da

---

[3] Idem, "Philosophy and politics: The problem of action and thought after the French Revolution" lecture, 1954. *Essays and lectures* (caixa 3 de 4). Série Speeches and Writings File, 1923-1975, n.d. Hannah Arendt Papers, Manuscript Division, Library of Congress, Washington, D.C., imagem 70. Disponível em: https://memory.loc.gov/ammem/arendthtml/mharendtFolder05.html. Último acesso em 08/08/2018.
[4] Hannah Arendt, "O conceito de História", op. cit., p 119.
[5] Ibidem, p. 121.

filosofia, a única – diferente da física, da metafísica, da lógica e até mesmo da ética – que a mãe não "vê com nenhuma alegria em particular";[6] talvez porque seja a mais rebelde, aquela que a despeito de todas as tentativas de correção, teima em não se adequar aos rígidos padrões filosóficos. Uma nova filosofia política precisa fazer da pluralidade objeto do seu espanto, o que a levaria a erigir um outro modelo de atividade humana, que não confunde a ação com a obra. Eis a primeira condição para a reconciliação da filosofia com a política. A obra filosófica de Hannah Arendt – que se apresentava como uma teórica política (e não como filósofa política) "judia, *feminini generis*" –[7] rompe com a "biografia do filósofo" porque quer levar a sério os assuntos humanos e recuperar a dignidade da filha bastarda. E talvez não seja um mero acidente que a pensadora que se rebela contra a filosofia ocidental reivindicando a natalidade como categoria central do pensamento político seja uma mulher, com diz Seyla Benhabib.[8] A pluralidade humana – "o fato de que os *homens*, e não o Homem, vivem na Terra e habitam o mundo"–[9] está relacionada, enquanto fato, com um outro, ainda mais elementar, de que "o novo começo inerente ao nascimento pode fazer-se sentir no mundo somente porque o recém-chegado possui a ca-

---

6 Idem, "Philosophy and politics", op. cit., imagem 3.
7 Idem, "O grande jogo do mundo". In: _____. *A dignidade da política: Ensaios e conferências*. Trad. de Helena Martins et. al., org., intr. e rev. tec. de Antonio Abranches. Rio de Janeiro: Relume-Dumará, 1993. p. 170.
8 Cf. Seyla Benhabib, *The reluctant modernism of Hannah Arendt*, op. cit., p. 135.
9 Hannah Arendt, *A condição humana*, op. cit., p. 8 (grifo meu).

pacidade de iniciar algo novo, isto é, de agir".[10] A faculdade da ação é radicada ontologicamente no fato da natalidade.[11]

Na segunda parte deste texto, analiso as soluções filosóficas que Arendt apresenta na sua tentativa de reconciliar a filosofia com a política no que diz respeito a dois temas centrais e interligados: a formação do juízo e da opinião. A formação dialógica e intersubjetiva da opinião (que Arendt formula com Sócrates) e o pensamento representativo (que Arendt formula com Kant) são, a meu ver, dois dos momentos mais potentes da sua obra, capazes de nos fornecer insights preciosos para a constante atualização do seu pensamento político. Com eles Arendt responde à tradição da filosofia que, de Platão a Marx, tornou a ação e o discurso prescindíveis, erigindo modelos baseados na supressão da pluralidade pela ideia (antidemocrática) do "One Man".

Vale sublinhar que Arendt se referia aos agentes como "homens" e não como "ela e ele", como as filósofas que a sucederam passaram a fazer para marcar posição de gênero. Podemos inferir que isso esconda certa insensibilidade para as questões de gênero, uma acusação frequente das teóricas feministas, da qual Arendt não se livra com muita facilidade. Mas, curiosamente, embora teime em usar "homens" – um vício ainda não rompido por filósofas e filósofos nos anos 1950 –, nas primeiras páginas de *A Condição Humana*, ela nos chama a atenção, ao introduzir justamente a noção de pluralidade, para que o relato da criação mais difundido no Ocidente se apresenta em duas versões. Em uma versão, "Deus criou o Homem (Adão)", em outra, Deus criou "macho e fêmea".[12] Na primeira, a mulher foi

---

10   Ibidem, p. 10.
11   Ibidem, p. 308.
12   Ibidem, p. 9.

criada "do homem" e, portanto, prossegue Arendt citando Paulo (1Cor. 11,9), "para o homem".[13] Na segunda versão, mais afeita à pluralidade humana, Ele *os* criou, macho e fêmea, como dito por Jesus em Mateus 19,4. O que Arendt está claramente nos dizendo, nessas páginas de abertura d'*A Condição Humana*, não é apenas que o mito segundo o qual a mulher é criada a partir do homem a torna irremediavelmente servil ao homem ("para o homem", como diz Paulo), mas dissemina a ideia, ainda mais perversa, por embasar a negação de toda a diferença, de que seríamos "repetições interminavelmente reproduzíveis do mesmo modelo".[14] Que o modelo seja Adão não é de se desprezar: embora Arendt não diga explicitamente que o Gênesis eleva um modelo de self masculino, ela diz explicitamente que a nossa tradição cristã trabalha com um modelo (Adão) que obsta o reconhecimento do fato da pluralidade humana. O pecado original da filosofia política é a hostilidade contra a pluralidade: antes e depois do cristianismo os filósofos fazem o que podem para nos reduzir ao "One Man". Não é prerrogativa do texto bíblico, portanto. Para tornar a pluralidade humana objeto de seu espanto (*thaumadzein*), os filósofos "teriam antes que admitir, biblicamente falando [...] o milagre de que Deus não criou o Homem, 'mas homem e mulher' [...]. Eles teriam de aceitar com mais do que simples resignação sobre a fraqueza humana, o fato de que 'não é bom para o homem ficar sozinho'".[15]

---

13 Ibidem, n. 1.
14 Ibidem, p. 9.
15 Idem, "Philosophy and politics", op. cit., imagem 70.

Platão: a substituição da ação pela fabricação

O antagonismo entre filosofia e política se deve fundamentalmente à oposição "entre a temporalidade, a instabilidade e a relatividade do mundo humano e a estabilidade, a permanência e a finalidade dos tópicos estritamente filosóficos".[16] Platão foi o primeiro a nos alertar contra a seriedade dos assuntos humanos e, com isso, ele deu o acorde fundamental que "ressoa em infindáveis modulações através de a toda história do pensamento ocidental".[17] A metáfora do acorde fundamental comunica justamente a continuidade na história dessa incapacidade do filósofo de lidar com o que é instável e relativo e que o leva a retirar-se do "mundo dos vivos".[18]

Como um acorde fundamental, a parábola da caverna narra a biografia do filósofo com uma clareza harmônica jamais repetida depois de Platão. Em três atos, a história (*story*) conta a própria formação do filósofo,[19] descrita, a cada momento, como um "ponto de inflexão" (*turning point*). O primeiro ato se dá dentro da caverna no momento em que o futuro filósofo se liberta dos grilhões que acorrentam as suas pernas e o seu pescoço obrigando-o a ver somente o que está à sua frente, imagens e sombras. Ao libertar-se, ele pode ver no fundo da caverna o fogo artificial que ilumina as coisas tal como realmente são.[20]

---

16 Ibidem, imagem 4.
17 Idem, "A tradição e a época moderna", op. cit., p. 44.
18 Idem, *A vida do Espírito*, op. cit., p. 62.
19 Idem, "Philosophy and politics", op. cit., imagens 46 e 47.
20 "Se quisermos elaborar a história", diz Arendt, "poderíamos dizer que essa primeira *periagôgé* é aquela mesma do cientista que, não satisfeito com o que as pessoas dizem sobre as coisas, dá uma meia volta e quer descobrir como as coisas são por elas mesmas, a despeito das opiniões sustentadas pela multidão" ("Philosophy and poli-

No segundo ato, o filósofo sai da caverna para ver o céu onde as ideias aparecem como essências verdadeiras e eternas das coisas. Este é o momento mais decisivo da biografia do filósofo: quando ele não se contenta, na sua aventura solitária, com o fogo na caverna e com as coisas aparecendo como são, "mas quer descobrir de onde vem o fogo".[21] Ele se vira e encontra uma saída que o leva para o céu claro "onde não há coisas nem homens".[22] Iluminadas pelo sol, aparecem as ideias, "essências eternas das coisas que, na caverna, são perecíveis", e o próprio sol, a ideia das ideias.[23]

Depois do clímax, começa a tragédia. Por ser mortal, o filósofo deve voltar à caverna, que é a sua morada terrena, embora não se sinta em casa ali.[24] Cada um desses pontos de inflexão é acompanhado pela perda de sentido e orientação: primeiro, os olhos, acostumados às sombras, são ofuscados pela luz da fogueira; depois de ajustados à luz artificial, os olhos são cegados pela luz do sol; e, por fim, devem se ajustar novamente à escuridão da caverna. Este terceiro ato é trágico porque o filósofo se encontra, nesse momento, mais desorientado do que esteve nos dois anteriores. Na cidade, o filósofo é um desorientado.

Tendo se alienado dos assuntos humanos, ele não pode mais suportar a escuridão "que considera ser caverna". Isso se dá, diz Arendt, porque o filósofo perdeu, junto com o senso de orienta-

---

tics", op. cit., imagem 62). O descrédito do filósofo com relação às opiniões das pessoas comuns já se anuncia aqui: não importa o que as pessoas dizem sobre as coisas.
21 Ibidem.
22 Ibidem.
23 Ibidem.
24 Ibidem, imagem 63.

ção, o senso comum.²⁵ Quando ele volta e tenta dizer às pessoas – os cidadãos – o que viu lá fora, ele não tem e não faz sentido. Para os outros, o que o filósofo diz parece virado "de ponta cabeça". Ele contradiz o senso comum.

Toda a alegoria é construída com metáforas que mobilizam o sentido da visão. É o filósofo quem vê as essências das coisas, ao passo que os habitantes da caverna só são capazes de ver as coisas como aparecem. Condicionados pelos seus corpos acorrentados, eles veem distorções; assim como as suas opiniões também são distorções. Enquanto o filósofo vê a verdade, os não filósofos têm uma posição no mundo, à qual corresponde e da qual depende a sua opinião: "toda doxa corresponde e depende da própria posição da pessoa no mundo".²⁶ Não à toa o terceiro ato é o mais trágico para o filósofo, ele perdeu um lugar no mundo.

Antes de prosseguir na análise da parábola da caverna, lembro que Arendt se pergunta, em *A vida do espírito*, por que, na história da filosofia, a visão serve de metáfora para expressar o pensamento, impondo-se como a metáfora mais perene, desde Platão, para manifestar o invisível no mundo das aparências. Porque, ela afirma, a visão é o único sentido que estabelece uma distância segura entre sujeito e objeto, distância requerida para a "objetividade" almejada pela verdade teórica. A visão é a metáfora guia da filosofia porque, desde o acorde fundamental lançado por Platão, o filósofo assume uma pretensão indevida de desvelar a verdade quando o que a faculdade de pensar pode nos proporcionar não é a verdade, mas o sentido; não é a certeza e a objetividade, mas o significado. Baseada em Kant, Arendt distingue razão (*Vernunft*) e intelecto (*Verstand*) para afirmar que "o

---

25 Ibidem.
26 Ibidem, imagem 62.

intelecto deseja apreender o que é dado aos sentidos", enquanto "a razão quer compreender seu *significado*".[27] A verdade é o critério da cognição, não do pensamento:

> O que recomenda a visão como metáfora-guia na filosofia – e, juntamente com ela, a intuição como ideal de verdade – é não somente a nobreza desse nosso sentido mais cognitivo, como também a própria noção inicial de que a busca filosófica pelo significado era idêntica à busca do cientista pelo conhecimento.[28]

A metáfora da visão utilizada pelo filósofo expressa ainda o seu desejo de aproximar-se dos deuses olímpicos que, livres das necessidades da vida mortal, podiam dedicar-se à observação do espetáculo aqui embaixo. Como os deuses, o filósofo coloca-se numa posição externa ao âmbito dos assuntos humanos.[29] No entanto, nem mesmo com isso ele se contenta: mais do que a imortalidade dos deuses – que eram imortais, mas não eternos, posto que todos tiveram, como mostra a *Teogonia*, um nascimento –, ele almeja o *Ser*, que é não gerado e é imperecível.[30] O *Ser* torna-se a verdadeira divindade da filosofia, pois, como diz Heráclito, ele foi e sempre será "um fogo sempre vivo com medidas permanentes".[31] E, assim, os deuses olímpicos foram derrubados pela filosofia. Usando o *nous* e retirando-se de todas as coisas perecíveis, engajando-se naquilo que Aristóteles chamou de *theoretike energia*, a mesma atividade da divindade – aquela

---

27 Idem, *A vida do espírito*, op. cit., p. 45.
28 Ibidem, p. 92.
29 Ibidem, p. 101.
30 Ibidem, p. 103.
31 Ibidem.

que nos humanos é a mais elevada –, o filósofo se imortaliza.³² Para Platão, a imortalidade não é, como para os gregos antes da filosofia, conquistada pelos grandes e belos feitos, mas pela contemplação do eterno.

Voltando à parábola da caverna, salta aos olhos, sublinha Arendt, que Platão descreva os habitantes da caverna como se estivessem paralisados, acorrentados diante de uma tela, "sem nenhuma possibilidade de fazer qualquer coisa ou de se comunicar entre si. [...] as duas palavras politicamente mais significativas que designam a atividade humana, discurso e ação (*lexis* e *práxis*), estão notavelmente ausentes de toda a história (story)".³³ Este é o retrato dos homens comuns, aos quais resta serem governados. Este é o retrato do homem comum feito pela filosofia política que dá início à nossa tradição. O acorde fundamental consiste, pois, em tornar a ação e o discurso totalmente prescindíveis: a solução para os problemas políticos, desde então, não depende da ação e tampouco do discurso. Para Platão, depende do governo.

Arendt detecta em *O político* a versão mais sintética e fundamental "da fuga da ação para o governo".³⁴ Ela explica o desejo de fuga pela incapacidade do filósofo de lidar com a tripla frustração da ação: a imprevisibilidade dos resultados, a irreversibilidade do processo e o anonimato dos autores. Como resolver a dificuldade de que aquele que começa algo não permanece "senhor absoluto daquilo que começou" e termina por precisar dos outros para levar a cabo a sua intenção (que logo se vê frustrada)? O fato de as pessoas terem iniciativa, objetivos e motivações próprias instaura a instabilidade da qual o filósofo deseja se livrar. A

---

32 Ibidem, p. 104.
33 Idem, "Philosophy and politics", op. cit., imagem 63.
34 Idem, *A condição humana*, op. cit., p. 277.

solução encontrada por Platão é a instauração da relação entre comando e obediência, governante e governados, sendo que a diferença fundamental entre eles é que o primeiro sabe, mas não age, ao passo que os governados agem, mas não sabem.[35] O governante, porque sabe, inicia (*archein*) o processo, os governados executam (*prattein*).[36] A ação passa a ser, portanto, mera execução de ordens. Saber fazer e fazer "tornam-se dois desempenhos totalmente diferentes".[37] Quem sabe não precisa fazer e quem faz não precisa sequer pensar.

O desejo desesperado do filósofo de fugir do domínio real dos assuntos humanos e a solução que ele encontra para as vicissitudes desse domínio são lidas, por Arendt, à luz de dois fatos: a morte de Sócrates e a economia baseada na escravidão. O julgamento e condenação de Sócrates desempenham para a história da filosofia política um papel análogo à morte de Cristo para a história da religião:[38] daí em diante, a filosofia passou a duvidar do poder da persuasão, desdenhar da ação e do discurso e instaurou uma separação radical (só contestada pra valer por Marx) entre homens de pensamento e homens de ação. Mas se o episódio da morte de Sócrates e o declínio da cidade-estado nos ajudam a compreender o desespero do filósofo (que talvez só quisesse um pouco mais de paz e segurança para viver fora da caverna), nota-se que a solução teórica encontrada por Platão tem, segundo Arendt, suas raízes na relação entre senhor e escravo. É a relação entre o senhor – que manda (porque sabe) – e o escravo

---

35 Ibidem, p. 278.
36 Para a distinção instaurada por Platão entre começar (*archein*) e agir (*prattein*), que transforma a ação em execução de ordens, ver também Hannah Arendt, "Philosophy and politics", op. cit., imagem 14.
37 Idem, *A condição humana*, op. cit., p. 278.
38 Cf. Idem, "Philosophy and politics", op. cit., imagem 42.

– que obedece (porque não sabe) –, que Platão transporta para o domínio da política e transforma em seu modelo.

Degradados à condição de instrumentos, os escravos libertavam os seus senhores das atividades necessárias à manutenção da vida.[39] Arendt é clara em explicitar que a escravidão era a condição prévia do exercício da cidadania e que a *polis* era o lugar da busca da imortalidade e da grandeza para os senhores, e apenas para eles.[40] A valorização da ação em detrimento do trabalho, entre os gregos, estava diretamente relacionada à realidade da escravidão, que fornecia aos homens livres o necessário para a manutenção da vida, sem que precisassem sujar as suas mãos. A condição da cidadania era a dominação. Interessa notar que, para Arendt, não é apenas digno de nota que os filósofos tenham

---

39 Hannah Arendt, A *condição humana*, op. cit., p. 151
40 Arendt é frequentemente censurada por uma suposta "gregofilia", que se manifestaria na valorização nostálgica da cultura grega e que a teria levado a negligenciar a tremenda importância do fato de que a *polis* grega, mesmo nos seus áureos tempos, funcionava pela exclusão das mulheres e dos escravos do âmbito da política. O que é sensivelmente problemático nessa interpretação é a acusação de que valorizar certos aspectos da experiência da *polis* a levaria a sustentar um modelo aristocrático, elitista e excludente de democracia. De fato, Arendt atribui um papel importante, em seus escritos, ao que ela chama de "cultura popular grega", tal como retratada sobretudo pela literatura grega ("Philosophy and politics", op. cit., imagem 8). Contudo, os elementos que ela destaca dessa cultura – a busca pela imortalidade através dos grandes feitos, a valorização da ação e do discurso e o próprio ideal de grandeza – não apagam e tampouco negligenciam o fato de que se tratava de uma sociedade baseada na escravidão, na "degradação do homem pelo homem" (Ibidem, imagem 5). A *polis* não é, portanto, um modelo para Arendt. Voltarei a este tema em "Liberdade política e cultura democrática em Hannah Arendt", adiante.

encontrado justificativa filosófica para a escravidão, mas que tenham, além disso, transformado a relação entre senhor e escravo, que é uma relação de dominação e degradação, em modelo da relação entre governante e governado. Este é o sinal mais evidente do seu mais absoluto desprezo pela cidadania:

> Na concepção dos gregos, a relação entre governar e ser governado, entre comando e obediência, era, por definição, idêntica à relação entre senhor e escravo e, portanto, excluía qualquer possibilidade de ação. Assim, a alegação platônica de que as normas de comportamento, nos assuntos públicos, deviam derivar da relação senhor-escravo em uma comunidade doméstica bem ordenada, *significa, na realidade, que a ação não deveria ter papel algum nos assuntos humanos.*[41]

A ação perde significado quando passa a ser considerada a partir das características de outra atividade humana, a fabricação. É claro que, para o filósofo (que almeja sobretudo a contemplação e com ela identifica a imortalização), a ação não tem valor nela mesma. A justificação filosófica para a falta de significado da ação é que ela é apenas um meio para um outro fim, o que instaura uma cadeia interminável, um processo sem *telos*, do qual o filósofo quer distância porque o seu *telos* é a contemplação, um fim em si mesmo. A partir do momento em que se considera a ação pela categoria meio e fim, ela passa a ser vista como fabricação.[42] Talvez em nenhum lugar isso esteja posto com mais clareza do que quando Aristóteles, diz Arendt, compara a arte de fabricar com a *práxis*, porque ambas teriam um fim

---

41 Hannah Arendt, *A condição humana*, op. cit., p. 279 (grifo meu).
42 Idem, "Philosophy and politics", op. cit., imagem 12.

em nome do qual são executadas.⁴³ Isso é sem dúvida verdadeiro para a atividade da fabricação, afinal o que dá sentido a ela é o produto, mas não para a ação. Substituir a ação pela fabricação é, na verdade, o que a filosofia fez, desde a sua origem, para se proteger das "calamidades" da ação. Desde então, todas as teo-

---

43 Aristóteles ocupa um lugar mais ambíguo na história da filosofia política tal como Arendt a interpreta de Platão a Marx. Embora ela também o responsabilize pelo antagonismo entre filosofia e política, pela separação entre pensamento e ação e pela adoção do modelo da fabricação, a sua leitura de Aristóteles é mais nuançada do que esse veredicto geral nos leva a supor à primeira vista. Se Aristóteles compartilha com Platão alguns pressupostos, difere dele por entender que as duas atividades próprias da política são a ação (*práxis*) e o discurso (*lexis*) (Hannah Arendt, A *condição humana*, op. cit., p. 29). O que distingue Aristóteles (que nisso se aproximaria de Sócrates, segundo Arendt) é que, para ele, ser um animal político "significa ter a faculdade natural do discurso" (idem, "Philosophy and politics", op. cit., imagem 10), o que, para Arendt, o leva a preferir a vida na *polis* à realeza, à monarquia ou ao despotismo. Além do mais, Arendt se apropria da noção aristotélica de *energeia* para pensar a ação para além da lógica instrumental e fora da categoria meios e fins: a ação, como a virtude, é uma atividade com valor intrínseco, um fim em si mesma e não apenas meio para um outro fim (Cf. idem, A *condição humana*, op. cit., p. 257-8). Como procurei mostrar anteriormente, em "Virtude e Felicidade em Aristóteles e Hobbes", uma diferença crucial entre Hobbes e Aristóteles é que este não reduz a boa deliberação e a ação virtuosa à eficácia dos seus resultados. Hobbes está voltado para os resultados, Aristóteles, para os hábitos, para o procedimento implicado no processo de escolha (que vale mais do que resultado da ação). Sem dúvida, Arendt tem mais afinidade com Aristóteles do que com Hobbes e isso fica evidente tanto pela recusa da racionalidade hobbesiana, que é estritamente instrumental e auto-interessada, quanto pela recusa de que a ação deva ser pensada apenas como meio.

rias contrárias à democracia se utilizam do mesmo expediente: substituem as incertezas da ação pela segurança da fabricação.[44]

A fabricação é uma atividade que envolve a imagem mental do produto e o cálculo dos meios para a produção.[45] Quando Platão (inspirado pela experiência da escravidão) resolve os problemas da política pela instituição da relação entre governante e governados, ele transforma os governados em "fabricantes", ou seja, aqueles que colocam em prática os modelos e padrões estabelecidos pelo governante (que, no caso, de Platão, seria melhor coincidir com o filósofo). E mesmo que em certos momentos ele conceda aos cidadãos alguma participação na condução dos assuntos públicos, "todos 'agiriam', na verdade, como *um só homem*, inclusive sem ter a possibilidade de dissensão interna e muito menos de luta de caráter partidário: por meio do governo, 'os muitos se tornam um, em todos os aspectos', exceto na aparência corporal".[46] Em suma, a substituição da ação pelo governo corresponde à redução da ação à fabricação. E não apenas os governados "fabricam", o rei filósofo, na *República*, também "aplica as ideais como o artesão aplica suas regras e padrões; ele 'faz' a sua cidade como o escultor faz uma estátua".[47] Este modelo – que identifica conhecimento com comando e ação com obediência e execução – tornou-se peremptório para a tradição do pensamento político.[48] E é precisamente com ele que a nova filosofia política precisa romper se quiser abarcar a pluralidade humana e resguardar o lugar central da ação.

---

44 Cf. Hannah Arendt, *A condição humana*, op. cit., p. 275.
45 Ibidem, p. 281; idem, "Philosophy and politics", op. cit., imagem 13.
46 Idem, *A condição humana*, op. cit., p. 279 (grifo meu).
47 Ibidem, p. 283.
48 Ibidem, p. 280.

O desejo de Platão de substituir a ação pela fabricação para "conferir ao domínio dos assuntos humanos a solidez inerente à obra e à fabricação" termina por conferir à doutrina das ideias uma função política. Na *República*, as ideias se convertem em padrões de comportamento com o fim exclusivo de "eliminar dos assuntos humanos seu caráter de fragilidade".[49] Para o filósofo, a ideia mais elevada, convém lembrar, é o belo, mas, para o rei-filósofo, a ideia mais elevada é o bem, pois o permite governar os homens entre os quais terá que passar a sua vida, visto "não poder habitar para sempre sob o céu das ideias":[50]

> Somente quando volta à caverna escura dos assuntos humanos, para conviver novamente com os seus semelhantes, é que ele [o filósofo] necessita das ideias orientadoras como padrões e regras pelas quais medir e sob as quais subsumir a variada multiplicidade de palavras e atos humanos, *com a mesma certeza absoluta e "objetiva" com que o artesão pode se orientar na fabricação* e o leigo no julgamento de camas individuais ao usar o modelo estável e sempre presente, a "ideia" da cama em geral.[51]

Hegel e Marx: A fuga moderna da política para a história

Ao afirmar que os filósofos apenas interpretaram o mundo de diferentes maneiras e que havia chegado a hora de transformá-lo, Marx, de acordo com Arendt, se rebelou contra a tradição filosófica, pois embora os filósofos tenham se disposto a prescrever

---

49 Ibidem, p. 282.
50 Ibidem.
51 Ibidem. (grifo meu). Trad. mod.

as regras da ação para colocar ordem no hospício, nenhum deles jamais elegeu a transformação do mundo como a sua principal preocupação: "Essencialmente, de Platão a Hegel, a filosofia 'não era desse mundo'".[52] A rebelião de Marx reside

> na predição de que o mundo dos negócios humanos comuns, onde nos orientamos e pensamos em termos de senso comum, se tornará um dia idêntico ao domínio das ideias em que o filósofo se move, ou de que a filosofia, que "sempre foi para os poucos" se tornará um dia a realidade do senso comum para todos.[53]

Assim, para Arendt, a quebra da tradição operada por Marx consiste precisamente na negação de que a verdade (e a filosofia) esteja localizada fora dos assuntos dos homens e do mundo comum e na aposta de que ela possa ser realizada na esfera do convívio, na sociedade:[54]

> Ao reinterpretar a tradição do pensamento político e levá-la ao seu fim, é crucial que Marx conteste não a filosofia, mas a sua alegada impraticabilidade. Ele contesta a resignação dos filósofos que não fazem mais do que buscar um lugar para si mesmos no mundo, ao invés de tentar mudá-lo e torná-lo, por assim dizer, filosófico. E isso não apenas vai além, mas também é decisivamente diferente do ideal platônico de filósofos que governam como reis, porque implica não o governo da filosofia

---

52 Hannah Arendt, "A tradição e a época moderna", op. cit., p. 50.
53 Hannah Arendt, "A tradição e a época moderna", op. cit., p. 50-1, tradução modificada.
54 Ibidem, p. 44.

sobre os homens, *mas que todos os homens possam, por assim dizer, tornar-se filósofos*.[55]

Trata-se de um rompimento muito significativo com a filosofia política tradicional a afirmação de que a filosofia deve transformar o mundo tendo-o interpretado: isso significa que a transformação é precedida de interpretação, "de modo que a interpretação do mundo pelos filósofos indique o modo como ele deveria ser transformado".[56] Platão e Hegel jamais consideraram que a sua tarefa seria a de interpretar o mundo para transformá-lo, contentaram-se em prescrever regras de ação. Marx se rebela conscientemente contra isso. A sua rebelião contra a tradição, contudo, findou em autoderrota.[57] Se a tradição da filosofia política começou quando Platão descobriu que é inerente à experiência filosófica repelir o mundo dos negócios humanos, ela termina com Marx privando "o pensamento de realidade e a ação de sentido".[58] Apesar do seu enorme esforço – digno de reconhecimento – para suplantar a tradição, Marx não apenas

---

55 Idem, "O Fim da tradição". In: _____. *A promessa da política*. Org., intr. de Jerome Kohn, trad. de Pedro Jorgensen Jr. Difel: Rio de Janeiro, 2008. p. 143 (grifo meu). Arendt continua: "A consequência que Marx extraiu da filosofia da história de Hegel (e toda a obra filosófica de Hegel, incluindo a 'Lógica', tem um único tema – a história) é que a ação, ou *práxis*, contrariamente a toda a tradição, estava tão distante de ser o posto do pensamento, que era o autêntico e verdadeiro veículo do pensamento, e que a política, longe de estar infinitamente abaixo da dignidade da filosofia, era a única atividade intrinsecamente filosófica" (ibidem).
56 Hannah Arendt, "A tradição e a época moderna", op. cit., p. 50.
57 Ibidem, p. 58.
58 Ibidem, p. 52.

não recupera o significado da ação, como também priva o pensamento da realidade. Vejamos.

Arendt vê uma continuidade no pensamento de Marx, da juventude à obra madura. O jovem Marx não é visto por ela como mais democrático, e, naquilo que a interessa – que é o papel que ele atribui à política e à pluralidade –, ele manteria uma coerência inegável do começo ao fim, infelizmente. As proposições chave da sua filosofia política, "que subjazem e transcendem a parte estritamente científica da sua obra", permanecem as mesmas durante toda a sua vida, dos primeiros escritos até o último volume d' *O capital*.[59] O veredito de Arendt é que não adianta procurarmos um Marx mais democrático nos textos de juventude. Mas isso não é razão suficiente para recusarmos a sua grandeza enquanto filósofo.

A grandeza de Marx repousa (assim como a de Kierkegaard e Nietzsche) no fato de ter percebido "o seu mundo como um mundo invadido por problemas e perplexidades novas com as quais a nossa tradição de pensamento político não era capaz de lidar".[60] Ao constatar que a tradição silenciava diante dos problemas que o seu próprio tempo impunha, Marx entendeu ser necessário radicalizar contra ela, não bastaria simplesmente reconsiderar o passado ou fazer certos ajustes teóricos.[61] A teoria de Marx é indicativa, portanto, de um passado que perdeu a sua autoridade no presente e, por causa dele, estamos em uma posição melhor agora, pois temos a "oportunidade de olhar sobre o passado com olhos desobstruídos de toda tradição, com uma visada direta que desapareceu do ler e do ouvir ocidentais

---

59 Ibidem, p. 48.
60 Ibidem, p. 54.
61 Cf. ibidem, p. 55.

desde que a civilização romana submeteu-se à autoridade do pensamento grego".[62] Em outras palavras, para Arendt, Marx estava genuinamente envolvido com o problema – que também se impõe aos teóricos do século XX, depois das grandes guerras – de enfrentar fenômenos novos dentro do quadro conceitual da tradição. Ele estava perfeitamente ciente da incompatibilidade entre o pensamento político clássico – que considerava o trabalho humano a mais desprezível das atividades – e a elevação do trabalho à sua máxima produtividade, tal como ocorreu depois da Revolução Industrial.[63] Em outras palavras, havia uma clara incompatibilidade entre os conceitos tradicionais, que faziam do trabalho símbolo da sujeição do homem à necessidade, e a época moderna, que passou a ver o trabalho como símbolo da liberdade positiva, a liberdade da produtividade.[64] Marx en-

---

62 Ibidem, p. 56.
63 É nesse contexto que se passa a afirmar "o ideal de liberdade sob condições inauditas de igualdade universal" (ibidem, p. 59), mas Marx também sabia que a questão da igualdade era colocada apenas superficialmente nas "teorias idealistas" a respeito da igualdade do homem e da sua dignidade inata e sabia ainda que a resposta não estaria dada apenas pela concessão do direito de voto aos trabalhadores. Não se tratava, para ele, de um problema de justiça que pudesse ser resolvido concedendo à nova classe de trabalhadores o que lhe era de direito (ibidem, p. 60) como se disso se seguiria a restauração automática da antiga ordem *suum cuique* [dar a cada um o que é seu]. Arendt está plenamente de acordo com Marx nesse sentido: a afirmação burguesa da igualdade universal e a mera concessão do direito de voto aos trabalhadores esconde o problema, não o resolve (o que ela discorda é do modo pelo qual Marx pretende resolver o problema). Trato mais demoradamente das limitações do sistema representativo para Arendt em "Liberdade Política e Cultura Democrática", adiante.
64 Hannah Arendt, "A tradição e a época moderna", op. cit., p. 60.

tendeu que, para resolver essa dificuldade, era preciso salvar o pensamento filosófico (considerado pela tradição a mais livre das atividades humanas) do impacto do trabalho considerado como atividade voltada meramente à supressão da necessidade. Marx entendeu que a filosofia tradicional tinha um conceito de trabalho que não se adequava mais à sua valorização moderna.[65] Assim, contra as abstrações da filosofia e seu conceito de homem como *animal rationale*, ele afirmou que a humanidade do homem consiste em sua força produtiva, a sua força de trabalho, definindo-o como *animal laborans*.

Marx não foi simplesmente um materialista que trouxe o idealismo de Hegel para a terra, esclarece Arendt. Para Hegel, o movimento dialético do pensamento é idêntico ao movimento dialético da própria matéria e mediante a introdução do espírito ele acreditava ter demonstrado uma identidade ontológica entre matéria e ideia. Portanto, não tem importância que se inicie o movimento do ponto de vista da consciência ou tendo como ponto de partida a matéria. O fato de Marx aceitar o conceito de "movimento dialético" concebido por Hegel como lei universal torna os termos "idealismo" e "materialismo" sistemas filosóficos sem significado.[66] Marx era ciente, portanto, de que a sua oposição a Hegel e seu repúdio da tradição não repousava em seu "materialismo", mas em sua recusa em admitir que a diferença entre a vida do homem e a vida animal seja a *ratio*, ou o pensamento. O homem é essencialmente um ser natural dotado da

---

65 Mas quando ele afirmou que não se poderia "abolir a filosofia sem realizá-la" passou a sujeitar o pensamento ao inexorável despotismo da necessidade, submeteu o pensamento às "leis férreas" das forças produtivas da necessidade (Ibidem). Essa é uma das razões pelas quais a sua rebelião findou em derrota.

66 Ibidem, p. 67.

faculdade de ação e a ação permanece natural porque consiste em trabalhar (metabolismo do homem com a natureza). Desse modo, a reviravolta promovida por Marx vai ao cerne do problema, que não é a substituição do idealismo pelo materialismo, mas a questão da qualidade especificamente humana,[67] que passa a ser identificada com o trabalho.

Acontece que Marx termina por colocar Platão e Hegel novamente de "cabeça para cima"[68] e permanece preso a Hegel mais do que parece à primeira vista. Hegel é o responsável pela transformação da metafísica tradicional em filosofia da história e o ponto central é que a filosofia política de Marx "não se baseava sobre uma análise dos homens em ação, mas, ao contrário, na preocupação hegeliana com a História".[69] Foi o Marx historiador, não o Marx filósofo, quem se politizou.[70]

Com Hegel a história conquistou a dignidade suprema de revelar a verdade absoluta, e, uma vez que essa qualidade reveladora não era inerente a nenhum evento singular, mas sim ao processo histórico como um todo, "a própria história se torna o tópico autêntico da filosofia".[71] O que interessa sobretudo a Arendt a respeito de Hegel é que

> na corrente gigantesca que, com o começo da humanidade civilizada, começou a revelar a verdade absoluta do Espírito em um desenvolvimento sobre-humano, os nítidos contornos dos eventos e ações são tão dissolvidos quanto a singularidade de quaisquer pensamentos

---

67 Ibidem.
68 Ibidem, p. 63.
69 Idem, "O conceito de História", op. cit., p. 112.
70 Ibidem.
71 Idem, "Philosophy and politics", op. cit., imagem 30.

particulares. Se o significado, de acordo com o passado pré-platônico dos gregos, se manifestava na ação quando e se ele se manifestava pelo discurso; se o significado, no desenvolvimento filosófico específico do Ocidente, foi então revelado como verdade contemplada, então o significado em Hegel não adere nem a ação nem ao pensamento como tal, mas apenas ao desenvolvimento histórico que submerge a ambos.[72]

O papel do filósofo, então, está garantido, afinal o processo histórico se revela para ele, com a sua "mente voltada para compreender o passado". Mas a que preço? Ao preço de que o significado só se revela para o filósofo quando a história (*story*) chega ao fim, de que a percepção da verdade vem quando tudo acaba e como consolação por ter vindo tão tarde. Do ponto de vista do agente, entretanto, a vida ativa é sem significado, pois é o "ardil da razão" que o direciona. Por isso, Hegel pode considerar a história como a história da raça humana considerada como um indivíduo, construída "como se fosse a biografia deste indivíduo monstruoso e gigantesco – a humanidade".[73] Se, para ele, o fim último da filosofia é reconciliar pensamento e realidade, e se, além disso, a filosofia é verdadeira teodiceia, o preço dessa reconciliação é a obliteração da pluralidade humana e também "da variedade, da imprevisibilidade e das contradições de suas ações".[74]

A imagem da história é construída como um Sujeito gigante – "um Homem artificial" – cujo significado é o produto final da atividade da humanidade. Qualquer coisa que uma pessoa diga ou pense é apenas uma parcela do produto final da história. Para

---

72 Ibidem, imagens 30 e 31.
73 Ibidem, imagem 31.
74 Ibidem.

Arendt, Hegel faz com a multiplicidade das ações e eventos o mesmo que Platão fez com as opiniões: os mede com o metro do Absoluto, "assim como Platão mediu as opiniões como o metro da verdade".[75] Nos dois casos, o múltiplo é sacrificado ao Um e a "pluralidade dos homens que se expressa politicamente em opiniões"[76] é eliminada:

> Assim como Platão exigia que Um Homem, o rei-filósofo que sabia a verdade, deveria governar os muitos, também Hegel exigiu que um filósofo, para cujo olhar retrospectivo o Absoluto se revela no processo do tempo, devia ser o possuidor e distribuidor do significado pelo qual todos os outros homens em seus feitos e pensamentos lutam em vão.[77]

Também como para Platão, o significado e o *telos* da ação não está nela mesma: a ação é avaliada pelo mesmo critério que avaliamos a fabricação. Mais ainda: a própria história passa a ser vista como um "processo gigantesco de fabricação" no qual um sujeito singular fabrica o produto final que apenas o filósofo será capaz de perceber adequadamente. Subjaz à afirmação de Hegel de que o real é racional a mesma hostilidade original do filósofo contra a política que Platão expressa na sua alegoria da caverna. E a própria ideia de reconciliação com a realidade fala claramente a linguagem platônica: o filósofo se reconcilia com o domínio dos assuntos humanos porque (só ele) consegue perceber

---

75 Ibidem, imagem 41
76 Ibidem.
77 Ibidem.

ali o Absoluto. Sem ele, esse domínio inevitavelmente recairia num vazio de significado:[78]

> A história (*history*) – baseada na suposição manifesta de que não importa quão acidentais as ações isoladas possam parecer no presente e em sua singularidade, elas conduzem inevitavelmente a uma sequência de eventos que formam uma história (*story*) que pode ser expressa através de uma *narrativa inteligível* no momento em que os eventos se distanciarem no passado – tornou-se a grande dimensão na qual os homens se 'reconciliam' com a realidade (Hegel), a realidade dos assuntos humanos, isto é, das coisas que devem sua existência exclusivamente aos homens.[79]

A "narrativa inteligível" salva as ações singulares de sua acidentalidade e carência de sentido. Veremos adiante que, para recobrar a dignidade e o sentido do singular, Arendt deverá ressignificar a ideia hegeliana de reconciliação com a realidade. Mas, para tanto, será necessário recusar a identificação tradicional, assimilada por Hegel, da fabricação como modelo da atividade humana. Se Marx pretendeu romper com a tradição, a sua rebeldia não foi a ponto de abandonar o modelo de fabricação: para ele, a ação é a mesma coisa que "fazer a história".[80]

Com Hegel, a filosofia se torna interpretação da história. Marx, por sua vez, transforma a história em ciência. Para tanto, bastou a ele trocar a palavra "Espírito" – o sujeito oculto do

---

78 Ibidem, imagem 38.
79 Idem, "O conceito de História", op. cit., p. 121 (grifo meu). Trad. mod.
80 Ibidem, p. 112.

processo de fabricação de Hegel – pela palavra "Sociedade" – o sujeito do processo histórico.[81] Assim como Hegel mostrou que a verdade do passado é realizada na lembrança do passado como um todo, também Marx "desenha um futuro no qual a verdade será realizada na Sociedade como um todo".[82] Com ambos a história passa a desempenhar, nos tempos modernos, o papel da política, ao mesmo tempo que a própria política é degradada a uma "mera técnica de administração, manipulação e representação".[83] "Fazer a história" toma o lugar da ação política na medida em que a ação é vista em termos de fabricação (*making*) e a história se torna realidade definitiva. Novamente, o modelo da fabricação exclui o significado da vida humana em conjunto, da vida política.

Ao tornar o homem de ação o criador consciente do futuro, o "fabricante da história", Marx leva às últimas consequências a identificação tradicional da ação com fabricação: na medida em que a fabricação sempre envolve um elemento de violência, Marx entende a ação como essencialmente violenta. A tese de que a violência é a parteira da História tem aqui a sua raiz mais profunda, na identificação da ação e da história com a fabricação. A partir daí (eis o perigo extremo) o fim passa a justificar *todos* os meios, inclusive os mais terríveis que pode haver no campo da política.[84] Se pensamos nesses termos, não haverá nada que não possa ser justificado ou não pareça plausível em determinado momento.

O ponto essencial, para Arendt, é que a filosofia política de Marx não se baseia em uma análise dos homens em ação e sim

---

81 Idem, "Philosophy and politics", op. cit., imagem 33.
82 Ibidem.
83 Ibidem, imagem 37.
84 Ibidem, imagem 34.

na preocupação hegeliana com a história: ele completa e aperfeiçoa a tradicional identificação da ação com o fazer e o fabricar ao tornar o historiador portador de um modelo que guia o artesão. O perigo, segundo Arendt, não está propriamente em tornar imanente o transcendente, mas sim em transformar "desígnios superiores desconhecidos e incognoscíveis em intenções planejadas e voluntárias" de modo que o sentido passa a ser identificado com o fim. Isso acontece quando Marx toma o significado hegeliano de História – "o progressivo desdobramento e realização da ideia de liberdade – como sendo fim da ação humana".[85] A liberdade passa, assim, a ser o fim último e o "produto final" de um processo de fabricação.

A teoria das superestruturas ideológicas, embora pareça introduzir uma novidade extraordinária no pensamento político, carrega o mesmo preconceito nutrido por Platão contra o discurso. A teoria das superestruturas – os campos da atividade humana nos quais os homens se expressam através do discurso (religião, legislação, arte ou filosofia) – sustenta que a função do discurso não é revelar a verdade, mas ocultá-la.[86] Marx complementa essa teoria com a "fórmula" da luta de classes, que desvendaria todos os segredos da história, assim como "a lei da gravidade parecia desvendar todos os segredos da natureza".[87] Essa fórmula apresenta um padrão, admite Arendt, baseado em um importante discernimento histórico. Contudo, essa mesma fórmula abre caminho para que a história passe a ser pensada através de padrões, o que resulta na ruína do factual e do particular de tal modo que a estrutura factual básica do processo histórico e a própria

---

85 Idem, "O conceito de História", op. cit., p. 113.
86 Idem, "Philosophy and politics", op. cit., imagem 35.
87 Idem, "O conceito de História", op. cit., p. 115.

cronologia correm o sério risco de ser solapados. O problema de pensar a história dessa maneira é que, no limite, qualquer padrão que apraza se torna capaz de explicar fatos passados.[88]

Em suma, depois de Hegel ter transformado a metafísica tradicional em uma filosofia da história "e transformado o filósofo no historiador a cuja visada retrospectiva o significado do devir e do movimento – não do ser e da verdade – revelar-se-ia afinal", Marx salta da teoria para a ação, e da contemplação para o trabalho.[89] No entanto, nesse salto da filosofia para a política, Marx

> transportou as teorias da dialética para a ação, tornando a ação política mais teórica e mais dependente do que nunca daquilo que hoje chamaríamos de ideologia. Além do mais, uma vez que o seu trampolim era, não a metafísica antiga, mas a filosofia da história de Hegel [...] ele superpôs "a lei da História" à Política, findando por perder o significado de ambas – da ação não menos do que do pensamento, e da Política não menos que da filosofia – ao insistir que eram meras funções da sociedade e da história.[90]

Marx termina, enfim, por resolver a experiência do novo "em algo velho".[91] Cumpre notar que não é apenas a ação que perde significado, mas também o pensamento, e que essa dupla perda é, para Arendt, o sinal mais claro de que a rebelião de Marx findou em autoderrota.

---

88 Ibidem, p. 116.
89 Idem, "A tradição e a época moderna", op. cit., p. 56-7.
90 Ibidem, p. 57.
91 Ibidem, p. 56.

Com três teses Marx desafiou verdades tidas por incontestes até a época moderna. Com a tese segundo a qual o trabalho criou o homem, ele desafia o Deus tradicional, ao mesmo tempo que afirma que a humanidade do homem, agora caracterizado como *animal laborans*, e não mais como animal racional, é resultado de sua própria atividade: se a razão era o atributo mais elevado do homem, e o trabalho, o mais desprezado, Marx dá uma dignidade ao trabalho jamais aceita pela tradição, como vimos a partir de Platão e Aristóteles. Com a tese de que a violência é parteira da História e que é unicamente em períodos violentos que a História mostra a sua face autêntica para deixar de ser ideologia, Marx glorifica a violência, ao mesmo tempo que nega a definição aristotélica do homem como ser dotado de *logos* e, portanto, capaz de discurso. Ele recusa, assim, aquelas mesmas características que, para Aristóteles, diferenciavam os homens livres – que conduziam os assuntos humanos pelo discurso e pela persuasão – dos bárbaros – governados pela violência (e dos escravos e das mulheres, claro). Por fim, com a afirmação de que os filósofos interpretaram o mundo, agora é preciso transformá-lo, ele afronta todo o pensamento ocidental, de Platão a Hegel, para quem filosofia não é desse mundo.

As três teses, porém, contêm contradições fundamentais e conduzem Marx a dificuldades profundas. (1) Se o trabalho define o homem, que atividade humana restará quando os homens dele se emanciparem após a revolução? Que atividade *essencialmente* humana restará? Marx faz do homem *animal laborans*, ao mesmo tempo que almeja para ele uma sociedade "na qual essa força, a maior e mais humana de todas, já não é necessária".[92] Eis a sua contradição fundamental. (2) Se a ação violenta é a

---

92 Idem, *A condição humana*, op. cit., p. 129.

mais digna das ações e é a parteira da História, como serão os homens capazes de agir de modo significativo depois da conclusão da luta de classes?[93] (3) Quando a filosofia tiver sido realizada e abolida, que espécie de pensamento restará?[94]

Arendt reconhece que contradições fundamentais raramente ocorrem em autores de segunda ordem, e Marx não é, para ela, um autor de segunda ordem. Essas contradições fundamentais ocorrem quando temos que lidar com fenômenos novos nos termos de uma tradição de pensamento velha, "fora de cujo quadro conceitual pensamento algum parecia possível".[95] Marx tenta desesperadamente pensar contra a tradição utilizando suas próprias ferramentas conceituais, mas não consegue completar a tarefa. O problema central, e que termina por amarrá-lo à tradição que ele pretendia superar, é a glorificação do trabalho (*labor*) e a atribuição ao trabalho de características que são próprias de uma outra atividade, a fabricação (*work*) de objetos para um mundo durável. Do mesmo modo, a glorificação da violência e a projeção de uma sociedade harmonizada significam, ao fim e ao cabo, a desvalorização da ação e do domínio público. A definição de homem como *animal laborans* opera um duplo reducionismo que redunda, finalmente, na abolição da própria política. Em primeiro lugar, Marx define o homem como um animal que trabalha, definição que confina o homem à sua capacidade produtiva (que, na verdade, não é senão aquela que satisfaz as suas necessidades); tendo feito isso, ele substitui a multiplicidade de

---

93 Para Arendt, a teoria das superestruturas ideológicas "assenta-se, em última instância, em sua hostilidade antitradicional ao discurso e na concomitante glorificação da violência" (idem, "A tradição e a época moderna", op. cit., p. 50).
94 Cf. ibidem, p. 51.
95 Ibidem, p. 52

interesses e perspectivas individuais por interesses de grupo ou de classes que são, por sua vez, reduzidas a apenas duas: a dos capitalistas e a dos trabalhadores.[96] O indivíduo perde, com isso, a possibilidade de reivindicar qualquer identidade ou ponto de vista que não seja a identidade ou ponto de vista supostamente adequados à classe à qual pertence. Ocorre que a diluição do indivíduo na classe ou na sociedade socializada pós-revolução sustenta a ficção de uma harmonia que não pode comportar a construção de um mundo comum compartilhado entre indivíduos e grupos distintos, que vejam o mundo de perspectivas distintas e que tenham demandas e vontades conflitantes. Marx sacrifica, enfim, a pluralidade humana.

Hannah Arendt: Opinião e juízo

Na história que Hannah Arendt conta sobre si mesma, o seu interesse pelas questões políticas surgiu quando "alguém bateu com um martelo em minha cabeça e, podemos dizer, isto me despertou para a realidade".[97] O martelo é uma metáfora para o nazismo e comunica que o despertar foi violento. Mas mesmo depois de ter escrito *As origens do totalitarismo* (1951), *A condição humana* (1958), *Entre o passado e o futuro* (1961) e

---

96 Idem, *A condição humana*, op. cit., p. 51.
97 Idem, "On Hannah Arendt". In: HILL, Melvyn A (Org.). *Hannah Arendt: The recovery of the public world*. Nova York: St. Martin's Press, 1979. p. 303-339. Três anos antes da sua morte, em 1972, aconteceu em Toronto um congresso sobre a obra de Hannah Arendt, com a presença de C. B. Macpherson, Hans Jonas, Richard Bernstein, Mary McCarthy, entre outros. Arendt participou como convidada das discussões que foram editadas por Mill e publicadas em 1979. Há uma tradução brasileira deste texto feita por Adriano Correia: "Sobre Hannah Arendt", *Inquietude*, v. 1, n. 2, p. 123-62, ago./dez. 2010.

Sobre a revolução (1963), ela não aceitava ser identificada como *filósofa* e preferia o título de "teórica política". A sua briga com a filosofia política ocidental é longa, vai da juventude até a idade madura, e é travada com a certeza de que os filósofos, em geral, são hostis à política e à pluralidade, o que os torna incapazes de lidar com as particularidades, fragilidades e incertezas dos assuntos humanos. Arendt não se reconhecia entre eles. Além do mais, ela tinha uma dúvida genuína a respeito da possibilidade de conciliar a filosofia com a política, ou seja, "a temporalidade, a instabilidade e a relatividade do mundo humano e a estabilidade, a permanência e a finalidade dos tópicos filosóficos".[98] No entanto, embora hesitante quanto à possibilidade de resolver o antagonismo entre a filosofia e a política, Arendt buscou, ao longo de toda a sua obra, maneiras de superá-lo.

Em "Philosophy and politics" (1954), Arendt encontra em Sócrates uma resposta para a oposição entre filosofia e política inaugurada por Platão e que aprofunda a cisão entre verdade e opinião. A alegoria da caverna instaura essa cisão e é por causa dela que a filosofia perde relevância para a *polis*. Traumatizado pela condenação do mestre, Platão abandona a expectativa de tornar a filosofia relevante para a cidade e parece se contentar em encontrar um modo de salvar a pele dos filósofos: o modo que encontrou de fazer isso foi colocar o filósofo – o portador da verdade – para governar os ignorantes – escravizados às suas opiniões. Foi assim que Platão abriu, na história do pensamento ocidental, o antagonismo entre a filosofia e a política.

Desde o manuscrito de 1954, Arendt se mostra comprometida com a recuperação da dignidade da opinião. Entendo que este é um dos aspectos mais relevantes da sua obra e também

---

98 Hannah Arendt, "Philosophy and politics", op. cit., imagem 4.

um dos mais promissores para aquilo que ela se propõe: pensar a possibilidade de reconciliar a filosofia com a política. Vejamos.

De acordo com Arendt, para Sócrates, a opinião é a "formulação em discurso do que aparece para mim". A opinião expressa o "mundo tal como se abre para mim".[99] A interpretação que Arendt faz de Sócrates, cumpre sublinhar de antemão, traduz o pensamento socrático de acordo as próprias pretensões da autora: Sócrates dá a Arendt um caminho filosófico para desfazer o abismo que Platão teria aberto. Para o Sócrates de Arendt a opinião é a formulação em discurso do mundo tal como aparece para mim de modo que ela se forma apenas se eu tenho um *lugar* nesse mundo de aparências, que é o espaço público. Manifestar uma opinião é comunicar aos outros como eu vejo o mundo deste lugar que estou. Deve-se notar que ela encontra em Sócrates algo análogo ao que encontrará em Kant (no pensamento representativo) posteriormente: se a opinião, para Sócrates, não pode ser "algo absoluto e válido para todos", tampouco é "fantasia subjetiva e arbitrariedade".[100] A opinião pode ser depurada, assim como a virtude pode ser de algum modo ensinada. Não fosse, a maiêutica não poderia apostar no processo dialógico que visa ajudar as pessoas a encontrarem "a verdade na opinião". Se queremos permanecer fiéis à metáfora da maiêutica, diz Arendt, devemos entender que "Sócrates queria tornar a cidade mais verdadeira ao assistir cada um dos cidadãos a parir suas próprias verdades".[101] O método é a dialética, mas essa dialética socrática não destrói a doxa, "ao contrário, revela essa doxa em sua própria veracidade".[102] O papel do filósofo não é, portanto, o de dizer a

---

99   Ibidem, imagem 48.
100 Ibidem, imagem 48.
101 Ibidem, imagem 49.
102 Ibidem.

verdade filosófica às pessoas comuns, mas "tornar os cidadãos mais verdadeiros".[103]

Interessa a Arendt, sobretudo, que a opinião não seja vista como mera fantasia subjetiva e tampouco como verdade válida para todos. Isso também vale para o juízo que, como veremos a seguir, não se forma pela subsunção do particular a uma regra universal, mas nem por isso é expressão de pura de idiossincrasia. Arendt vai nos indicando, desde pelo menos o manuscrito de 1954, que a formulação de uma nova filosofia política precisa operar nesse intervalo, entre a mais estrita subjetividade e a certeza de um *a priori* que o mundo dos assuntos humanos jamais terá.

Também interessa particularmente a Arendt detectar em Sócrates e na sua maiêutica uma postura filosófica que afirma que "ninguém pode saber por si mesmo e sem maiores esforços a verdade inerente de suas opiniões".[104] Quando Platão descreve os homens da caverna como estáticos e mudos, desconsidera que a opinião se forma em diálogo, com os outros, no espaço público. A dialética de Sócrates era uma atividade política, "um dar e receber", baseada na igualdade, e cujos frutos "não poderiam ser medidos por resultados, por ter chegado a esta ou aquela verdade". Que o diálogo fosse inconclusivo não era, portanto, um problema (como não era nos escritos mais socráticos de Platão): "ter discutido algo, ter falado sobre algo [...] parecia resultado em si suficiente".[105] Enquanto atividade política, o diálogo é por si mesmo valioso.

O diálogo não requer conclusão ou consenso para ser significativo. Aos falarmos sobre as coisas, elas se tornam comuns,

---

103 Ibidem, imagem 49.
104 Ibidem.
105 Ibidem, imagem 51.

são compartilhadas, e disso surge a "qualidade comum [*commonness*] do mundo político".[106] Isso não significa, evidentemente, pressupor que todos sustentem as mesmas opiniões e compartilhem o mesmo ponto de vista. Muito pelo contrário, o mundo se abre de diferentes maneiras para as pessoas, que ocupam lugares distintos e olham o mundo de perspectivas diferentes. O desafio é que encontrem um modo de viver juntos sem que para isso precisem se tornar um só Homem.

Se a *philia* aristotélica tem algo de inspirador para Arendt é porque não pressupõe a equalização: os amigos não se tornam iguais, mas sim "parceiros iguais no mundo comum", eles "constituem juntos uma comunidade".[107] Interessa particularmente a ela que, para Aristóteles, é a amizade, e não propriamente a justiça (ou não apenas a justiça), que mantém a comunidade. Ou, em outros termos, a amizade cívica seria melhor para esse propósito do que a justiça, porque a justiça, embora imprescindível, estabelece os muros que nos separam, não nos torna parceiros no mundo comum.

O que Arendt extrai de Sócrates, combinando-o com Aristóteles, é que a dialética força o falante a manifestar a verdade da sua opinião de modo que o outro possa entender "como e com qual articulação específica o mundo comum aparece" para ele. O outro é, diz Arendt, "para sempre desigual e diferente".[108] Eu compreendo a sua diferença na medida em que ele a expressa discursivamente para mim. Ver o mundo do ponto de vista do outro é "a percepção (*insight*) política por excelência".[109]

---

106 Ibidem.
107 Ibidem, imagem 52.
108 Ibidem.
109 Ibidem.

Arendt interpreta o "Conheça a ti mesmo" como querendo dizer que é apenas conhecendo o que aparece para mim e permanecendo em relação com a minha *existência concreta* que eu posso compreender a "verdade", a minha e a do outro. A verdade absoluta – ou seja, a verdade que seria a mesma para todos e independente da existência de cada um e do lugar que ocupa – não existe para os mortais. Os filósofos precisam lidar com isso e precisam compreender o que isso significa para os mortais, entre os quais se inclui. Para os filósofos, "o importante é tornar a doxa verdadeira, enxergar em cada doxa a verdade e falar de tal maneira que a verdade da opinião das pessoas se revela para si mesmas e para os outros".[110] Quando Sócrates diz "que sabe que nada sabe", ele está querendo dizer que sabe que não possui a verdade válida para todo mundo e que não pode saber a verdade do outro senão "perguntando para ele".[111]

Arendt imputa a Sócrates o que gostaria que fosse a postura do filósofo diante dos assuntos humanos. A nova filosofia política – que faria da pluralidade objeto do seu espanto – tem que começar por aceitar, como Sócrates fez, os limites da verdade para os mortais. Isso não faz dele um sofista, afinal não se trata de ceder à arbitrariedade e à ilusão subjetiva. Recusar a verdade absoluta não leva necessariamente à arbitrariedade e tampouco encerra os indivíduos neles mesmos. Há um critério operando aqui: para falar verdadeiramente de sua própria doxa, é preciso que a pessoa esteja em acordo consigo mesma, ou seja, que não contradiga a si mesma e não diga coisas contraditórias.[112] Isso exige, em primeiro lugar, um diálogo interno, pois somos dois-em-

---

110 Ibidem, imagem 53.
111 Ibidem.
112 Ibidem, imagem 54.

-um quando pensamos e dialogamos com o outro que também somos. Arendt faz uma analogia entre o outro que há em mim e o amigo, definido por Aristóteles, de acordo com ela, como o *other self*, para defender que somente aquele que tem a experiência de falar consigo mesmo – e estar em acordo ou descordo consigo mesmo – é capaz de se tornar amigo, "de adquirir um *other self*".[113] A faculdade do discurso e o fato da pluralidade humana se relacionam na medida em que, falando comigo mesma (com a outra que há em mim), eu vivo junto comigo mesma; e na medida em que falo com os outros, eu posso viver junto com eles. É apenas na companhia dos outros, que me chamam de volta do diálogo interno do pensamento, que eu posso me tornar um self, "um ser humano único e singular falando com uma voz e reconhecido como tal pelos outros".[114] Em outras palavras, é do reconhecimento da minha singularidade pelos outros, tal como eu a expresso pela minha voz, que depende a minha identidade, para mim mesma e para os outros.

A tese socrática de que a virtude pode ser ensinada é, pois, uma aposta em que o exercício do diálogo (e do pensamento, o diálogo interno) que busca a não contradição e envolve escuta pode vir a "melhorar homens e cidadãos".[115] Por isso, o principal objetivo político de Sócrates era ensinar os atenienses a pensarem por si mesmos, de maneira independente e sem o auxílio de quaisquer doutrinas. Aí residiria a relevância política da filosofia, não em desvelar a verdade absoluta.

A consequência mais importante da identificação que Platão e Aristóteles fazem da vida mais elevada com a contemplação é a

---

113 Ibidem.
114 Ibidem, imagem 55.
115 Ibidem, imagem 56.

separação radical entre pensamento e ação. Essa separação entre pensamento e ação, entre *bios theoreticos* e *bios politikos* ou entre vida contemplativa e vida ativa corre como um "fio condutor ao longo de toda a história da filosofia política".[116] Sócrates não os considerava idênticos, mas como intimamente relacionados, de modo que o próprio pensamento é um tipo de ação e a significação da ação se relaciona com o fato de desvelar de algum modo o pensamento. O que melhora as pessoas é a conscientização de que são seres de pensamento e de ação, "cujos pensamentos invariavelmente e inevitavelmente acompanham as suas ações".[117] É a consciência desse fato, diz Arendt, que "melhora os homens e cidadãos".[118] O discurso desempenha papel central nessa relação entre pensamento e ação porque é nessa faculdade humana que ambos estão fundamentados. A ação sem discurso

---

116 Ibidem, imagem 6. Em *Entre o passado e o futuro*, op. cit., Arendt coloca nos seguintes termos: nem Platão nem Aristóteles acreditaram em momento algum que os homens pudessem imortalizar-se através de grandes feitos (*deeds*) e palavras (*words*). Descobriram na atividade do pensamento a capacidade humana para libertar-se da esfera dos assuntos humanos, que não deveriam ser levados a sério em demasia. Imortalizar passa a significar, para os filósofos, habitar com as coisas que existem para sempre, sem nada fazer, sem desempenho de feitos ou realização de obras (*works*). "Assim," afirma Arendt, "a atitude mais adequada dos mortais, uma vez que houvessem atingido a vizinhança do imortal era a contemplação inativa e muda [*speechless*]", tanto o *noûs* aristotélico quanto a verdade platônica são podem ser apreendidos ou traduzidos em palavras ("O conceito de História", op. cit., p. 77).
117 Idem, "Philosophy and politics", op. cit., imagem 56.
118 Ibidem.

é desprovida de significado, assim como todo pensamento, enquanto manifestação ativa, se funda no discurso.[119]

Ao contrário de Sócrates, Platão aposta que a solução para a vida política passa pela instituição de um corpo político fundado na relação de mando e subordinação, um organismo no qual os homens vivem como se fossem Um homem ("One man").[120] Se o filósofo está capacitado para governar os outros é porque resolveria em si mesmo a contradição entre corpo e alma. Porque sua alma governa (tiranicamente) o seu corpo, ele seria melhor para governar os demais, que não são capazes de governar a si mesmos.[121] Na verdade, para Arendt, o filósofo mata a pluralidade que há nele mesmo e, claro, não poderia fazer diferente quando chamado a resolver os problemas da cidade. O governo tirânico de si mesmo é replicado na política.[122]

Que o filósofo destrói a "pluralidade da condição humana dentro de si mesmo"[123] não é uma tese secundária e talvez seja a razão mais profunda pela qual Arendt procure, no manuscrito de 1954, submeter a tradição da filosofia política a uma crítica radical que abra o caminho para uma nova filosofia política que

---

119 Arendt detecta a fundamentação da ação e do pensamento na faculdade do discurso em Sócrates e, além disso, a considera uma característica da cultura grega, com a qual Platão e Aristóteles rivalizam ao eleger a contemplação como a forma mais elevada de vida, em detrimento da ação e do discurso. Para ela, Sócrates estava mais de acordo, nesse aspecto, com a cultura grega do que os seus sucessores filósofos, que rompem com ela ao passarem a identificar a imortalização com a contemplação e não mais com grande feitos e palavras.
120 Hannah Arendt, "Philosophy and politics", op. cit., imagem 68.
121 Cf. Ibidem, imagem 61.
122 Cf. Ibidem, imagem 68.
123 Ibidem.

faça da pluralidade objeto do seu espanto. Em outros termos, enquanto o filósofo político se identificar com aquele que "põe ordem no hospício",[124] o seu desejo de ordem continuará a impedi-lo de *compreender* as coisas próprias aos assuntos humanos que não se vergam aos seus padrões. Por isso ele aniquila a pluralidade, começando a fazer isso consigo mesmo. Compreender, para Arendt, é alguma coisa bastante distinta de ordenar, regular, submeter a regras. Mas a filosofia tem um impulso dominante para "pôr ordem nas coisas do mundo que não podem ser apreendidas ou julgadas sem estar submetidas ao crivo de algum princípio transcendente".[125] Daí Arendt suspeitar de que haja mesmo uma contradição inerente entre a filosofia e a política, a ponto de não se identificar como filósofa.[126] A sua filosofia política, se é que ela aceitaria algo nesses termos, quer ser menos ordenadora e quer abolir a expectativa de encontrar *a* verdade, condição *sine qua non* para se abrir para a pluralidade humana. Isso implica recusar o modelo da fabricação, que pretende, justamente, reduzir as "calamidades" da ação (voltarei a isso seguir).

No prefácio escrito em 1950 para *As origens do totalitarismo*, a autora diz que compreender "não significa negar o chocante, deduzir o que é sem precedentes do precedente", não significa

---

124 Idem, "O interesse pela política no recente pensamento filosófico europeu". In: _____. *A dignidade da política*, op. cit., p. 74.
125 Ibidem, p. 78-9.
126 "Eu não pertenço ao círculo dos filósofos. Meu ofício – para me exprimir de uma maneira geral – é a teoria política. Não me sinto em absoluto uma filósofa, nem creio que seria aceita no círculo dos filósofos", diz ela em entrevista a Günter Gauss em 1964 (idem, "Só resta a língua materna". In: _____. *A dignidade da política*, op. cit., p. 123).

diminuir "o impacto da realidade e o choque da experiência".[127] Compreender significa encarar a realidade sem preconceitos. Isso se relaciona de perto com a necessidade de questionar o antagonismo entre verdade e opinião, de se distanciar de toda e qualquer solução teórica que resolva os "dilemas da ação como se fossem problemas de cognição"[128] e recusar soluções "progressivistas" e positivistas que descartam, como se fossem irrelevantes, as perguntas que não têm resposta evidente ou demonstrável.[129] Considerando-se ou não uma filósofa, Arendt parece sim almejar uma filosofia política livre de excessos racionalistas. E seria bom ao filósofo que começasse a abandonar a expectativa de dominar tiranicamente o seu próprio corpo e a matar a pluralidade que existe dentro de si. Isso, claro, se almeja tornar a filosofia significativa para a política e vice-versa.

Para Arendt, essa expectativa do filósofo de governar a si mesmo se expressa, ao longo da história do pensamento, no ideal da autolegislação e da soberania de si. Seja lá como esse ideal se manifeste ao longo da história da filosofia – como autonomia, soberania, autogoverno – em geral ocorre em detrimento da pluralidade interna do self, da sua concretude, da sua corporeidade e das circunstâncias em que se encontra e age.

Ao se perguntar, em *A vida do espírito*, sobre "o que nos faz pensar", Arendt procura um modelo e o encontra, novamente, em Sócrates, um pensador não profissional, que unifica em sua pessoa duas paixões aparentemente contraditórias: a de pensar e a de agir. Essa união não se manifesta precisamente na aplicação do pensamento à ação ou na aplicação de padrões teóricos à

---

127 Idem, *Origens do totalitarismo*, op. cit., p. 12. Trad. mod. (*Origins*, p. viii).
128 Idem, *A condição humana*, op. cit., p. 276.
129 Idem, "Philosophy and politics", op. cit., imagem 65.

ação. O Sócrates de Arendt está, diferentemente dos pensadores profissionais, mais confortável em passar de um campo ao outro. Sócrates é o modelo porque Arendt encontra nele o avanço e o recuo constante entre o mundo das aparências e a necessidade de refletir sobre esse mundo.[130] A filósofa não profissional que Arendt busca é, assim me parece, não alguém que tenha a pretensão da verdade, de ordenar e que tampouco

> se submeta docilmente às regras: em resumo, um pensador que tenha permanecido sempre um homem entre homens, que nunca tenha evitado a praça pública e tenha sido um cidadão entre cidadãos, que não tenha feito nem reivindicado nada além do que, em sua opinião, qualquer cidadão poderia e deveria reivindicar.[131]

Parece, assim, que a filosofia política talvez deixe de ser uma contradição em termos se a filósofa abandonar a pretensão de admirar de cima o espetáculo ou de colocar ordem no hospício com padrões estabelecidos do lado de fora, numa região infensa à realidade. Faço algumas observações. Em primeiro lugar, nota-se que Arendt não recusa, evidentemente, a diferença entre pensamento e ação e tampouco nega que o pensamento exija um certo afastamento do mundo e das coisas para ser realizado. O que ela está criticando é que a filosofia tenha a tarefa de estabelecer padrões "verdadeiros" e aplicá-los à ação. Pensamento e ação dialogam de alguma maneira não muito precisa, deve-se reconhecer, quando sua tarefa (e quando a tarefa da filosofia) não é exatamente a aplicação de padrões teóricos à ação: Sócrates transita nesses dois campos, avança e recua *constantemente* en-

---

130 Idem, *A vida do espírito*, op. cit., p. 126.
131 Ibidem.

tre o mundo das aparências e a necessidade de refletir sobre ele. O pensamento político parte do mundo das aparências e a ele retorna, emerge dos incidentes da "experiência viva e a eles deve permanecer ligado, já que são os únicos marcos por onde pode obter *orientação*".[132] A primazia da aparência é um fato inegável do qual o filósofo não pode escapar e ao qual tem sempre que voltar.[133] Em segundo lugar, Arendt, enfaticamente crítica do filósofo no Olimpo, quer que ele ou ela sejam um entre tantos outros, imerso na pluralidade. Ao colocar o filósofo na "praça pública", Arendt parece querer também desfazer o abismo que normalmente o separa das pessoas comuns, que também são capazes de pensar. Ela tinha uma firme confiança na capacidade das pessoas em geral de refletir criticamente e agir e aprendeu com Jaspers que "tanto a filosofia como a política dizem respeito a todos".[134] Em terceiro lugar, a filósofa, que não

---

132 Idem, *Entre o passado e o futuro*, op. cit., Prefácio, p. 41(grifo meu).
133 Idem, *A vida do espírito*, op. cit., p. 21. Uma das mais perniciosas falácias filosóficas é, portanto, o solipsismo, que encerra o pensador nele mesmo e o leva a viver completamente no singular (Ibidem, p. 37). O preço para retirar-se da "completa bestialidade da multidão" é a instauração de um subjetivismo radical. A figura central dessa história, na modernidade, é Descartes, que com a sua *res cogitans* teria inventado uma "criatura fictícia, sem corpo, sem sentidos", que abandonou o mundo a ponto de sequer saber se existe uma distinção entre o real e o irreal (ibidem, p. 38). Rejeitando inteiramente essa ficção, Arendt reafirma não apenas que quem pensa é uma criatura real e corporificada, mas também que o seu pensamento está diretamente atado à sua biografia, às suas experiências pessoais e o que o filósofo político é alguém que está no espaço público, na "praça do mercado".
134 Idem, "Karl Jaspers: Uma *laudatio*". In: _____. *Homens em tempos sombrios*, op. cit., p. 70.

veio para aplicar padrões, tampouco se submete *docilmente* às regras vigentes. O pensamento, ao buscar o significado daqueles "conceitos" com os quais lidamos cotidianamente, opera uma desestabilização do que está dado. Quando buscamos definir as palavras que fazem parte da nossa fala cotidiana e quando começamos a *discutir* o seu significado, "nada mais fica no lugar, tudo começa a mover-se".[135] Com uma metáfora, Arendt explica que o pensamento *degela* palavras que no uso cotidiano têm as suas medidas ocultas e por isso se aplicam a diversas coisas e contextos.[136] Nesse sentido, uma vez que o pensamento degela o que a linguagem congelou, ele tem um efeito destrutivo dos critérios estabelecidos, dos valores, dos padrões, dos costumes e regras de conduta.[137] Esse exercício de reflexão, que é discursivo, sai em busca de significado e não *da* verdade. Mas mesmo sem descortinar *a* verdade (e, por isso mesmo,) e sem nos prover com "convicções" ou definições definitivas para guiar a nossa conduta futura, o pensamento tem, para Sócrates, a potência de nos tornar melhores em alguma medida.[138] Pensar e falar so-

---

135 Idem, A *vida do espírito*, op. cit., p. 128.
136 Ibidem, p. 129.
137 Ibidem, p. 131.
138 Em 1972, no famoso Colóquio de Toronto, ao responder a uma pergunta sobre como avalia a sua tarefa enquanto teórica política, Arendt recusa terminantemente a missão de doutrinar pessoas e diz que sua expectativa é tão somente despertá-las para o pensamento: "Não posso dizer explicitamente a você – e detestaria fazer isso – quais as consequências na política real deste tipo de pensamento que eu experimento, não para doutrinar, mas para instigar e despertar os meus alunos. Posso imaginar muito bem que um torne-se republicano e o outro liberal ou Deus sabe o quê. Mas de uma coisa eu tenho esperança: de que certas coisas extremas, que são a consequência efetiva do não pensar [...] que essas consequências

bre a piedade, a justiça, coragem pode tornar os homens mais pios, mais justos, mais corajosos.[139] Por isso Sócrates se autor-

---

não tenham condição de vir a surgir" (idem, "Sobre Hannah Arendt", op. cit., p. 131). Ao longo da sua vida e desde a investigação empreendida em As origens do totalitarismo até o caso Eichmann, Arendt entendeu que o totalitarismo e a sua extrema violência estavam vinculados ao bloqueio da capacidade do pensamento: a falta de pensamento pode levar a coisas extremas e à mais absoluta desumanização. À professora não cabe doutrinar pessoas para serem republicanas ou liberais e tampouco instruí-las para a ação, mas sim, como o moscardo Sócrates, instigar a atividade do pensamento e a busca incessante de compreender, que nos vincula aos outros e ao mundo das aparências e nos incita a questionar padrões (e não propriamente a assumir convicções).

139 Seyla Benhabib questiona Arendt a respeito da relação entre o pensamento e a conduta moral. Ora, sugere ela, se Heidegger "pensava", parece que a vinculação entre pensar e agir moralmente não é nada segura, afinal ele aderiu ao nazismo (Seyla Benhabib, *The reluctant modernism of Hannah Arendt*, op. cit., p. 192). No entanto, parece-me que Benhabib se equivoca por desentender que não é qualquer tipo de pensamento que se relaciona com a ação moral, mas aquele que versa sobre as questões morais, sobre o comportamento, sobre estar efetivamente no mundo com os outros. Refletir sobre a nossa conduta com os outros é que pode ter algum impacto na ação. Portanto, não se trata, como Benhabib sugere, de um problema de falta de conhecimento ou de falta de cognição (Cf. ibidem, p. 193), pois Arendt está falando de outra habilidade humana: a de pensar sobre a conduta, buscando o seu significado. Não parece ser o caso de Heidegger. Deve-se notar ainda que Arendt não estabelece uma relação mecânica entre a reflexão e a ação, nem as trata a partir de uma relação de causa e efeito. O que Arendt supõe é que ao pensar sobre o fazemos, temos a chance de nos distanciarmos criticamente justamente das condutas mecanizadas e impensadas e das nossas convicções, o que tem um efeito libertador inclusive para o juízo.

reconhecia como um moscardo ou como uma parteira. Como moscardo, transmite a sua perplexidade aos outros, os provoca a pensar, contesta a sua docilidade diante do que está dado e repetido no uso cotidiano. Como parteira, não mostra a verdade, mas purga os preconceitos que nos impedem de pensar. Falando de Sócrates como quem fala de si mesma, Arendt nota que, ao contrário dos filósofos profissionais, ele sente "a necessidade de verificar com seus semelhantes se suas perplexidades também eram por eles compartilhadas – e isso é completamente diferente de encontrar soluções para enigmas e, então, demonstrá-los aos outros".[140] A condição para o filósofo sair da torre de marfim da mera contemplação é a comunicação com os outros. Isso Arendt encontra não apenas em Sócrates, mas também em Jaspers, que concebe a verdade como comunicação e que, desse modo, torna o pensamento prático (embora não pragmático), "uma prática entre homens, não o desempenho de um indivíduo em sua solidão auto-escolhida".[141] Curiosa imagem essa da filósofa: alguém que se preocupa com a serventia do pensamento, mas não tem respostas bem definidas e pragmáticas.[142] O que parece que ela pode fazer é despertar os outros e com eles refletir criticamente sobre o que está dado. Este pensamento crítico tem poder de resistência, mas para atingi-lo é preciso abdicar do Olimpo.[143]

---

140 Hannah Arendt, A vida do espírito, op. cit., p. 130.
141 Idem, "Karl Jaspers: Cidadão do mundo?", op. cit., p. 79.
142 Idem, A vida do espírito, op. cit., p. 131.
143 Arendt sabe perfeitamente que pensar (nesses termos) é um empreendimento perigoso, daí ser mais seguro trabalhar com padrões e aplicá-los ou subsumir casos particulares a regras gerais ou universais. Abandonar a expectativa da verdade pode municiar os cínicos, os céticos, os irracionalistas e os niilistas. Que se tome o exemplo de Alcebíades para o cínico, que "aprendeu" a pensar sem uma

Em harmonia com as consequências que extrai da sua análise da filosofia socrática em "Philosophy and politics", Arendt formula posteriormente aquela que, na minha interpretação, é a sua solução filosófica mais potente e promissora para o problema do antagonismo entre filosofia e política. Mencionei anteriormente que Arendt encontra em Sócrates algo análogo ao que encontra no juízo de gosto kantiano: se a opinião, para Sócrates, não pode ser "algo absoluto e válido para todos", tampouco é "fantasia subjetiva e arbitrariedade". O processo de formação conjunta e dialógica da opinião é também um processo de depuração que embora jamais alcance "a verdade" ou mesmo que não atinja o consenso pode, ainda assim, torná-la menos arbitrária, menos idiossincrática e subjetiva. Para tanto é imprescindível ouvir os outros e procurar compreendê-los. A disposição para a escuta e para a compreensão do outro e do lugar do qual ele fala é imprescindível para que possamos conviver com os outros em um mundo plural. Em *Entre o passado e o futuro*, novamen-

---

doutrina e transformou os não-resultados da investigação socrática em um resultado negativo: "se não podemos definir o que é a piedade, sejamos ímpios" (Ibidem, p. 132). Em *Entre o passado e o futuro*, Arendt alerta, dessa vez através de Cícero, para o perigo oposto do platonismo, que é o irracionalismo. Ela é clara em defender que a rejeição do ideal da verdade coerciva não deve levar à adesão ao irracionalismo (idem, "A crise na cultura", op. cit., p. 279), assim como a crítica a Platão não será adequada se escorregar para o niilismo, que nega os valores estabelecidos, mas permanece ligado a eles, sem o saber (idem, A *vida do espírito*, op. cit., p. 132). A filosofia política de Arendt encontra-se em um intervalo entre um racionalismo exacerbado e o irracionalismo. O ponto é que para rejeitar o irracionalismo não é preciso abraçar o erro diametralmente oposto, que é o racionalismo extremado, que torna o pensamento sem sentido e desatado da experiência e do particular.

te às voltas com Platão, que invoca a força coerciva da verdade para controlar a política, Arendt afirma que, do "ponto de vista da política, a verdade tem um caráter despótico".[144] Platão não estava interessado, segundo ela, em limitar o poder político por uma Constituição, um conjunto de direitos ou pelo sistema de controles e equilíbrios (como faz Montesquieu), mas sim pela verdade, algo que emerge do exterior, que tem origem fora do campo político e que é totalmente independente das aspirações e desejos dos cidadãos. A resposta dela, repetindo o que já havia dito em "Philosophy and politics", é que o debate constitui a essência da vida política:

> Os modos de pensamento e de comunicação que tratam com a verdade, quando vistos da perspectiva política, são necessariamente tiranizantes; eles não levam em conta as opiniões das demais pessoas e tomá-las em consideração é característico de todo pensamento estritamente político.[145]

O pensamento político, eis a tese de Arendt, é representativo: eu formo a minha opinião considerando "um dado tema de diferentes pontos de vista, fazendo presentes em minha mente as posições dos que estão ausentes".[146] Não se trata de empatia, de procurar ser ou sentir como a outra pessoa, mas de buscar considerá-la ao formar a minha opinião e o meu juízo. Formar a opinião requer levar a perspectiva dos outros em consideração e quanto "mais posições de pessoas eu tiver presente em minha mente ao ponderar um dado problema, e quanto melhor puder

---

144 Idem, "Verdade e política", op. cit., p. 298.
145 Ibidem, p. 299.
146 Ibidem.

imaginar como eu sentiria e pensaria *se estivesse em seu lugar*, mais forte será a minha capacidade de pensamento representativo e mais *válidas* as minhas conclusões finais, a minha opinião".[147] Arendt encontra na primeira parte da *Crítica do juízo* de Kant inspiração para resolver o antagonismo clássico entre a verdade e a opinião (tornando o pensamento político representativo) e entre o universal e o particular.

A filosofia, com os seus universais, não encontra um lugar para o particular e o que Arendt vislumbra no juízo de gosto kantiano é justamente a possibilidade de recuperar (filosoficamente) a dignidade do particular.[148] Para ela, que nisso se declara partidária de Aristóteles, é um erro procurar os universais – "coisas que não podem ser localizadas" – no campo dos assuntos políticos, que é por definição o domínio do particular.[149] Isso não significa condenar o campo da política à mais absoluta arbitrariedade do particular (seja de perspectivas estritamente individuais ou coletivas), mas almejar que o "geral" (não o universal) possa emergir do pensamento representativo, que leva a perspectiva dos outros em consideração:

> Em matéria de opinião, mas não em matéria de verdade, nosso pensamento é verdadeiramente discursivo, correndo, por assim dizer, de um lugar para o outro, de uma parte do mundo para outra, através de todas as concepções conflitantes, até finalmente ascender *dessas particularidades a alguma generalidade imparcial*.[150]

---

147 Ibidem (grifo meu).
148 Cf. Seyla Benhabib, "Hannah Arendt and the redemptive power of narrative", *Social Research*, v. 57, n. 1, p. 167-96, primavera 1990.
149 Hannah Arendt, *A vida do espírito*, op. cit., p. 151.
150 Idem, "Verdade e política", op. cit., p. 300 (grifo meu).

O geral é conquistado quando um tema é "forçado ao campo aberto" no qual pode ser visto de todos os lados, em todas as perspectivas particulares possíveis. Não basta ao pensamento estar em concordância consigo mesmo para que sejamos capazes de viver com os outros. É preciso, como anteviu Kant, na *Crítica do juízo*, que sejamos capazes de pensar no *lugar* das outras pessoas com as quais esperamos obter algum acordo:

> a eficácia do juízo repousa em uma concordância potencial com os outros e o processo pensante, que é ativo no juízo de algo não é, como o processo de pensamento de raciocínio puro, um diálogo de mim para comigo mesma, porém se acha sempre e fundamentalmente [...] em antecipada comunicação com os outros com quem eu sei que devo afinal chegar a algum acordo.[151]

Nota-se que a validade do juízo (isto é, a validade do juízo em um mundo plural) depende de que as pessoas sejam capazes de se libertar das condições subjetivas privadas que determinam o seu modo de ver na nossa intimidade, mas não têm validade no domínio público. A mentalidade alargada garante um lugar para o particular (para a particularidade do outro) ao mesmo tempo que permite que o juízo *transcenda* as limitações estritamente individuais. Por isso, a mentalidade alargada não pode funcionar em estrito isolamento e solidão, "mas necessita da presença de outros 'em cujo lugar' cumpre pensar".[152] O juízo depende da presença dos outros para ser válido: se a sua validade nunca é universal é porque ele é feito por pessoas concretas e particulares levando em consideração a perspectiva dos outros presentes,

---

151 Idem, "A crise na cultura", op. cit., p. 274. Trad. mod.
152 Ibidem, p. 275.

igualmente concretos e particulares. Com ele nos ajustamos a um mundo comum: o juízo é a mais importante atividade para que possamos compartilhar o mundo[153] sem precisarmos recorrer à uma verdade coercitiva, a uma razão legisladora, a um imperativo categórico, que operam, sempre, em detrimento do particular e da pluralidade de perspectivas.

Entendo que a mentalidade alargada é a mentalidade condizente com a vida democrática que Arendt almeja.[154] Embora ela não tenha sistematizado as suas conclusões a respeito das condições da democracia (ela preferia chamar de "república"), a sua obra se torna mais potente e interessante quando procuramos alinhavar os fios que ela deixa dispersos e pensar a relação entre essa apropriação *sui generis* do juízo de gosto kantiano com a ideia da formação dialógica da opinião, com a crítica da redução

---

153 Ibidem, p. 276.
154 A mentalidade alargada é a antítese da mentalidade do homem hobbesiano, como procurei mostrar anteriormente em "Hannah Arendt: sobre Hobbes, o imperialismo e o totalitarismo": contra a mentalidade exclusivamente autointeressada do indivíduo burguês retratado por Hobbes, Arendt defende uma mentalidade (democrática) que seja capaz de transcender as condições subjetivas privadas para levar os outros em consideração; contra o juízo do homem hobbesiano, baseado no ponto de vista individual ou de uma minoria, Arendt defende que o juízo somente será capaz de nos orientar no domínio público e no mundo comum se considerar amplamente a perspectiva das outras pessoas. Ao tornar o princípio do benefício próprio uma característica inelutável da natureza humana, Hobbes nos deixou apenas duas possibilidades: a guerra generalizada de todos contra todos ou a formação de um Estado aos moldes do Leviatã. Em contrapartida, ao apostar que a formação do juízo seja capaz de *transcender* as limitações estritamente individuais, Arendt nos diz que a vida política nos reserva algo mais do que a relação de comando e subordinação.

do político ao jurídico e à representação política, com o seu elogio do sistema de conselhos, das instituições participativas e com a valorização de uma cultura democrática que fomenta a disposição para o discurso argumentativo, o prazer de agir, o prazer de estar como os outros diferentes e o espírito público. A definição de liberdade como participação política e a defesa inconteste da democracia participativa feita por Arendt em *Sobre a revolução*[155] tornam-se mais interessantes quando pensadas à luz da convicção de que o diálogo pode melhorar as pessoas e os cidadãos, de que o pensamento político depende da presença dos outros (e, portanto, é fruto de um aprendizado), de que o exercício do diálogo nos provoca a pensar e pensar nos convoca a contestar as regras e os padrões que seguimos acriticamente. Os fios dispersos da obra arendtiana se alinhavam pela ideia de que o debate é a essência da vida política.

A camisa de força da distinção entre o social e o político

Mas todos esses aspectos do seu pensamento político – mentalidade alargada, cidadania participativa, cultura democrática vinculada à prática da autogestão – se veem colocados na camisa de força da distinção excessivamente rígida entre o político e o social (e entre o público e o privado) estabelecida em *A condição humana* e repetida em *Sobre a revolução*.[156] Vimos na primeira

---

155 Trato deste tema em "Liberdade política e cultura democrática em Hannah Arendt", que compõe esta coletânea.
156 A distinção rígida entre o social e o político dá margem à objeção de Habermas de que ao recusar a intrusão de questões sociais e econômicas na esfera pública, Arendt se torna "vítima de um conceito de política que é inaplicável às condições modernas" (Jürgen Habermas, "Hannah Arendt's Communications Concept of Power". *Social Research*, primavera 1977, p. 14). Ao separar a práxis das

parte desse texto que ela censura duramente a tradição da filosofia política por erigir o modelo de atividade como fabricação em detrimento da ação. Vimos também o esforço que ela faz para recuperar a dignidade da ação, do discurso, do particular, do juízo e da opinião, contra as limitações impostas pela fabricação, pelos falsos universais e pela coerção da verdade. Aqui estão, em minha interpretação, os potenciais democráticos do pensamento arendtiano, que emergem do seu enfrentamento teórico com a hostilidade da filosofia contra a pluralidade e as vicissitudes dos assuntos humanos. No entanto, ao separar rigidamente o social e o político, Arendt coloca um freio no que parecia ser um projeto radicalmente democrático.

Para resolver o problema que detecta na tradição de privilegiar o modelo de ação como fabricação, Arendt propõe, em *A condição humana*, uma distinção entre três tipos de atividades humanas: trabalho, obra e ação. Contra a ideia exposta por Marx, em *A ideologia Alemã*, de que os o que os indivíduos são "coincide com a sua produção, isto é, tanto com *o que* eles produzem quanto como a *maneira* como produzem",[157] Arendt defende uma diferenciação entre o trabalho e a obra – o primeiro ligado à satisfação das necessidades vitais, e, a segunda, à construção de um mundo artificial – e, mais importante, entre essas duas atividades e a ação: "a única atividade que ocorre diretamente

---

    atividades não políticas do trabalho e da obra, Arendt restringiria o poder político à ação comunicativa, e, com isso, excluiria a ação estratégica do âmbito da política e removeria a política da sua relação com os domínios econômico e social (ibidem, p. 16).

157 Karl Marx e Friedrich Engels, *A ideologia alemã*. 2. ed. Trad. de Luis Claudio de Castro Costa. São Paulo: Martins Fontes, 2002, p. 11.

entre os homens sem a mediação das coisas e da matéria" e que corresponde à condição humana da pluralidade.[158]

As três atividades humanas são fundamentais e complementares: o trabalho garante a vida (trata-se da atividade que corresponde ao processo biológico do corpo humano), a obra proporciona um mundo artificial durável, a ação possibilita a vida política.[159] Com essa distinção Arendt pretende corrigir a rota imposta pela modernidade e consolidada com Marx de privilegiar o trabalho e considerá-lo como obra. Segundo a autora, Marx trata o *animal laborans* como se fosse o *homo faber*,[160] glorificando indevidamente o trabalho e confundindo-o com uma atividade criativa, quando, em contrapartida, o que o trabalho garante é apenas o processo vital, a subsistência.[161] Ainda mais, perde-se a ação quando o homem é reduzido ao *animal laborans*: a política depende de uma pluralidade de perspectivas, que não se reduzem a interesses e questões materiais. O erro do materialismo é ignorar "a inevitabilidade com que os homens se desvelam como sujeitos, como pessoas distintas e singulares".[162] Podemos compreender a definição arendtiana de ação – atividade que ocorre diretamente entre os homens, sem a mediação das coisas ou da matéria –, como reação à ideia de que o que os homens são depende das condições materiais de produção e como reação à tradição em geral que privilegia o modelo de atividade como fabricação: recuperar a dignidade da política implica restabelecer a sua especificidade em relação à racionalidade instrumental e econômica e em relação ao modelo da fabricação.

---

158 Hannah Arendt, *A condição humana*, op. cit., p. 8.
159 Cf. Ibidem, p. 8-1, 217.
160 Ibidem, p. 107-8.
161 Ibidem, p. 109.
162 Ibidem, p. 229.

Entendo que essa tipologia das atividades proposta por Arendt tem uma função primordialmente crítica e visa fazer com que ação e discurso apareçam como características definidoras da política, algo que, como vimos, teria sido perdido desde que Platão deu o seu acorde fundamental, tornando a ação e o discurso totalmente prescindíveis precisamente para eliminar do domínio dos assuntos humanos o seu caráter de instabilidade e fragilidade. Mais ainda: A recusa de que as questões materiais (sociais e econômicas) esgotem o campo da política pode ser lida como um avanço teórico importante, na medida em que abre espaço para aceitarmos como relevantes outras formas de relação e de sujeição que não se reduzem às relações econômicas e materiais. Quando Arendt critica Marx pela suposição de que uma vez resolvida a luta de classes a justiça e a liberdade se instalariam de uma vez por todas, ela abre caminho para uma reflexão mais ampla e complexa a respeito dos conflitos sociais, nem todos causados pela opressão de classe ou primordialmente pela opressão de classe. Diversas teorias feministas, sobretudo a partir dos anos 1980, compartilham de pressuposto semelhante e passam a considerar outros fatores da sujeição de indivíduos e grupos, tais como (além da classe) gênero, raça e sexualidade. A ideia de que a sujeição e a subalternidade são mais bem compreendidas à luz de um sistema interligado de opressões se beneficia justamente da recusa de que o fator classe seja o único a ser levado em consideração. No entanto, Arendt extrai daquela tipologia das atividades uma diferenciação de tal modo rígida entre o social e o político (e entre o privado e o público) que, nesse aspecto, a sua rebelião contra a tradição finda em autoderrota.

Ao tentar limpar o campo da política das questões materiais, Arendt termina por desmerecer o marcador classe, o que a leva a uma análise precária das relações de poder. Ao mesmo tempo, ao separar em campos aparentemente incomunicáveis o privado e o público, ela tende a vetar que questões tradicionalmente consideradas privadas adentrem o espaço público e sejam objeto de problematização e debate entre os cidadãos.[163] Ela censura Platão por ter desejado controlar a política com um critério "independente das aspirações e desejos dos cidadãos".[164] A distinção entre o social e o político, porém, repete o mesmo erro. Nesse aspecto, Arendt continua o acorde fundamental soado por Platão, bloqueando demandas diversas por emancipação. Repete, a contragosto, o mesmo erro que detecta também no materialismo: o de ignorar "a inevitabilidade com que os homens se desvelam como sujeitos, como pessoas distintas e singulares".[165] Podemos perguntar a ela: como as pessoas podem aparecer no espaço público como distintas e singulares se certas questões relativas justamente à sua distinção e à sua singularidade não têm dignidade suficiente para serem objeto de debate público?

Buscando reconciliar a filosofia com a política, Arendt dá um passo filosófico extraordinário ao afirmar que a disposição para a escuta e para a compreensão do outro e do *lugar* do qual ele fala é imprescindível para que possamos compreender os outros diferentes, na sua concretude e especificidade. Mas ao colocar um muro entre o social e o político e entre o privado e o público a sua própria capacidade de escuta parece bloqueada, como se ela – a teórica – já tivesse decidido de antemão o que é ou não digno de ser dito e ouvido no espaço público. Justo

---

163 Para uma crítica contundente e acertada da separação entre o social e o político e da separação entre o público e o privado, conferir Seyla Benhabib, *The reluctant modernism of Hannah Arendt*, op. cit., capítulo 5.
164 Hannah Arendt, "Verdade e política", op. cit., p. 298.
165 Idem, *A condição humana*, op. cit., p. 229.

Arendt que, na sua rebelião contra o filósofo no Olimpo, havia rejeitado que à filosofia coubesse estabelecer padrões rígidos e aplicá-los à ação! Mas como ela mesma diz a respeito de Marx: grandes filósofos não estão imunes à grandes contradições. Se Arendt trai as suas promessas, cabe a nós pensarmos com ela e contra ela para continuarmos a buscar um modo de conciliar a filosofia com a pluralidade humana.

Liberdade política e cultura democrática em Hannah Arendt[1]

Em *Sobre a revolução*, Hannah Arendt assume como causa mais urgente do tempo presente a causa (mais antiga de todas) da liberdade contra a tirania.[2] O livro de 1963 pinta um quadro sombrio e de profunda instabilidade, que alerta para a ameaça que a guerra impõe à esperança de emancipação, agravada pela possibilidade da destruição total numa guerra nuclear. O cenário da Guerra Fria tangencia o livro, como não poderia ser diferente, mas o diagnóstico aponta, com vistas largas, para o sepultamento da liberdade política, que se vê atacada por todos os lados: pelas "ciências desmistificadoras modernas", a sociologia e a psicologia; pelos revolucionários de esquerda, que rebaixam a liberdade a um preconceito pequeno-burguês; pela direita conservadora, que despreza a capacidade do homem comum de formar juízo político; pelo próprio Estado de bem-estar social, que mantém a liberdade pública como privilégio de uma minoria; pelo consumismo e pela letargia política da sociedade de massa; pelo sistema de partidos e pela forma representativa de governo, que exclui a maioria da política; pela vitória da liberdade negativa nas sociedades liberais e a consequente desvalorização da liber-

---

1 Artigo publicado nos *Cadernos de Filosofia Alemã*, v. 21, n. 3, p. 29-50, 2016.
2 Hannah Arendt, *Sobre a revolução*, op. cit., p. 35.

dade pública. Nessa constelação, a causa da liberdade assumida por Arendt coincide com a defesa do direito à participação política: "liberdade política significa o direito de ser participante no governo, afora isso, não é nada".[3]

Diferentemente de *A Condição Humana*, não é na *polis* grega que Arendt se baseia, como contraponto e experiência avessa, para abordar o tema da perda moderna de liberdade, mas sim nas revoluções modernas e no fenômeno "impressionante" dos conselhos revolucionários.[4] Embora o diagnóstico seja sombrio, a modernidade também proporciona, através das suas revoluções, a descoberta de que o novo início pode ser um fenômeno político e não apenas científico, resultado do que os homens "haviam feito e do que podiam conscientemente começar a fazer".[5] A partir daí a "novidade" chega à praça pública, torna-se "o começo de uma nova história, iniciada – embora

---

3   Ibidem, p. 278.
4   Idem, *A condição humana*, op. cit., p. 329.
5   Ibidem, p. 77-8. Estou de acordo com Adriano Correia quando diz que "Arendt, que jamais acreditou no progresso e inclusive o julgava uma ofensa à dignidade humana, nunca tomou parte no catastrofismo ou em qualquer outra convicção de que o futuro pudesse estar predeterminado e de que a liberdade só poderia se dar paradoxalmente em alguma pretensa dinâmica da história. [...]. O espírito revolucionário, um tesouro a ser encontrado, conformou para ela a mais flagrante imagem moderna da liberdade [...]. Reaviva-se, assim, a promessa de que a liberdade possa ser restituída como uma experiência política e se afirme em oposição à prevalência de uma vida que não aspira redimir-se do aprisionamento ao âmbito da necessidade" (*Hannah Arendt e a modernidade: Política, economia e a disputa por uma fronteira*. Rio de Janeiro: Forense Universitária, 2014, p. 209).

inadvertidamente – por homens em ação".[6] A novidade consistia basicamente na experiência proporcionada pelas assembleias revolucionárias e pelo sistema de conselhos: a experiência da liberdade pela participação na decisão dos assuntos públicos. Embora os conselhos tenham sido experiências breves, porque logo aniquiladas pela burocracia do Estado-Nação ou pela máquina dos partidos, eles interessam a Arendt por terem sido a "única alternativa que já apareceu na história e que tem reaparecido diversas vezes" a formas de governo que sistematicamente alienam de maneira arbitrária a maioria dos processos decisórios.[7] Interessam também pelo que comunicam: "os conselhos dizem: queremos participar, queremos debater, queremos que nossas vozes sejam ouvidas em público e queremos ter a possibilidade de determinar o curso político do nosso país".[8] Os conselhos são eventos que desvelam o *desejo* de liberdade política.

Um dos principais objetivos de *Sobre a revolução* é denunciar que esse desejo de participar, debater e se fazer ouvir, que emerge nas revoluções modernas, é quase que inteiramente frustrado num sistema político que reduz a cidadania ao momento do voto e que não estabelece instituições apropriadas para a participação política. Consequentemente, vê-se comprometida a formação de uma cultura democrática que valorize a liberdade política. Neste texto, eu pretendo mostrar que Arendt reage a esse estado de coisas defendendo que se dê um passo além da democracia formal, no sentido da ampliação da participação política e da construção de uma cultura efetivamente democrática e plural. Para ela, a de-

---

6 Hannah Arendt, *A condição humana*, op. cit., p. 78.
7 Idem, "Reflexões sobre política e revolução". In: _____. *Crises da república*. Trad. de José Volkmann. São Paulo: Perspectiva, 1973, p. 199.
8 Ibidem.

mocracia baseada em direitos e no sufrágio universal não é capaz de promover liberdade e cultura política se não garantir espaços concretos para a participação que são, por sua vez, sementeiras para o desenvolvimento de um *ethos* democrático que valorize o debate público e o compromisso com as questões de interesse comum. A resposta que Arendt oferece passa, portanto, por dois elementos que devem se somar ao estabelecimento da Constituição e à garantia de direitos e liberdades individuais e civis: a institucionalização da liberdade e a formação de uma cultura política. Uma reforça e alimenta a outra, sendo, ambas, condições de uma vida política democrática que não cede à letargia ou à aceitação obediente de qualquer forma de governo baseada na exclusão da maioria nos processos decisórios.

Em *Sobre a revolução*, os temas da institucionalização da liberdade e da cultura democrática ganham tratamento teórico à luz da interpretação que Arendt faz do sistema de conselhos, instaurado em diversos contextos desde a Revolução Francesa, passando pela Revolução Americana, pela Comuna de Paris, pela Revolução Russa, e, finalmente, instaurado brevemente na Revolução Húngara. Na primeira parte deste texto, abordo o sistema de conselhos para tratar da necessária institucionalização da liberdade política através da criação de espaços concretos onde a liberdade possa se efetivar. Na segunda parte, analisarei os aspectos de uma cultura política que valoriza a liberdade como "modo político de vida".[9] Com isso, proponho uma leitura de *Sobre a revolução* que contesta e problematiza a um só tempo tanto o utopismo ingênuo (ou irresponsável) quanto o elitismo conservador que alguns intérpretes atribuem ao pensamento político de Hannah Arendt.

---

9   Idem, *Sobre a revolução*, op. cit., p. 61.

Os conselhos como "alternativa"

Em *Sobre a revolução*, diante do diagnóstico da severa restrição da liberdade política também nas democracias formais (como a norte-americana), os conselhos revolucionários aparecem como uma "alternativa". Os conselhos suscitam a esperança de uma transformação do Estado e da instauração de uma nova forma de governo "que permitisse a cada membro da sociedade igualitária se tornar um 'participante' nos assuntos públicos".[10] Entendo que, ao trazer à memória esse "tesouro", a intenção primordial de Arendt é desnaturalizar o modo burocrático e elitista pelo qual nos organizamos politicamente nas democracias representativas baseadas no sistema de partidos, que deixa de ser – à luz desse fenômeno – a única alternativa possível, a única alternativa "realista" ao abuso de poder, à ditadura (ou ao totalitarismo).

A recorrência da instituição de conselhos revolucionários – que são experiências concretas de ampliação do espaço público – a permite colocar em questão o confinamento da cidadania ao momento do voto: "as cabines em que depositamos as cédulas são, sem sombra de dúvida, muito pequenas, pois só têm lugar para um".[11] Em outras palavras, a redução drástica do espaço público não é o preço que *necessariamente* temos que pagar para garantir direitos e integração social, embora tenha sido justamente assim que os sistemas representativos se consolidaram na modernidade, ou seja, em prejuízo da participação e com a exclusão da maioria dos processos decisórios, em prejuízo do debate público e da formação conjunta da opinião. Se é importante voltarmos (hoje) às revoluções modernas é porque nessas

---

10 Ibidem, p. 331.
11 Hannah Arendt, "Reflexões sobre política e revolução", op. cit., p. 200.

revoluções almejava-se algo mais do que o governo constitucional, algo mais do que proteção contra restrições injustificadas, do que a salvaguarda da vida e da propriedade.[12] Para Arendt, as liberdades liberais não esgotam o conteúdo concreto da liberdade moderna de origem revolucionária: "se a revolução visasse apenas à garantia de direitos civis, estaria visando não à liberdade e sim a libertação de governos que haviam abusado de seus poderes e violado direitos sólidos e consagrados".[13] O que se pretendia era mais do que fomos capazes de conquistar: a participação nos assuntos públicos e a admissão na esfera pública. Desejava-se a liberdade "como um modo político de vida".[14] Embora as coisas tenham se resolvido em prejuízo da liberdade política, houve quem desafiou isso na modernidade, o que permite ao menos supor a possibilidade da ampliação da democracia. A alternativa é uma democracia mais participativa.

Participação e Representação

Isso não significa que Arendt proponha em *Sobre a revolução* a substituição do sistema representativo pela democracia direta baseada em conselhos.[15] Uma tal proposta seria de uma ingenui-

---

12 Idem, *Sobre a revolução*, op. cit., p. 60.
13 Ibidem, p. 61.
14 Ibidem.
15 Estou de acordo com Albrecht Wellmer e André Duarte a esse respeito. De acordo com Wellmer, que traduz muito acertadamente o sentido da crítica que Arendt, à luz do sistema de conselhos, faz à representação, a oposição entre democracia direta e representativa "não pode ser interpretada como alternativa entre dois sistemas políticos totalmente diferentes, mas como uma alternativa dentro da própria democracia liberal: mais concretamente, entre uma versão meramente formal da democracia e outra mais substantiva ou participativa" ("Hannah Arendt on Revolution", *Revue Internationale*

Liberdade, cidadania e *ethos* democrático 291

dade atroz, que condenaria a obra de 1963 ao anacronismo – ou ao "utopismo irresponsável" imputado por Margaret Canovan – e, fatalmente, bloquearia a possibilidade de um diálogo crítico com o seu próprio tempo.¹⁶ A acusação de anacronismo e

---

de Philosophie, v. 53, n. 208, 1999, p. 93). Segundo André Duarte, "o sistema de conselhos, tal como pensado por Arendt, não visa negar a representação política *tout court*, mas redefinir as bases sobre as quais ela se dá no contexto das atuais democracias parlamentares" (*O Pensamento à Sombra da Ruptura*, op. cit., p. 311).

16 Se Arendt pretendesse que o sistema de conselhos fosse um modelo para a estrutura da *council democracy*, um modelo de sistema político para *substituir* o sistema representativo, uma série de dificuldades se imporia, tais como a manutenção da integridade dos conselhos locais quando da sua articulação em nível nacional e a coordenação das decisões tomadas em todos os níveis (Cf. John F. Sitton, "Hannah Arendt's Argument for Council Democracy", *Polity*, v. 20, n. 1, outono 1987, p. 87-89). Outra dificuldade, de enorme relevância, diz respeito à solução das questões administrativas, pois Arendt não aposta que os conselhos sejam adequados para desempenhar essa função e tem certeza de que isso lhes seria muito prejudicial, afinal, equivaleria a confundir o político com o social. Como aponta corretamente John F. Sitton (op. cit., p. 89), Arendt não nos diz como os administradores seriam escolhidos e que tipo de relação teriam com os conselhos. Sabemos que Arendt é severamente criticada por não esclarecer qual seria a solução desses problemas e, não raro, os críticos lhe imputam a pecha de utópica por isso. Margaret Canovan, como mencionado, a acusa de "irresponsabilidade utópica" (Margaret Canovan, "The contradictions of Hannah Arendt political thought", *Political Theory*, v. 6, n. 1, p. 5-26, 1978, p. 8, 18). Entendo que a leitura de Canovan deriva da interpretação equivocada de que Arendt pretendia, com o sistema de conselhos, propor uma reforma política, uma alternativa à democracia representativa existente. Para ela, o tom empregado ao tratar dos conselhos não permite pensar que Arendt pretendesse

utopismo, que não é rara, peca por desentender que Arendt não está propondo um modelo acabado para substituir o vigente. Peca por desentender também que ela questiona a representação política, mas não como algo de que podemos prescindir, e

---

algo diferente disso (Ibidem, p. 18-19). Não me parece, entretanto, que, ao analisar o sistema de conselhos, Arendt pretendesse estabelecer o modelo de uma forma inteiramente nova de democracia direta, por isso não estou interessada aqui na *estrutura* do sistema de conselhos, que certamente seria inadequada para sociedades complexas. Interessa-me, em contrapartida, compreender em que medida os conselhos revolucionários permitem a Arendt elaborar uma crítica justificada da redução do espaço público no sistema representativo e defender, concomitantemente, que a ampliação dos espaços participativos é condição de possibilidade da ampliação da liberdade política nas democracias representativas. Embora Canovan, em *Hannah Arendt: A reinterpretation of her political thought*, op. cit., suavize o tom adotado no artigo de 1978 e deixe em aberto a possibilidade de que Arendt talvez não pretendesse, com o sistema de conselhos, propor uma reforma do sistema político (Cf. ibidem, p. 236), ela continua a insistir na ideia de que os conselhos, uma vez implementados, significariam o estabelecimento da democracia direta, o fim do sistema de partidos, das eleições gerais e sufrágio universal (Cf. ibidem, p. 237-8). Se Canovan deixa de se referir a Arendt como uma "utópica irresponsável", permanece equivocada quanto ao suposto elitismo arendtiano, que, a seu ver, privilegiaria uma elite de políticos "genuínos" em detrimento dos políticos profissionais. Assim, embora Canovan amenize o tom da crítica a Arendt, ela continua a desentender o papel que o sistema de conselhos desempenha nas reflexões políticas arendtianas. A reinterpretação que o livro de 1992 propõe não é suficiente para apagar os vestígios da severa (e equivocada) crítica de 1978, ao menos no que diz respeito aos conselhos: a cegueira elitista (Cf. ibidem, p. 237), o fim das eleições e do sufrágio universal não seriam ainda sinais do "utopismo irresponsável" anteriormente acusado?

sim como "um dos problemas mais difíceis e cruciais da política moderna desde as revoluções".[17] Seria "utopismo" denunciar a exclusão do povo da esfera pública[18] e criticar um sistema que fornece espaço público apenas para os representantes? Se sim, Arendt aceitaria de bom grado a "acusação": *Sobre a revolução* efetivamente denuncia que, sem incremento da participação, os sistemas políticos representativos tendem cada vez mais a restringir as vozes, a pluralidade, a liberdade e a igualdade políticas e a favorecer uma minoria de cidadãos em detrimento do povo.

Mas, para Arendt, os conselhos e a cultura política que eles alimentam e da qual se alimentam não são um "sonho romântico", uma "utopia fantástica" sustentada por quem "desconhece as realidades da vida".[19] Pensam assim os pretensos realistas, cujo "realismo" costuma acompanhar uma visão do processo democrático excessivamente centrada na representação e nos partidos políticos e esconde uma maneira excludente (se não elitista) de ver a política, pois "não leva em conta a capacidade do cidadão médio de agir e formar opinião própria".[20] Essa descrença nas capacidades políticas do povo, contra-ataca Arendt, "não muito diferente do realismo de Saint-Just, está solidamente fundada na determinação consciente ou inconsciente de ignorar a realidade dos conselhos e tomar como dado assente que não existe e jamais existiu alternativa alguma ao sistema presente".[21] Alguns anos depois, em 1970, lembrando que os conselhos revolucionários foram destruídos em todo lugar pela burocracia do Estado ou pela máquina dos partidos, Arendt esclarece: se é uma utopia,

---

17　Hannah Arendt, *Sobre a revolução*, op. cit., p. 299.
18　Ibidem, p. 300.
19　Ibidem, p. 329-330.
20　Ibidem, p. 330-1.
21　Ibidem, p. 339.

trata-se de uma utopia do povo, não de teóricos ou de ideólogos.²² Diante de sua recorrência na história e de sua espontaneidade, cumpre entender o que eles querem dizer. E eles dizem: *queremos participar*.

Enquanto a origem histórica do sistema de partidos repousa no Parlamento, os conselhos nascem a partir das "ações e demandas espontâneas do povo".²³ No entanto, além de terem sido sistematicamente hostilizados pelas burocracias partidárias à esquerda e à direita, também foram negligenciados pelos teóricos e cientistas políticos.²⁴ Não é em "raridades históricas" que Arendt está interessada,²⁵ mas em denunciar essa negligência dos eventos e das demandas populares pelos teóricos e cientistas políticos. Em um texto publicado cerca de um ano depois da Revolução Húngara, ela se volta para aquele acontecimento "totalmente inesperado", que ninguém mais acreditava ser possível,²⁶ certa de que os "eventos, passados e presentes, [...] são a fonte mais confiável de informação para aqueles engajados na política" e certa de que, diante deles, as teorias devem ser reexaminadas.²⁷

---

22 Idem, "Reflexões sobre política e revolução", op. cit., p. 199.
23 Idem, "Totalitarian imperialism: Reflections on the Hungarian Revolution", *The Journal of Politics*, v. 20, n. 1, 1958, p. 30.
24 Ibidem.
25 Cf. Dolf Sternberger, "The sunken city: Hannah Arendt's idea of politics", *Social Research*, v. 44, n. 1, 1977, p. 143.
26 Hannah Arendt, "Totalitarian imperialism", op. cit., p. 7.
27 "Os eventos, passados e presentes – e não as forças sociais e as tendências históricas, não os questionários e as pesquisas de motivação, nem quaisquer outros dispositivos no arsenal das ciências sociais – são os verdadeiros e únicos recursos capazes de ensinar de maneira confiável os cientistas políticos, na medida em que são a fonte mais confiável de informação para aqueles engajados na política. Depois que o evento da sublevação espontânea na Hun-

Liberdade, cidadania e *ethos* democrático 295

Em *Sobre a revolução*, provavelmente atendendo a essa necessidade de revisão que se torna premente depois da Revolução Húngara, Arendt se engaja em compreender o significado daqueles *eventos* e as diferenças entre o modo de organização política e escolha dos representantes nos conselhos revolucionários e no sistema de partidos.[28] Os princípios nos quais eles se baseiam

---

    gria aconteceu, toda política, teoria e previsão das potencialidades futuras requer reexame" (Ibidem, p. 8).

28 Há uma mudança de foco na abordagem da ação e do espaço público em *Sobre a revolução* em relação a *condição humana*. Na obra de 1963, a ênfase recai menos sobre a expressão da identidade única do indivíduo (do "quem") e mais sobre a ação em concerto e sobre a formação conjunta da opinião. Isso não significa necessariamente que as duas abordagens sejam incompatíveis, mas é muito provável que a mudança de foco da obra de 1958 para a obra de 1963 tenha relação com a maneira pela qual a Revolução Húngara impacta as reflexões políticas de Arendt, suscitando novas possibilidades e novas questões políticas. Um indício disso é que a perda (moderna) da liberdade não é mais denunciada a partir da experiência da *polis* grega, mas contestada a partir das experiências revolucionárias *modernas*. Neste texto, pretendo mostrar que esse deslocamento pode ser verificado na elevação do problema propriamente moderno da representação política (e das limitações de uma concepção estritamente liberal de liberdade e de cidadania) ao primeiro plano de *Sobre a revolução* e, além disso, na defesa inconteste da ampliação da participação como remédio para a elitização e burocratização da política características da época moderna. Estou menos interessada aqui na tensão, tantas vezes detectada pela literatura crítica, entre dois modelos de ação (expressivista e comunicativo) ou entre dois modelos de espaço público (agonístico e participativo), que supostamente marcariam a obra arendtiana até o fim. Interessa-me, no entanto, a significativa mudança de foco que vai da ação como expressão do "quem" para ação como "esforço conjunto", que podemos de-

são opostos. Nos conselhos, os eleitos são escolhidos na base, e não selecionados pela máquina partidária; são escolhidos a partir de suas qualidades e habilidades políticas, e não por adesão a qualquer tipo de facção; sua força deriva do seu poder de persuasão e da confiança que são capazes de suscitar, e não do aparato burocrático do partido.[29]

Não pretendo analisar aqui as possíveis fragilidades da análise que Arendt faz do sistema de partidos (ou a sua aparente resistência em reconhecer nele qualquer produtividade), mas ressaltar a sua crítica à concentração excessiva de poder nas mãos de uma elite de políticos profissionais, que não dialogam com o povo, mas apenas entre si e vivem das "manobras mesquinhas da política partidária".[30] Se ela não nos oferece um modelo pronto e acabado, claramente defende, baseada nos *eventos* revolucionários, que a ampliação das instâncias participativas – que reiteradamente aparece na história como uma demanda popular – é uma alternativa a essa materialização da vida política exclusivamente dentro dos limites do Congresso, a qual relega aos eleitores apenas a tarefa de consentir ou recusar escolhas e propostas de cuja construção eles não participaram. Ora, diz Arendt, "isso não passa de uma imitação barata de diálogo no governo partidário moderno".[31]

---

tectar a partir de *Sobre a revolução*. A respeito da tensão entre dois modelos de ação e de política em Arendt cf., por exemplo, Maurizio Passerin d'Entrèves. *The political philosophy of Hannah Arendt* (New York: Routledge, 1994), e Seyla Benhabib, *The reluctant modernism of Hannah Arendt*, op. cit.

29 Hannah Arendt, "Totalitarian imperialism", op. cit., p. 30-1.
30 Idem, *Sobre a revolução*, op. cit., p. 347.
31 Ibidem, p. 345.

Institucionalização da participação

Uma das teses centrais da obra de 1963 é a de que a redução do espaço público e da cidadania não se resolvem se não houver instituições que comportem a participação.[32] O malogro da Revolução Americana se deveu ao fato de que a Constituição forneceu espaço apenas para os representantes do povo e não para o próprio povo, omitindo as instituições que haviam sido as "sementeiras da revolução".[33] Assim, as assembleias municipais, "nascedouros originais de toda a atividade política no país",[34] foram negligenciadas, o que levou, inevitavelmente, à exclusão do povo da esfera pública. Para corrigir essa exclusão, a liberdade precisa encontrar instituições que lhe sejam adequadas: a liberdade consiste no direito à participação no governo e o governo é "essencialmente poder organizado e institucionalizado".[35] Os conselhos revolucionários, assim como as assembleias municipais americanas e as sociedades francesas, são exemplos de espaços concretos onde o desejo de participação e de debate encontrou condições de realização. Eram espaços de formação conjunta da opinião. Da sua destruição dependeu um arranjo institucional que favoreceu a concentração de poder nas mãos de poucos (os representantes) em detrimento do povo e da sua aspiração à participação. Novamente, se Arendt não chega a nos propor um modelo, é certo que, para ela, só se pode combater a exclusão política se a Constituição garantir instituições para a

---

32 Sobre o tema da institucionalização da liberdade, cf. Seyla Benhabib, *The reluctant modernism of Hannah Arendt*, op. cit., p. 155-66.
33 Hannah Arendt, *Sobre a revolução*, op. cit., p. 301.
34 Ibidem, p. 302.
35 Idem, *Sobre a violência*. Trad. de André Duarte. Rio de Janeiro: Civilização Brasileira, 2009, p. 69.

participação popular. O princípio de que o poder reside no povo permanece uma ficção se o poder não estiver de algum modo encarnado em instituições de autogoverno,[36] como aconteceu na Revolução Americana antes do seu malogro e nas demais revoluções modernas antes da destruição deliberada dos conselhos pelos "revolucionários profissionais". Aliás, somente assim é possível reverter um processo que, por deficiência institucional, tende a gerar ou letargia política, a "precursora da morte da liberdade pública", ou o "espírito de resistência a qualquer governo eleito",[37] ambos danosos para a democracia.

Convém esclarecer, para evitar um recorrente mal-entendido, que, em *Sobre a revolução*, Arendt não se vale de um modelo de espaço público que pressupõe homogeneidade política (ou cultural) e que conta com a participação ativa de todos os cidadãos, sem distinção.[38] O problema não é a autoexclusão da

---

36 Idem, *Sobre a revolução*, op. cit., p. 217-8.
37 Ibidem, p. 300.
38 Entre os autores que tendem a interpretar Arendt na chave do republicanismo encontramos um frequente mal-entendido a respeito de uma suposta exigência de homogeneidade política ou cultural. Críticos ou simpatizantes do modelo republicano (que a interpretam como proponente de um modelo republicano) se equivocam a esse respeito, como é o caso de Habermas em "Três modelos normativos de democracia". Embora Habermas acerte ao identificar Arendt com certos aspectos da tradição republicana, com a qual Arendt de fato dialoga, essa identificação não procede no que diz respeito à "exigência excessiva" de que a formação da vontade comum realiza-se na forma de uma autocompreensão ética e de que o conteúdo da deliberação apoia-se num consenso de fundo baseado no fato de que os cidadãos partilham uma mesma cultura (sendo dependente, portanto, da eticidade concreta de uma determinada comunidade). Se isso implica, como Habermas parece sugerir, que

política, mas sim a exclusão imposta por outros ou por um certo arranjo institucional: esta é uma "discriminação arbitrária",[39] que afronta o princípio da igualdade política. Arendt admite que "nem todos querem ou têm que se interessar por assuntos públi-

>   a integração social e a vida política "republicana" dependam de que a comunidade tenha uma "identidade" (política ou cultural) em seu conjunto, da qual o consenso dependeria, então Arendt tem que ser excluída do grupo dos republicanos. É verdade, como veremos, que Arendt elege a solidariedade com um elemento de integração social, como os republicanos descritos por Habermas (cujo expoente contemporâneo seria Frank Michelman), mas isso não a leva a defender que todos os cidadãos estejam igualmente comprometidos com os assuntos políticos e tampouco a leva a sacrificar o "pluralismo cultural" (cf. Jürgen Habermas, "Três modelos normativos de democracia", Trad. de Gabriel Cohn e Álvaro de Vita. *Lua Nova*, v. 36, p. 39-53, 1995, p. 44). Nesse aspecto, estou inteiramente de acordo com Wellmer, segundo o qual a crítica de Arendt ao liberalismo não a leva a reivindicar as virtudes do republicanismo cívico ou a sustentar um sonho regressivo, tipicamente comunitarista, "a respeito da comunidade ou dos valores que geram a comunidade, sejam valores nacionais, étnicos ou religiosos" (Albrecht Wellmer, op. cit., p. 90-1). Quanto à homogeneidade cultural ou ética, embora não seja este o tema deste texto, entendo que nada está mais distante do pensamento de Hannah Arendt. Basta, para o momento, lembrar de suas reflexões sobre a questão judaica (o problema da assimilação e a questão da secularização), das consequências que ela extrai da caracterização do pária, como aquele que é marginalizado em função da sua alteridade, e do *parvenu*, como aquele que nega a si mesmo e à sua identidade para ser aceito pela *cultura dominante*. Para Arendt, a vida política conforme a liberdade não requer homogeneidade alguma, mas sim, antes de tudo, que a todos seja dada a oportunidade de participar das questões do governo.
> 39 Hannah Arendt, *Sobre a revolução*, op. cit., p. 349.

cos":[40] a democracia pode caminhar bem mesmo que parte da população renuncie à política. No entanto, a democracia estará comprometida se o direito e a oportunidade de participar não forem dados a *todos*.[41] A exigência arendtiana de que a participação seja um direito está em conformidade com a noção de igualdade política que, desde *Origens do totalitarismo*, é definida como um princípio regulador da organização política, segundo o qual pessoas distintas têm direitos iguais.[42] A liberdade em sentido positivo "só é possível entre iguais", e a igualdade requer personalidade jurídica[43] e *também* espaços concretos para a sua efetivação.[44] Os espaços de liberdade não podem ser "oásis num deserto", precisam se institucionalizar de algum modo.[45] A igualdade era, segundo Arendt, uma aspiração dos revolucionários modernos, totalmente frustrada com a destruição do sistema de conselhos. O Terror Jacobino, por exemplo, destruiu a "principal ambição política do povo tal como se manifestou nas sociedades, a ambição de igualdade, a pretensão ao direito de escrever as petições dirigidas aos delegados ou ao conjunto da Assembleia com o orgulho de assinar como 'seus iguais'".[46] Mas isso não foi privilégio do Terror, pois o sistema de partidos nas democracias representativas, embora sem recurso à violência

---

40 Idem, "Reflexões sobre política e revolução", op. cit., p. 200.
41 Ibidem, p. 201.
42 Cf. idem. *Origens do totalitarismo*, op. cit., p. 76; idem, *Sobre a revolução*, op. cit., p. 59.
43 Sobre o tema da personalidade jurídica e o papel do direito na política arendtiana, cf. Renata Romolo Brito, op. cit.
44 Hannah Arendt, *Sobre a revolução*, op. cit., p. 344.
45 Ibidem, p. 349.
46 Ibidem, p. 312.

sistemática, também enclausura a cidadania e frustra a ambição de igualdade.

Cumpre notar também que Arendt não contesta o surgimento de uma "elite política", embora ela desgoste do termo "elite" porque "implica uma forma oligárquica de governo, a dominação da maioria sob o domínio de uma minoria".[47] O sistema representativo centrado nos partidos é deficiente porque a relação entre representante e eleitor se corrompe ao se transformar numa relação entre vendedor e comprador.[48] Embora inicialmente os partidos tenham aberto a carreira política a indivíduos das classes baixas, e permitido a substituição das elites pré-modernas de berço e riqueza, "em momento algum habilitou o povo *qua* povo a ingressar na vida política e a se tornar participante dos negócios públicos".[49] Em outras palavras, o sistema de partidos não foi capaz de alterar de maneira significativa a relação tradicional entre a elite dirigente e o povo, pois não foi capaz de fazer "os muitos" adentrarem no espaço público: eles permanecem, ainda, na obscuridade. Se a reversão dessa situação de exclusão política depende da institucionalização da participação, depende também de que a política deixe de ser uma profissão para poucos, de que a "elite política" não seja escolhida de acordo com critérios e padrões apolíticos.[50] Os homens dos conselhos também eram uma "elite política", a diferença é que eram uma elite do povo surgida no povo, que respeitava o princípio da autosseleção nos órgãos políticos de base e o princípio da confiança (característicos de uma forma federativa de governo). Para evitar outro recorrente

---

47 Ibidem, p. 345.
48 Ibidem, p. 346.
49 Ibidem.
50 Ibidem, p. 347.

mal-entendido,[51] ressalto que se Arendt aceita como inevitável a

---

[51] Margaret Canovan entende que o pensamento arendtiano é marcado por uma séria inconsistência em função da persistência de aspectos elitistas e democráticos em sua obra. Arendt pode ser lida ao mesmo tempo como uma defensora da democracia participativa e como uma elitista à moda nietzschiana. Essa contradição também estaria presente em *Sobre a revolução*, pois na mesma obra encontraríamos a ideia de que a liberdade política é possível apenas para a classe ociosa dos aristocratas (Margaret Canovan, "The contradictions of Hannah Arendt political thought", op. cit., p. 15) e a ideia concorrente de que a paixão pela liberdade pública pode ser compartilhada por todos, mesmo pelos "trabalhadores" (ibidem, p. 16). Entretanto, o suposto elitismo arendtiano (em *Sobre a revolução*) se sustenta em uma interpretação equivocada do tema da "elite política", como se os seus membros fossem cidadãos com certos atributos excepcionais e como se a ausência desses atributos justificasse a exclusão dos demais do âmbito da política. Canovan chega a colocar em questão se Arendt de fato esperaria que os membros da elite política pudessem ser de distintas classes sociais (ibidem, p. 18). Uma leitura mais atenta de *Sobre a revolução* não cai nessa armadilha que Canovan arma para Arendt. Primeiro porque, como vimos, Arendt defende que a exclusão da política não pode ser imposta de fora, mas apenas autoimposta. Em segundo lugar porque Arendt é muito clara em explicitar que a elite política não se confunde com a elite social. Embora enxergue um pendor democrático na análise que Arendt faz das revoluções modernas e do sistema de conselhos, Canovan teima em ler *Sobre a revolução* no mesmo registro de *A condição humana*. Por não perceber a diferença significativa entre as duas obras, principalmente no que diz respeito à noção de "ação" e de "espaço público", a sua leitura enclausura Arendt numa tensão perpétua (sendo que a ênfase parece recair sobre o elitismo), que teria sido evitada por uma leitura atenta de *Sobre a revolução*. Essa interpretação da obra arendtiana na chave do elitismo republicano se repete em Seyla Benhabib, mais precisamente no terceiro capítulo de *Situando o self*. Curio-

formação de uma "elite política", ela defende, em *Sobre a revolução*, que a elite se forme a partir dos órgãos políticos de base e que os critérios de escolha dos representantes sejam propriamente políticos. O critério não é moral[52] e tampouco econômico,[53] o que significa que uma democracia está seriamente comprometida se a representação política for privilégio dos "homens bons", da elite econômica ou de qualquer outra elite consolidada. Para o que interessa dentro dos limites deste capítulo, a conclusão é a de que os políticos devem estar conectados às bases e as bases devem poder se ampliar. Em *Sobre a revolução*, os conselhos aparecem, assim, como os melhores instrumentos para "romper a sociedade de massas moderna, com sua perigosa propensão a

---

samente, a mesma Arendt que lhe fornece instrumentos valiosos para uma reflexão a respeito do juízo moral e político, desenvolvida no capítulo 4 da mesma obra, é a escolhida como representante exemplar da tradição republicana em "Modelos de espaço público: Hannah Arendt, a tradição liberal e Jürgen Habermas", publicado como terceiro capítulo de *Situando o self: Gênero, comunidade e pós-modernismo na ética contemporânea*. Como Canovan, Benhabib também detecta, na obra arendtiana, uma tensão entre dois modelos: um mais elitista e outro mais democrático. É certo que Benhabib (diferentemente de Canovan) detecta o elitismo arendtiano a partir de *A condição humana*, e não de *Sobre a revolução* (Cf. *Situando o self: Gênero, comunidade e pós-modernismo na ética contemporânea*. Trad. Ana Claudia Lopes e Renata Romulo Brito. Brasília: Editora UnB, 2021). No entanto, a escolha de Arendt para representar o modelo republicano é problemática porque ressalta o aspecto agonístico e supostamente elitista de *A condição humana* em detrimento do aspecto democrático da obra de 1963. Parece que o "esquecimento" de *Sobre a revolução* é o preço a se pagar para enquadrar Arendt no modelo republicano.

52 Hannah Arendt, "Totalitarian imperialism", op. cit., p. 31.
53 Idem, *Sobre a revolução*, op. cit., p. 348.

formar movimentos de massa pseudopolíticos, ou ainda, os melhores e mais naturais instrumentos para entremeá-la nas bases como uma 'elite' que não é escolhida por ninguém, mas constitui a si mesma".[54]

Assim sendo, embora Arendt não se dedique a delinear com precisão um modelo de Estado e embora os seus textos não escondam a sempre tensa relação entre representação e participação,[55] o potencial democrático que ela detecta no sistema de conselhos se deve ao fato de que ela encontra naquelas experiências concretas procedimentos e critérios mais democráticos, menos excludentes e mais condizentes com o exercício do poder – poder que surge apenas quando os homens se unem com a finalidade de agir,[56] livre da dominação. O potencial democrático está no estabelecimento de relações políticas baseadas na igualdade e na reciprocidade,[57] que fogem, portanto, à lógica tradicional e oligárquica da relação entre governantes e governados. Levando isso em consideração, entendo que os conselhos são menos do que um modelo e talvez sejam "algo mais do que uma metáfora"[58] nos termos de Albrecht Wellmer. O elogio do sistema de

---

54 Hannah Arendt, *Sobre a revolução*, op. cit., p. 348-9.
55 Ibidem, p. 347.
56 Ibidem, p. 228.
57 Ibidem, p. 236.
58 Empresto essa formulação de Adriano Correia, *Hannah Arendt e a modernidade: Política, economia e a disputa por uma fronteira*, op. cit., p. 208. Neste texto, Correia procura lançar luz sobre a nova forma de Estado vislumbrada por Arendt a partir tanto do sistema de conselhos como do seu diálogo com Montesquieu. Talvez, diz ele, "possamos conceber como essência desta forma de Estado a fundação de uma estrutura republicana na qual a lei ao mesmo tempo que circunscreve o espaço político da ação livre estabelece vínculos e canais de comunicação a invocar permanentemente

conselhos revela que, para Arendt, a democracia se constrói com procedimentos e instituições condizentes com o direito à participação. No contexto da análise sobre a Revolução Húngara, ela conclui que a irrupção dos conselhos, e não o surgimento do sistema de partidos, é "sinal claro da verdadeira sublevação da

> a participação; como princípio de ação, seguramente o desejo de liberdade e de autodeterminação; como experiência fundamental a felicidade pública" (Ibidem, p. 207-8). Assim, um Estado-conselho, tal como Arendt o imagina, "é muito menos do que um modelo, mas possivelmente algo mais do que uma metáfora. Estabelece um antagonismo com a soberania justamente porque seria uma contradição em termos pensar que uma articulação federalista do poder pudesse ser assimilada à unidade da soberania" (Ibidem, p. 208). Embora eu não tenha nenhuma divergência com a sugestão de Correia nesse texto a respeito do que seria o Estado-conselho possivelmente vislumbrado por Arendt, a minha análise procura enfatizar que o potencial democrático dos conselhos (como Arendt deixa claro em "Totalitarian imperialism", op. cit., e em *Sobre a revolução*, op. cit.,) repousa, sobretudo, em *procedimentos* mais democráticos de escolha dos representantes. Nesse sentido, entendo que os conselhos são menos do que um modelo, mas significam mais do que uma metáfora para uma "rede de instituições" em que seja possível o autogoverno de participantes livres e iguais, como interpreta Albrecht Wellmer, op. cit., p. 92. Parece-me claro que, para Arendt, os conselhos são exemplares pela adoção de procedimentos democráticos, que impedem a exclusão arbitrária e favorecem a adoção de critérios políticos para a escolha dos representantes que não se confundem com critérios apolíticos, comumente adotados no sistema de partidos. Tanto com relação a Correia quanto a Wellmer, a minha diferença é apenas de ênfase: pretendo enfatizar que, para Arendt, a democracia se constrói, primeiramente, com procedimentos e instituições. No que diz respeito ao caráter institucional da política em Arendt, me benefício da análise de Renata Romolo Brito, op. cit., especialmente o capítulo 3.

democracia contra a ditadura, da liberdade contra a tirania".[59] Não tivessem esse potencial democrático, não teriam atraído a reação conservadora e a hostilidade das burocracias partidárias.[60]

O potencial democrático dos conselhos, contudo, não se esgota nos seus procedimentos, mas deve-se também à sua capacidade de fomentar um *ethos* sem o qual a democracia participativa não se consolida. Para Arendt, o espírito público só pode florescer quando os cidadãos têm efetivamente condições de participar dos assuntos públicos.[61] Desmontada a oligarquia e a dominação, os homens e as mulheres podem se comunicar livremente e expressar as suas opiniões em público.[62] Os órgãos de autogestão, na medida em que adotam procedimentos e critérios democráticos, permitem o desenvolvimento da "disposição para o debate, a instrução, o mútuo esclarecimento e a troca de opiniões".[63] A vitória da liberdade liberal, da letargia política e o encurtamento do espaço público não são um mistério, mas se devem a uma deficiência institucional, isto é, à inexistência de canais de participação e de comunicação. Daí que a revolução tem duas tarefas a cumprir, igualmente imprescindíveis: a criação da Constituição e a construção de um novo espaço político onde a paixão pela liberdade e a busca da felicidade pública possam ser exercidas.[64]

Nas assembleias francesas, tão logo, "por um decreto vindo de cima, as pessoas das seções tiveram de se calar para *apenas ouvir* os discursos do partido e obedecer, elas simplesmente dei-

---

59 Hannah Arendt, "Totalitarian imperialism", op. cit., p. 32.
60 Ibidem, p. 30.
61 Hannah Arendt, *Sobre a revolução*, op. cit., p. 303.
62 Ibidem, p. 289.
63 Ibidem, p. 309.
64 Ibidem, p. 171.

xaram de aparecer".⁶⁵ Interessa notar a ênfase que Arendt deposita na destruição deliberada dos canais de participação por aqueles que, à direita ou à esquerda, queriam conservar o poder em suas mãos e recusavam-se a compartilhá-lo com o povo. A consequência mais danosa – igualmente fomentada à direita e à esquerda – é a aniquilação do espírito revolucionário e a destruição de um ambiente político favorável ao fomento de uma cultura democrática.

Ethos democrático

Procurei mostrar até aqui que o sistema de conselhos permite a Arendt trazer à tona uma discussão a respeito do aprofundamento da democracia que, para ela, passa necessariamente pela ampliação da participação política, um direito de *todos* os cidadãos. Trata-se agora de analisar os aspectos da cultura democrática que fomenta e é fomentada pela efetiva participação dos cidadãos nos assuntos do governo. A práxis da autodeterminação cria as condições para o surgimento e para a realização da disposição para o discurso argumentativo, do prazer de agir, da solidariedade, da paixão pela liberdade, da paixão pela distinção, enfim, do espírito público. Pretendo mostrar que, em *Sobre a revolução*, o tratamento que Arendt dá a esses elementos da cidadania "republicana" condiz com a exigência de igualdade e reciprocidade políticas e com a defesa inconteste de que a participação deve ser uma possibilidade para *todos*, sem discriminação. Nesse sentido, são componentes de um *ethos* democrático, não oligárquico, antiautoritário e antielitista.

O traço mais marcante, e do qual parecem depender todos os outros elementos característicos do *ethos* democrático, é a

---

65 Ibidem, p. 309-10 (grifo meu).

disposição para o debate ou, em outros termos, o "interesse discursivo e argumentativo pelo mundo".[66] A disposição para o debate surge da práxis da autogestão, afinal, na medida em que as relações políticas se libertam da dominação e do silenciamento, a pluralidade pode emergir, a diversidade de opiniões aparece no espaço público e a condução da política passa pelo debate e pelo discurso, exigindo mais dos cidadãos do que mera obediência. É uma disposição que surge se e somente se as atividades próprias da liberdade – "expressar, discutir, decidir"[67] – puderem se efetivar. A ela se somam outras características da cidadania arendtiana, das quais tratarei a seguir.

Solidariedade versus compaixão

De acordo com Arendt, uma das causas do malogro da Revolução Francesa foi a assimilação pelos jacobinos da revolta de Rousseau contra a razão e a consequente elevação da compaixão ao status de virtude política suprema: "se foi Rousseau quem introduziu a compaixão na teoria política, foi Robespierre quem a levou à praça pública com o vigor da sua grandiloquência revolucionária".[68] O tema ganha destaque no momento em

---

66 Ibidem, p. 125.
67 Ibidem, p. 297.
68 Ibidem, p. 119. Não discutirei aqui a justiça e a acuidade da interpretação que Arendt faz de Rousseau neste texto (que é mesmo muito questionável), até porque ela não se empenha num enfrentamento efetivamente filosófico com ele. Se Arendt o elege como oponente é porque o identifica como um ícone da esquerda revolucionária, que, nas páginas de *Sobre a revolução*, aparece muito mais através dos discursos de Robespierre do que das obras de lavra própria. Interessa, pois, entender o que significa propriamente essa "revolta contra a razão" (marca da esquerda autoritária), para que possamos compreender o que Arendt põe em seu lugar almejando um modo mais democrático de vida política.

que Arendt analisa o ponto de inflexão da Revolução Francesa, quando da chegada dos jacobinos ao poder, e está diretamente ligado ao modo pelo qual a questão social teria sido tratada a partir desse momento pelos revolucionários. Sabe-se que, para Arendt, a queda da monarquia na França não alterou a relação entre governantes e governados, pois o governo revolucionário não estava interessado nessa transformação política, mas sim em usurpar o poder do povo em benefício próprio, enquanto o povo permanecia sem liberdade política e ainda vergado sob o peso da miséria.[69] A libertação da tirana teria contemplado apenas uma minoria, os "representantes autonomeados", que suprem a ausência de laços objetivos com a maioria da população em uma causa comum lançando mão de um esforço especial de solidarização que Robespierre chamou de "virtude", transformando a compaixão na mais alta paixão política e na virtude política suprema. Mas a virtude da compaixão "não tinha nada a ver com a liberdade".[70]

A compaixão não tem nenhuma relevância política. Enquanto suposta capacidade de se render aos sofrimentos alheios,[71] ela abole a distância que sempre existe nos contatos humanos e também "o espaço terreno entre os homens onde se situam os assuntos políticos".[72] Render-se ao sofrimento alheio não tem relevância política porque essa rendição passional faz do outro um *sofredor*, um sofredor que não tem voz, mas apenas sofre. Esse vínculo com o outro que sofre o retira da posição de parceiro em um discurso argumentativo e bloqueia, de ambos os lados, a capacidade e a disposição para qualquer espécie de dis-

---

69 Ibidem, p. 111.
70 Ibidem.
71 Ibidem, p. 118.
72 Ibidem, p. 124.

curso em que "alguém fala a alguém sobre alguma coisa que é de interesse para ambos, porque é *inter-esse*, é algo *entre* ambos".[73]

Nota-se que a recusa da relevância política da compaixão não isenta Arendt do problema da relação com os oprimidos e explorados. Todavia, ela pensa essa relação de maneira marcadamente distinta daquela que detecta na esquerda antidemocrática, pois não é com compaixão que se estabelece essa relação, mas com solidariedade. Pela solidariedade, que não é um sentimento (como a piedade) ou uma paixão (como a compaixão), é que se estabelece "de modo deliberado e desapaixonado uma comunidade de interesse com os oprimidos e explorados".[74] De modo deliberado, porque a solidariedade, na medida em que participa da razão, independe de qualquer sentimento ou paixão particular, mas mantém um "compromisso com ideias": a solidariedade valoriza o outro, todos os outros, enquanto portadores de grandeza e "dignidade humana". Trata-se, portanto, de um *princípio* capaz de inspirar e guiar a ação, o qual, por não depender de um sentimento ou de uma paixão particular, abrange imparcialmente todos os outros com os quais estabelecemos uma comunidade de interesses, a despeito da sua fortuna e do seu infortúnio.

Noto, entretanto, que a imparcialidade, resultante do compromisso com a "ideia" de dignidade humana, embora tenha um cunho universalista, nem por isso abole a diferença entre os homens, entre fracos e fortes, entre a fortuna de alguns e o infortúnio de muitos. A solidariedade contempla igualmente as particularidades e é por ela que se estabelece uma comunidade de interesses também com os oprimidos.[75] A sua peculiaridade em

---

73 Ibidem, p. 125.
74 Ibidem, p. 127.
75 Arendt exemplifica a ação política mobilizada por solidariedade na entrevista concedida a Adelbert Reif, em 1970, quando mencio-

relação à paixão ou ao sentimento é não tratar o outro como *faible*, como alguém que é mais fraco ou que está abaixo, mas como alguém com quem eu posso estabelecer uma comunidade de interesses.[76] Essa é a característica peculiar da solidariedade: ser capaz de generalização e ao, mesmo tempo, de preservar as singularidades. Em contrapartida, a piedade e a compaixão, porque abolem a distância entre os homens e se afogam em sofrimento e emoção, destroem ambas: os explorados e oprimidos deixam de ser portadores de dignidade e deixam de ser particulares, para serem os *hommes faibles*. Assim se abrem as portas não da solidariedade, mas da crueldade; não da política, mas da violência.

A interpretação que Arendt faz do ponto de inflexão da Revolução Francesa é a de que os revolucionários não estavam mais interessados na instauração da liberdade e, alegando compaixão ou piedade com relação ao "povo" despossuído, pisotearam a justiça, atropelaram as leis e desencadearam um turbilhão de violência ilimitada.[77] Afinal, "comparada aos imensos sofrimentos da

---

    na o episódio dos estudantes universitários que entraram em greve naquele ano *em solidariedade* aos trabalhadores da universidade que estavam com salários defasados. Tratava-se, diz Arendt, de um "ato de solidariedade para com a sua universidade contra a política da administração", algo "muito positivo", de acordo com ela. Interessante notar que, da maneira como Arendt interpreta esse ato, tratava-se de um ato político com motivação moral, levado adiante por uma geração que "descobriu o que o século dezoito chamou de 'felicidade pública', que significa que quando o homem toma parte na vida pública abre para si uma outra dimensão de experiência humana que de outra forma lhe ficaria fechada e que de certa maneira constitui parte da 'felicidade' completa" (idem, "Reflexões sobre política e revolução", op. cit., p. 175).

76 Idem, *Sobre a revolução*, op. cit., p. 127.
77 Cf. Ibidem, p. 129.

maioria do povo, a imparcialidade da justiça e da lei, a aplicação das mesmas regras aos que dormiam nos palácios e aos que dormiam sob as pontes de Paris, parecia uma farsa".[78] O que ela nos transmite com isso é que a compaixão tem um forte componente autoritário, tanto porque retira do outro a sua voz (o que significa que alguém terá que falar e agir por ele) como porque clama por soluções rápidas e diretas (o que geralmente funciona como justificação do uso da violência e como destruição do direito e da justiça). Se a compaixão não tem relevância política, enfim, é porque evita "os longos e cansativos processos de persuasão, negociação e acordo, que são os processos da lei e da política, e empresta a sua voz ao próprio sofrer, que deve reivindicar uma ação rápida e direta, ou seja, a ação por meio da violência".[79]

Como a questão da compaixão está diretamente vinculada ao tratamento que Arendt dá ao tema da questão social em *Sobre a revolução*, isso me obriga a uma digressão. Se, por um lado, a crítica de Arendt à elevação da compaixão à virtude política suprema desvela com sagacidade um componente autoritário da esquerda revolucionária – que se arvora o direito de falar por um povo convertido em coletividade singular –, por outro lado, é inegável que o tratamento que ela dá à questão social é extremamente problemático nesta e em outras obras. Embora não seja este o tema deste texto, faço coro com a denúncia da tese extremamente problemática de que "nada pode ser mais obsoleto do que tentar libertar a humanidade da pobreza utilizando meios políticos; nada seria mais inútil e mais perigoso".[80] Como Seyla Benhabib, inclino-me a subvertê-la nos seguintes termos: "nada

---

78 Ibidem, p. 129-30.
79 Ibidem, p. 125.
80 Ibidem, p. 157.

[...] pode ser mais urgente do que tentar liberar a humanidade da pobreza por meios políticos".[81] Fôssemos tratar aqui deste tema, seria importante levar em consideração que o que leva Arendt a essa rígida e inócua separação entre economia e política é uma reação à supremacia da economia sobre a política na tradição marxista em vistas dos efeitos que a autora julga perversos para a liberdade política. Na modernidade, diz Arendt, "sempre que se acreditou que a história é primeiramente o resultado de forças econômicas, formou-se a convicção de que o homem não é livre e que a história é sujeita à necessidade".[82] A rejeição da esquerda revolucionária aos conselhos populares é, para ela, uma prova desse desdém pela liberdade política. Entretanto, interessa sublinhar que, embora Arendt esteja efetivamente impossibilitada de dar repostas adequadas ao problema (político) do combate à desigualdade material, não convém esquecer da sua produtiva análise sobre a precariedade política da pobreza, sendo este um aspecto da obra de 1963 que não ganha destaque na literatura crítica que costuma denunciar, com razão, a rigidez da separação entre o político e o social.

Arendt defende que o combate à miséria é necessário e urgente porque a miséria desumaniza,[83] mas ainda assim não é suficiente para garantir um modo de vida político conforme a liberdade. A supressão da miséria, se não vier acompanhada da possibilidade efetiva e concreta de inclusão na esfera pública, pode perpetuar a exclusão política. Interessa notar que Arendt (que faz essa reflexão quando questiona o sucesso da Revolução Americana) está operando com algum nível de distinção entre a

---

81 Seyla Benhabib, *The reluctant modernism of Hannah Arendt*, op. cit., p. 159.
82 Hannah Arendt, "Totalitarian imperialism", op. cit., p. 29.
83 Idem, *Sobre a revolução*, op. cit., p. 93.

miséria e a pobreza, e o cerne de seu argumento é que a conquista das condições de sobrevivência tem um importante significado material e de autopreservação, que, no entanto, não garante visibilidade e relevância social. Daí a precariedade política dos pobres que, embora possam não estar sob o império absoluto dos seus corpos, ainda assim permanecem à sombra e excluídos da esfera pública.[84] Essa exclusão se deve às exigências do trabalho e da falta de tempo livre para a *práxis* política, mas não apenas: deve-se também à falta de autoestima e de reconhecimento, que Arendt denuncia emprestando as palavras de John Adams:

> o homem pobre tem a consciência limpa, mas mesmo assim ele se sente envergonhado (...) sente-se fora da vista dos outros, tateando no escuro. A humanidade não se apercebe dele. Ele vagueia e perambula ignorado. (...) Ele não é desaprovado, censurado ou repreendido; *simplesmente não é visto*.[85]

Ou seja, a libertação pode ser condição da liberdade, "mas de forma alguma conduz automaticamente a ela".[86] Mais ainda: uma diversidade de constrangimentos se impõe à liberdade, desde fatores ligados à atividade do trabalho exaustivo até a falta de autoestima e de reconhecimento alheio. Em termos políticos a consequência é que, quando muito, caberá aos pobres a escolha dos seus representantes, signo de uma cidadania restringida e confinada aos limites de salvaguardas negativas que "não abrem de forma alguma a esfera política à maioria" e não conseguem

---

84 Ibidem, p. 93,104.
85 John Adams, *Discourses on Davila*, Works, Boston, 1981, v.6, p. 239-40 *apud* Hannah Arendt, *Sobre a revolução*, op. cit., p. 104.
86 Hannah Arendt, *Sobre a revolução*, op. cit., p. 57.

despertar a "paixão pela distinção"[87] (tratarei dessa paixão na próxima seção). Em suma, para o que interessa dentro dos limites deste texto, a precariedade política da pobreza denuncia a precariedade de uma *práxis* política e de um arranjo político-institucional que perpetua a exclusão da maioria da população da esfera pública, condenando-a à invisibilidade e restringindo a cidadania à escolha dos representantes.

As *paixões políticas*

Se Arendt recusa a pertinência política da compaixão, isso não significa que a política possa prescindir inteiramente da paixão e se resolva apenas em termos racionais, com princípios e compromissos com ideias.[88] Além da solidariedade e da disposição para o discurso argumentativo, a política requer a paixão pela

---

87 Ibidem, p. 104.
88 Como já mencionado (ver n. 59 acima), em linhas gerais estou de acordo com a interpretação de Albrecht Wellmer a respeito do papel do sistema de conselhos na obra de 1963. Ele mostra com clareza a distinção entre Arendt e Habermas no que diz respeito aos limites da democracia baseada em direitos (cf. Albrecht Wellmer, op. cit., p. 94-8) e enfatiza acertadamente o papel central da cultura democrática nas reflexões políticas arendtianas. Contudo, ao tratar dos elementos da cultura democrática, Wellmer negligencia o papel das paixões políticas e coloca maior ênfase "na cultura do debate público" (Ibidem, p. 98). Não me parece, no entanto, que seja possível prescindir desse aspecto sem ferir o espírito e a letra da obra arendtiana. Além do mais, se Wellmer está certo ao atribuir a Arendt a expectativa de uma democracia mais substantiva e menos formal, como penso que ele está, essa alternativa, para ser viável, deve vir acompanhada, de acordo com Arendt, do desenvolvimento de certas disposições e também de certas paixões próprias do *ethos* democrático.

distinção, motivada pelo *desejo* de ser "visto, ouvido, comentado, aprovado e respeitado" pelas outras pessoas.⁸⁹ Mas, novamente, este desejo dificilmente surge nos indivíduos cuja atividade política se reduz às urnas eleitorais (que só têm lugar para um) e que estão excluídos da esfera pública enquanto participantes: aqueles que só podem eleger os seus representantes não têm a possibilidade de desenvolver a "paixão pela distinção".⁹⁰ Para Arendt, este é um enorme obstáculo para a efetivação de um modo político de vida conforme a liberdade, pois o desejo de distinguir-se, que surge no intercurso com os outros, reivindica respeito pela singularidade e reconhecimento das particularidades.

A paixão pela distinção é uma qualidade do homem político, e a distinção aparece no contexto das discussões, deliberações e tomadas de decisão. Em *A Condição Humana*, Arendt já havia estabelecido que "o discurso corresponde ao fato da distinção e é a condição humana da pluralidade, isto é, do viver como um ser distinto e único entre iguais".⁹¹ Em *Sobre a revolução*, ela esclarece que a motivação da paixão pela distinção é ser visto, ouvido, comentado, aprovado e *respeitado*. O que o cidadão espera dos demais é que ouçam a sua voz e respeitem a sua perspectiva, a sua opinião. A condição objetiva florescimento da cidadania na modernidade é a democracia, que salvaguarda a liberdade de discurso (*speech*) e opinião.⁹² E antes

---

89 Hannah Arendt, *Sobre a revolução*, op. cit., p. 163.
90 Ibidem, p. 104.
91 Ibidem, p. 223.
92 Hannah Arendt, "Totalitarian imperialism", op. cit., p. 25. Nos regimes totalitários, essas condições objetivas estão ausentes, uma vez que os canais de comunicação estão bloqueados e uma vez que "a individualidade ou qualquer outra coisa que *distinga* um homem do outro, é intolerável" (idem, *Origens do totalitarismo*, op. cit., p. 508):

que se interprete apressada e equivocadamente essa paixão no registro do republicanismo elitista ou do agonismo excludente e antiuniversalista, convém notar que, na obra de 1963, esta paixão não condiz com a paixão aristocrática ou "competitiva" que afeta os cidadãos de um espaço político agonístico permeado pelos valores da grandeza política e moral e pelo heroísmo. A paixão pela distinção floresce quando os cidadãos estão reunidos para agir em concerto, através do discurso. Não coincide, portanto, com o desejo de suplantar o outro ou de colocá-lo à minha sombra, mas de conquistar o respeito pela minha voz, o reconhecimento daquilo que eu tenho de distinto, não o reconhecimento da minha superioridade. Se não se trata de almejar a inferiorização do outro ou seu silenciamento é porque eu só posso ser realmente distinto do outro se ele ou ela não for aniquilado na sua singularidade ou silenciado: somente na presença do outro diferente, a minha distinção pode *aparecer* e fazer sentido no espaço público. Em condições democráticas, o desejo de distinguir-se se alia, assim, ao respeito pelo outro diferente e pelo seu igual desejo de ser visto, ouvido e respeitado. Nesse sentido, não fere, mas é compatível com a exigência arendtiana de que o poder se baseie na reciprocida-

---

"o domínio total, que procura sistematizar a infinita pluralidade e diferenciação dos seres humanos como se toda a humanidade fosse apenas *um indivíduo*, só é possível quando toda e qualquer pessoa seja reduzida à mesma identidade de reações" (ibidem, p. 488). Guardadas as devidas diferenças, quando a Revolução Francesa atinge o seu ponto de inflexão, a paixão pela distinção também não encontra condições favoráveis ao seu aparecimento, afinal não havia mais espaço para discussões e deliberações já que bastava a Robespierre, "numa inspiração de rousseaunismo", "ouvir a voz do povo" que a ele era revelada (idem, *Sobre a revolução*, op. cit., p. 164).

de.[93] Devemos entendê-la, assim, como uma paixão aliada do processo de formação conjunta da opinião, que requer o efetivo aparecimento no espaço público de uma multiplicidade de vozes e perspectivas singulares, e não como paixão própria de uma "elite republicana" composta por indivíduos proeminentes cujo aparecimento na esfera pública se dá pela performance de feitos nobres.

Esse desejo de reconhecimento é próprio de cidadãos que almejam algo mais do que a felicidade privada e que localizam a sua satisfação também no exercício da cidadania, que têm gosto pela ação em conjunto, que têm paixão pela liberdade. Em *Sobre a revolução*, obra que se dedica a desvelar os potenciais democráticos das revoluções modernas, Arendt defende que uma revolução bem-sucedida mantém vivo o espírito revolucionário e permite que a felicidade se realize também em sentido público. Uma cultura que valoriza a felicidade pública teria mais recursos para resistir à consolidação de uma ideologia ("a ideologia especificamente americana")[94] que faz do bem-estar privado o objetivo supremo e identifica liberdade com salvaguardas negativas ou com "livre iniciativa", isto é, com crescimento econômico.[95] Teria também mais condições de dar um salto além da democracia formal no sentido da *efetiva* realização dos direitos políticos, ou seja, da liberdade de expressão, reunião e associação.[96] Um modo político de vida conforme a liberdade não exige, portanto, apenas as capacidades de generalização e a imparcialidade, próprias da razão, pois tem também um ancoramento no desejo, no prazer em falar, em agir, em discutir

---

93 Ibidem, p. 236.
94 Cf. Ibidem, p. 173.
95 Ibidem, p. 276.
96 Ibidem, 277.

e deliberar, que proporciona felicidade aos homens enquanto cidadãos e os encaminha às assembleias.[97]

Considerações finais

Neste texto eu procurei mostrar que, em *Sobre a revolução*, Arendt recorre ao sistema de conselhos não para propor um modelo pronto e acabado de sistema político, mas para denunciar a restrição da cidadania nas democracias representativas atuais em prejuízo tanto da ampliação da participação quanto da formação de uma cultura política que valoriza a liberdade positiva. Os conselhos interessam a Arendt enquanto eventos que desvelam um desejo que teima em aparecer em momentos distintos da história, o desejo de participação. Embora o diagnóstico da obra de 1963 seja bastante negativo, a reiterada aparição dos conselhos revela que a ação não está definitivamente bloqueada. Os conselhos a interessam ainda na medida em que permitem colocar em questão e desnaturalizar procedimentos excludentes e critérios inadequados para a escolha dos representes, adotados, via de regra, na democracia representativa baseada no sistema de partidos. É também nos conselhos e nas assembleias revolucionárias que Arendt detecta os elementos de uma cultura democrática, que pode florescer apenas em condições de ampliação do espaço político e de institucionalização da liberdade. Essas reflexões políticas de Arendt são marcadas pela primazia da *práxis* política da autogestão, indicando a precariedade de uma democracia que garante apenas formalmente certas liberdades sem proporcionar espaços concretos para o discurso e para a ação e sem proporcionar as condições objetivas e institucionais para o

---

97 Ibidem, p. 165.

surgimento da solidariedade, da paixão pela distinção e da paixão pela liberdade.

Propus, assim, uma leitura de *Sobre a revolução* que lança luz e se empenha em compreender dois aspectos desta obra: (1) a tese de que uma democracia pautada pelos direitos individuais e civis e pelo bem-estar individual é precária se não proporcionar condições de realização do direito à participação;[98] (2) a tese de

---

[98] Como aponta acertadamente Newton Bignotto, o pensamento de Arendt "estaria muito próximo daquele de alguns constitucionalistas contemporâneos liberais e mesmo de alguns positivistas jurídicos se se limitasse a afirmar o papel da Constituição na construção das sociedades democráticas, que procuram traduzir institucionalmente a defesa da liberdade" (Newton Bignotto "Hannah Arendt e a Revolução Francesa", *O Que nos Faz Pensar*, v. 20, n. 29, 2011, p. 54). Bignotto pretende mostrar que, a despeito das limitações historiográficas de *Sobre a revolução* (limitações que se revelam na análise do suposto sucesso da Revolução Americana e do fracasso da Revolução Francesa, que não teria legado para a posteridade nada mais do que "desenlace sangrento do Terror" (ibidem, p. 48), a sua grande "contribuição para o pensamento político contemporâneo é a sua afirmação de que toda a fundação de um novo regime de leis depende não apenas de sua tradução na forma de uma Constituição, mas também de seu enraizamento simbólico e imaginário" (ibidem, p. 41). Ou seja, Arendt vai além de ver a república como um regime de leis: mais do que isso, "ao mostrar a dimensão simbólica e imaginária da criação de uma nova forma política, ela demonstra que o ato de fundação, que se consolida por meio de um texto constitucional, só será capaz de assegurar a liberdade se for capaz de gozar da *adesão e do apreço de todo corpo político*" (ibidem, p. 57, grifo meu). E, para que isso se efetive, não há como eliminar os riscos da ação e a possibilidade mesma da destruição da política. É ao salientar o tema da fundação que Bignotto pretende defender que Arendt dá enorme contribuição ao pensamento republicano, pois ao mesmo tempo que herda as

Liberdade, cidadania e *ethos* democrático 321

que a formação de um *ethos* democrático depende de instituições

> aspirações libertárias das revoluções do século XVIII, "soube ver na deriva do Terror uma das possibilidades inscritas em movimentos que perdem a capacidade de se guiar pela liberdade" (ibidem, p. 57). Assim sendo, ainda que reconheça as limitações da análise arendtiana da Revolução Francesa, Bignotto conclui que "suas referências à Revolução Francesa são preciosas por incorporar aos cenários da política contemporânea a possibilidade da destruição da política no curso de processos que se iniciaram sob a bandeira da liberdade e da igualdade" (ibidem). Embora Bignotto acerte ao distanciar o constitucionalismo arendtiano do liberal e ao apontar, com razão, para o perigo da destruição da política, discordo da tese de que a maior contribuição de *Sobre a revolução* para a política contemporânea esteja no modo como Arendt pensa a fundação. A fundação é, sem dúvida, um tema importante da obra e é plenamente compreensível que atraia a atenção de autores que, como Bignotto, estão buscando as suas relações com o pensamento republicano. Contudo, diferentemente de Bignotto, não penso que o tema da fundação seja o elemento mais produtivo da obra e nem mesmo a sua maior contribuição para o pensamento político contemporâneo. O que nos aborda mais de perto talvez seja menos o problema do início e da fundação de novos regimes (e da sua inevitável arbitrariedade) e mais a preocupação de Arendt em mostrar que a democracia requer, para além de leis, instâncias participativas institucionalmente consolidadas, *lócus* do exercício da liberdade e da preservação do espírito revolucionário. Arendt vai muito mais longe do que apontar para as possibilidades da destruição da política inscritas na "fundação", ela quer mostrar que a vida política efetivamente democrática requer também o desenvolvimento de uma cultura democrática que não se consolida a menos que os cidadãos tenham realmente a chance de participar no governo. Além do mais, diferentemente da interpretação republicana de Bignotto, entendo que Arendt não vincula o sucesso da democracia à exigência de adesão e apreço de *todo* o corpo político. Essa não é uma exigência arendtiana, embora tenda a ser uma

políticas apropriadas (apropriadas à sobrevivência do espírito revolucionário). Mas não é apenas isso que Arendt tem em mente. Mais ainda, a obra de 1963 pretende mostrar que a restrição da cidadania é um projeto daqueles que não estão dispostos a abrir mão do seu "poder", daqueles que temem, à direita e à esquerda, o poder revolucionário do povo.[99] A obra fala também do medo da revolução aliado ao imperativo da dominação. Daí Arendt atacar ao mesmo tempo o "realismo" da direita conservadora e o "sonho" de uma sociedade sem conflitos sustentado pela esquerda marxista.[100] O "realismo" da direita e o "sonho" socialista ou comunista da instauração do paraíso na terra[101] têm em comum um pendor autoritário que se manifesta, no primeiro caso, na descrença de que a maioria tenha capacidade para formar juízo político, e no caso da esquerda antidemocrática, no confisco da voz alheia que transforma a sociedade numa singularidade coletiva. Ambos afrontam a ideia elementar de que a política se baseia no *fato* da pluralidade humana.[102] Com motivações distintas, emerge de ambos os lados uma concepção da política que não se acomoda ao fato da pluralidade, que não sabe conviver com os longos processos de persuasão, negociação e acordo que são a marca dos processos da lei e da política, e que exclui *deliberadamente* a maioria dos processos decisórios. Um sinal disso é que os dois extremos do espectro político resistem ao sistema de conse-

---

99 Hannah Arendt, *Sobre a revolução*, op. cit., p. 192, 276.
100 Exigência republicana: para ela, que não conta com a homogenei-
101 Idem, ibidem.
102 H. Arendt, *Sobre a violência*, op. cit. p. 144.

lhos.[103] Por quê? Porque os conselhos trouxeram a esperança de uma transformação do Estado pela instauração de uma nova forma de governo efetivamente democrática "que permitisse a cada membro da sociedade igualitária se tornar um 'participante' nos assuntos públicos",[104] mas isso nem a direita conservadora nem a esquerda revolucionária estavam dispostas a aceitar.

A resistência e a reação contra a transformação da "estrutura da esfera política",[105] que Arendt detecta no desenrolar das revoluções modernas, frustra a ambição pela igualdade que motivou essas mesmas revoluções. Os estados constitucionais são mais favoráveis à liberdade política do que as ditaduras, a tirania ou os estados totalitários, mas nem por isso são imunes a essa resistência. Neles também se vê ameaçado o desenvolvimento de uma cultura democrática, o recurso mais potente para o aprofundamento da democracia. Para terminar, vale lembrar que a paixão pela liberdade tem a ver com o *prazer* de poder falar e ouvir e nisso talvez consista o seu enorme potencial para desafiar formas consolidadas de dominação, afinal, ela surge entre homens livres "que não pertencem a um senhor".[106] Trata-se de uma paixão condizente com a aspiração à igualdade na pluralidade, terrivelmente ameaçadora para as elites que querem conservar o poder em suas mãos.

---

103 Idem, *Sobre a revolução*, op. cit., p. 312, 342.
104 Ibidem, p. 331.
105 Ibidem, p. 52.
106 Ibidem, p. 169.

Universalismo interativo e mentalidade alargada em Seyla Benhabib: Apropriação e crítica de Hannah Arendt[1]

A teoria do universalismo interativo proposta por Seyla Benhabib reafirma o compromisso com o cerne universalista-igualitário da moralidade kantiana e, ao mesmo tempo, reivindica sensibilidade ao contexto. Trata-se de uma defesa incontestes do universalismo segundo a qual não há incompatibilidade entre uma moralidade baseada em princípios e o juízo moral contextualizado. Para levá-la a cabo, em *Situando o self: Gênero, comunidade e pós-modernismo na ética contemporânea*, de 1992, a autora propõe uma fenomenologia do juízo moral cuja tese central afirma que "o juízo não é uma faculdade de subsumir o particular ao universal, mas uma faculdade de *contextualizar* o universal de tal modo que ele tenha relevância para o particular".[2] Neste texto, eu pretendo mostrar de que modo a noção arendtiana de mentalidade alargada auxilia Benhabib na defesa desta tese e na construção de um modelo para o juízo moral e político baseado num procedimento – a mentalidade alargada

---

1 Texto publicado na revista *Ethic@*, Florianópolis, Santa Catarina, v. 13, n.2, p. 363-385, jul./dez., 2014. Esta versão passou por modificações e atualizações que não comprometem o argumento original, mas que visam torná-lo mais claro.
2 Seyla Benhabib, *Situando o self: Gênero, comunidade e pós-modernismo na ética contemporânea*. Trad. de Ana Claudia Lopes e Renata Romolo Brito. Brasília: Editora UnB, 2021, p. 271.

– que determina a validade intersubjetiva no domínio público. Trata-se, como veremos, de um tipo de validade intersubjetiva que "transcende a expressão da simples preferência, ao mesmo tempo em que fica aquém da validade certa e *a priori* demandada pela razão kantiana".[3]

O pano de fundo dos textos reunidos em *Situando o self* é um questionamento a respeito dos limites e possibilidades do universalismo depois das duras críticas comunitaristas, pós-modernas e feministas. A primeira parte deste capítulo resgata esse cenário com a intenção de situar a retomada do pensamento de Arendt e compreender as razões pelas quais Benhabib recorre a ela para responder àquelas críticas. Uma vez que o resgate do pensamento arendtiano se dá também em função dos problemas da teoria habermasiana da ética comunicativa detectados em *Critique, norm, and utopia* (1986), deverei me referir brevemente a esta obra. A segunda parte se volta, finalmente, para a análise que Benhabib faz da interpretação arendtiana da mentalidade alargada de Kant.

O radicalismo equivocado do debate entre neoaristotélicos e neokantianos e os excessos racionalistas de Habermas

Comunitaristas, feministas e pós-modernos questionam a tradição do universalismo moral e político em três pontos que Benhabib considera dignos de reflexão: trata-se 1) do ceticismo com relação à razão legisladora enquanto capaz de articular as condições necessárias de um ponto de vista moral; 2) da crítica segundo a qual a tradição universalista privilegia um ideal de ego autônomo abstrato, desincorporado e, sobretudo, masculino; 3) e da inabilidade da razão legisladora para lidar com a indetermi-

---

[3] Ibidem, p. 272-.

nação e a multiplicidade de contextos com as quais a razão prática é sempre confrontada.[4] Essas críticas devem ser levadas a sério caso se queira permanecer dentro do legado da modernidade e da tradição universalista, e é em resposta a elas – e em diálogo permanente com Habermas e Arendt – que Benhabib formula o projeto do universalismo interativo. Convencida de que os *insights* cruciais da tradição universalista na filosofia prática podem ser reformulados hoje sem se comprometer com as ilusões metafísicas do Esclarecimento, o primeiro passo de Benhabib é assumir uma concepção comunicativa e interativa de racionalidade admitindo, ao mesmo tempo, que a concepção do *cogito* desencarnado não faz jus ao processo contingente de socialização através do qual nos tornamos pessoas e construímos nossas identidades: tornamo-nos capazes de discurso e ação quando *aprendemos* a interagir em comunidade. Uma vez que a razão é uma conquista contingente de *selves* linguisticamente socializados e situados, "as pretensões legisladoras da razão prática também devem ser entendidas em termos interacionistas".[5] Isso não significa, entretanto, que Benhabib assuma a posição comunitarista ou confine a interação dentro dos muros da tradição:

> O ponto de vista moral articula um certo estágio no desenvolvimento de seres humanos linguisticamente socializados quando começam a raciocinar sobre as regras gerais que governam sua existência mútua a partir do ponto de vista de um questionamento hipotético: sob quais condições podemos dizer que essas regras gerais da ação são válidas, não simplesmente porque eu e você fomos levados a acreditar nelas, ou porque meus

---

4   Cf. ibidem, p. 32.
5   Ibidem, p. 6.

pais, a sinagoga, meus vizinhos, minha tribo dizem que deve ser assim, mas sim porque essas regras são equânimes, justas, imparciais, no interesse mútuo de todos? O ponto de vista moral corresponde ao estágio de raciocínio alcançado por indivíduos para os quais emerge uma disjunção entre, de um lado, a validade social das normas e dos arranjos institucionais normativos e, de outro, sua validade hipotética do ponto de vista de algum padrão de justiça, equidade e imparcialidade.[6]

O universalismo interativo pós-metafísico envolve, portanto, a concepção de um self situado e a reformulação do ponto de vista moral como uma aquisição de uma forma de racionalidade interativa, e não de uma razão legisladora atemporal. Para o tema deste texto, cumpre reter que, ao ressignificar o universalismo, Benhabib desenvolve uma fenomenologia do juízo moral "com vistas a mostrar como uma moralidade universalista baseada em princípios e um juízo moral sensível ao contexto podem ser combinados".[7] O seu objetivo é situar a razão e o *self* moral em contextos de gênero e comunidade, insistindo, ao mesmo tempo, "no poder discursivo dos indivíduos para contestar essa situacionalidade em nome de princípios universalistas, identidades futuras e comunidades ainda não descobertas".[8] Mas, para tanto, é preciso enfrentar a objeção de matriz hegeliana, segundo a qual procedimentos éticos de universalização são, na melhor das hipóteses, inconsistentes e, na pior, vazios. Aplicada à ética do discurso, essa objeção impõe o desafio de mostrar que inconsistência e vacuidade não são defeitos inevitáveis de um

---

6   Ibidem, p. 38.
7   Ibidem, p. 44.
8   Ibidem.

modelo de raciocínio moral concebido conversacionalmente. Para responde-la, a estratégia de Benhabib envolve desfazer o radicalismo do embate entre neo-hegelianos, neoaristotélicos e neokantianos e defender a superação das oposições cristalizadas entre universalismo e historicidade, entre ética de princípios e juízo contextualizado, ou ainda entre cognição ética e motivação moral. É justamente aqui que ela encontra inspiração no pensamento arendtiano. A sua proposta de uma reformulação procedimental do princípio de universalização a partir do modelo da conversação moral – para o qual é fundamental a capacidade de reversão das perspectivas e a disposição para raciocinar a partir do ponto de vista dos outros – parte da leitura que Arendt faz do "pensamento alargado'" de Kant.

Antes de prosseguir, vale ressaltar que, se nos textos reunidos em *Situando o self*, Benhabib assume a tarefa de mostrar que inconsistência e vacuidade não são defeitos inevitáveis de um modelo de raciocínio moral concebido conversacionalmente é porque desconfia que Habermas não tenha sido inteiramente feliz em responder a uma atualização da objeção hegeliana à ética do discurso. De fato, essa é a conclusão do livro anterior, *Critique, norm, and utopia*, no qual ela reconstrói a história da teoria crítica à luz da substituição do modelo do trabalho pelo da comunicação com a intenção de apontar as tensões da teoria crítica e "distinguir os aspectos desse projeto que repousam em afirmações filosóficas e sociológicas questionáveis daqueles aspectos que ainda tem um poder iluminador".[9] Embora Habermas seja autor daquela substituição, ela questiona se ele de fato foi capaz de superar os problemas do universalismo formalista kantiano. Com Habermas a ética comunicativa corre o "risco de cair numa

---

9   Seyla Benhabib, *Critique, norm, and utopia*, op. cit., p. 346.

certa falácia racionalista de tipo kantiano na medida em que ignora as circunstâncias contingentes, históricas e afetivas que fazem os indivíduos adotarem um ponto de vista ético-universalista em primeiro lugar".[10] Para salvar a ética comunicativa desse risco ela propõe uma revisão do princípio de universalização e, para o que interessa aqui, reivindica (antecipando a objeção neoaristotélica e neo-hegeliana às teorias universalistas que será objeto do livro de 1992) a necessidade de complementaridade entre o "outro generalizado" e o "outro concreto", que Habermas teria falhado em admitir e sem a qual o universalismo corre o risco de perder efetividade. Vejamos.

Não pretendo aqui retomar passo a passo a crítica que Benhabib endereça a Habermas, mas resgatar brevemente as teses centrais da sua própria versão da teoria da ética comunicativa. Não se trata, tampouco, de avaliar a pertinência da crítica e possíveis distorções do texto habermasiano, mas de explicitar o modo segundo o qual Benhabib o lê. Cumpre notar que a preocupação dela em *Critique, norm, and utopia* é corrigir os excessos racionalistas que ela detecta em Habermas e que, mesmo a contragosto, o aproximam de Rawls. O primeiro aspecto a ser destacado diz respeito ao status do princípio de universalização. Diferentemente da versão neokantiana levada a cabo por Rawls, a ética comunicativa não pensa que o agente singular, através de um experimento mental, poderia chegar a definir o ponto de vista que seria aceito por todos. Para a ética comunicativa, que recusa o monologismo e defende um modelo de raciocínio moral dialógico de acordo com o qual atores *reais* se engajam em processos *reais* de deliberação em questões morais, "só podem reclamar validade aquelas normas que encontram ou poderiam encontrar

---

10 Ibidem, p. 298.

o consentimento de todos enquanto participantes em discursos práticos".[11] Isso posto, não convém lançar mão de um princípio de universalização e ignorar que este princípio supõe ou inclui certas regras que só são assimiladas e executadas em certas circunstâncias culturais; não convém, portanto, entender o princípio de universalização a partir das pressuposições pragmáticas do discurso argumentativo, cuja negação implicaria contradição performativa, como se as regras do discurso fossem admitidas de maneira inevitável e necessária por todos aqueles que participam do discurso de maneira competente.[12] Por exemplo, a regra segundo a qual todo agente capaz de discurso e ação deve poder participar de discursos já pressupõe um forte comprometimento igualitário-universalista em considerar como irrelevante do ponto de vista moral todas as características culturais e naturais que distinguem grupos humanos. Esse comprometimento, portanto, não deve ser apresentado como se fosse resultado de uma análise filosófica acurada das condições do discurso argumentativo em geral, pois que é praticado por indivíduos que são membros de uma cultura que estima o universalismo.[13]

O segundo aspecto diz respeito à concepção de vida pública mais adequada à teoria da ética comunicativa. Para Seyla Benhabib, a ética comunicativa oscila desconfortavelmente entre uma concepção jurídica de vida pública e outra que valoriza o *ethos* democrático e participativo. A primeira, entretanto, é muito limitada quando se trata de enfrentar conflitos, afinal, como é o caso da teoria da justiça de Rawls, baseada num modelo monológico de constituição de interesses e necessidades e num modo de

---

11 Ibidem, p. 300.
12 Cf. ibidem, p. 304-5.
13 Cf. ibidem, p. 306.

vida no qual a felicidade se identifica com a satisfação privada de indivíduos consumidores, estes não debatem o conteúdo dos seus interesses.[14] Embora Habermas tenha proposto a substituição deste modelo monológico de constituição de interesses e necessidades por um modelo dialógico, a crítica à posição de Rawls requer que os discursos sejam vistos como *processos de transformação moral*. Sem isso, a ética comunicativa tende a recair em uma posição excessivamente jurídica e centrada no sistema legal. Adéqua-se mais a uma concepção democrático-participativa de vida pública a visão de que os discursos não geram apenas compromissos em torno de interesses, mas são também processos de transformação do agente. Ao falhar nesse aspecto, Habermas se aproxima indevidamente de Rawls e leva o modelo discursivo a vacilar entre o legalismo e a democracia participativa, o que não raro ocorre em detrimento desta última e em detrimento da pergunta a respeito da formação do *ethos* democrático.

A argumentação discursiva ocorre em contextos da vida cotidiana nos quais atores reais divergem entre si a respeito da validade das normas. Dado que é o conflito de interesses que está na base dessas divergências, discursos só podem gerar acordos se os participantes, em algum momento, mudarem a interpretação dos seus próprios interesses e talvez até mesmo a interpretação das formas de vida nas quais estes interesses estão ancorados.[15] Como veremos adiante, essa reivindicação da obra de 1986 de que os discursos sejam vistos como processos de transformação moral está em harmonia com o resgate posterior da noção arendtiana de "mentalidade alargada". O desafio é negar a solução marcadamente liberal, que sustenta um modelo "legalista" de

---

14 Ibidem, p. 313.
15 Ibidem, p. 311.

vida pública, sem cair no seu extremo oposto, que seria a pressuposição (supostamente) rousseauísta da harmonia de interesses numa sociedade sem conflitos guiada pela vontade geral. O desafio, em outras palavras, é enfrentar a realidade do conflito de interesses e supor ou ter ao menos a expectativa de que a situação se transforme, através do discurso e de maneira consentida, gerando acordos. A maneira de evitar aquelas duas soluções antagônicas – a rawlsiana e a rousseauísta – é supor que os agentes possam vir a mudar o seu ponto de vista, a se transformar e reformular os seus próprios interesses. Isso implica entender os discursos como processos de transformação do agente, isto é, como "processos através dos quais *novos* interesses e novas necessidades emergem, de modo a poder levar ao acordo entre os participantes".[16] Com isso, Benhabib pretende se distanciar das teorias universalistas neokantianas que operam com o "mito do interesse geral transparente a todas as mentes racionais"[17] e afirmar que a "participação precede a universalização".[18] O modelo de vida pública condizente com a ética comunicativa implica o desenvolvimento de um *ethos* democrático-participativo.

O terceiro aspecto, por fim, diz respeito à relação entre cognição, motivação e afeto. Ainda que compartilhe com a teoria moral kantiana a ênfase no papel da razão, a ética comunicativa não pressupõe a lei kantiana do dever e tampouco a psicologia moral que sobrepõe radicalmente a razão à emoção. Em contraste, a teoria crítica recusa a autodeterminação total da razão que leva à demanda por transcender o seu caráter situacional. Não apenas porque este caráter situacional é irrevogável, mas também por-

---

16 Ibidem, p. 314.
17 Ibidem, p. 315.
18 Ibidem.

que a razão que é incapaz de se tornar consciente das suas aplicações e origens contingentes na sociedade se torna instrumento de dominação.[19] Para não recorrer em falácia racionalista, a ética comunicativa não deve desconsiderar as contingências que envolvem os discursos, tais como as desigualdades estruturais entre as partes e as emoções envolvidas, afinal, as desigualdades relativas à riqueza, poder e status podem impedir o reconhecimento recíproco, assim como a carga emocional do conflito pode obstruir a continuidade do discurso.[20] Consequentemente, essas questões não devem ser vistas como externas à teoria, que não se restringe ao momento da justificação moral de normas e princípios, mas se pergunta também pelas condições de aplicação do ideal discursivo em situações reais.

Essas exigências têm consequências importantes sobre o modo de pensar o juízo moral, que não se explica simplesmente nos termos da *aplicação* de um princípio dado a um determinado contexto. Uma abordagem excessivamente racionalista da ética comunicativa tenderá a ver o juízo moral como o momento de aplicação da regra ao caso específico. Mas este é "um modelo muito pobre de juízo moral",[21] que o reduz à habilidade mental de identificar o caso como instância da regra, ao passo que se trata de um fenômeno muito mais complexo.[22] Voltarei a esse tema adiante. Por enquanto, vale mencionar que essa exigência da contextualização dos princípios discursivos em situações reais está intimamente relacionada à questão da motivação. Benhabib assimila a crítica de Hegel a Kant segundo a qual a razão se torna fato apenas quando é capaz de formar e transformar o desejo

---

19 Cf. ibidem, p. 317.
20 Cf. ibidem, p. 322.
21 Ibidem, p. 323
22 Ibidem.

sem condená-lo ao silêncio: "a desejabilidade da razão envolve a racionalidade do desejo [*the desirability os reason entails the racionality of desire*]".[23] Em outras palavras, a razão que se recusa a prestar atenção na demanda do agente por felicidade e satisfação perde poder motivacional. Portanto, a ética comunicativa não diz respeito apenas a questões de justiça, mas também de felicidade. Ela se estende para questões de justiça e boa vida, diz respeito à *norma* e também à *utopia*.[24]

É preciso reconhecer que os discursos práticos estão inseridos em tradições culturais, que os participantes são indivíduos que carregam consigo as suas próprias histórias de vida e que ambas as coisas formam e influenciam o conteúdo dos discursos. As concepções de justiça que aparecem em discursos práticos são ancoradas nas necessidades, nas tradições culturais e nos modelos de socialização. Isso significa que questões de justiça e boa vida fluem umas para as outras. Se a teoria crítica não admite isso é porque ainda carrega vestígios daquele mito do estado de natureza das primeiras teorias burguesas, tão bem representado por Hobbes quando comparou os homens a cogumelos que repentinamente brotam da terra e chegam à maturidade sem nenhum engajamento uns com os outros.[25] Esse mito (que de certa forma persiste em Kant e Rawls e que parece por vezes enganar até mesmo Habermas)[26] esconde a gênese do sujeito moral, como se os indivíduos se tornassem adultos antes de serem

---

23 Ibidem, p. 324.
24 Ibidem, p. 328.
25 Cf. Ibidem, p. 337. Trata-se de uma referência ao *Do cidadão*, de Thomas Hobbes, capítulo VIII, §1.
26 A crítica a Habermas no que tange à sua deontologia forte e à separação radical entre o justo e o bem pode ser conferida em Seyla Benhabib, *Situando o self*, op. cit., capítulo 1.

crianças, como se raciocinassem antes de sentir e desejar, não tivessem valores compartilhados e não fossem formados em contextos culturais e institucionais. No entanto, a crítica desse mito moderno e a reivindicação de que questões de justiça e boa vida fluem umas para as outras não implica absolutamente escorregar para o relativismo ou contextualismo e abandonar a pretensão normativa e universalista da teoria, afinal "a ética comunicativa procede do insight kantiano de que a validade das normas deve ser estabelecida à luz de um procedimento que define primeiro as bases de toda validade normativa, e este é o consenso racional de todos os concernidos".[27]

Para evitar o relativismo sem incorrer em falácia racionalista, para manter a pretensão normativa e universalista sem negar a contextualização do juízo moral, Benhabib reivindica que os indivíduos sejam vistos em duas perspectivas: a do "outro concreto" e a do "outro generalizado". O ponto de vista do "outro generalizado" requer ver cada indivíduo como um ser racional portador dos mesmos direitos e deveres que queremos que sejam os nossos: ao assumir essa perspectiva, nós abstraímos a individualidade e a identidade do outro; assumimos que o outro, como nós, é um ser que tem desejos, necessidades e afetos concretos. O que constitui a dignidade moral não é aquilo que nos diferencia uns dos outros e sim aquilo que nós, enquanto seres racionais que agem e falam, temos em comum. Nessa perspectiva, nossas relações com os outros são governadas pela *igualdade e reciprocidade formal* e as normas de interação são primeiramente públicas e institucionais.[28] O ponto de vista do outro concreto, em contrapartida, requer ver cada ser racional como um indivíduo com

---

27 Seyla Benhabib, *Critique, norm, and utopia*, op. cit., p. 335.
28 Cf. ibidem, p. 340-1; idem, *Situando o self*, op. cit., p. 326-7.

uma história de vida, identidade e constituição afetiva e emocional concretas. Ao assumir essa perspectiva, nós abstraímos o que compartilhamos e focamos na individualidade e distinção do outro; procuramos entender as suas necessidades, motivações e desejos. Nesse caso, a relação é governada pela norma da *reciprocidade complementar*, ou seja, cada um espera ser reconhecido como um ser concreto e individual com necessidades, talentos e capacidades específicos. Nessa perspectiva, as nossas diferenças nos complementam e não necessariamente nos apartam e as normas da interação são em geral privadas, não institucionais; são normas de solidariedade, amizade, amor e cuidado.[29]

As teorias morais contemporâneas tendem a ver os pontos de vista do "outro concreto" e o do "outro generalizado" como irreconciliáveis e a priorizar um em detrimento do outro. A ética comunicativa, em contrapartida, deve tratar esses pontos de vista como complementares justamente para ser capaz de afirmar a compatibilidade entre uma visão ética de princípios e uma visão ética de cuidado e solidariedade e, cumpre adicionar em função do tema deste texto, entre uma ética de princípios e o juízo moral contextualizado, como veremos a seguir. Isso converge para uma reavaliação do conceito de autonomia. As teorias universalistas – segundo Benhabib, isso vale tanto para Rawls quanto para Habermas – tendem a restringir o ideal moral e político de autonomia ao ponto de vista do "outro generalizado" e a silenciar o "outro concerto", de modo que a justiça institucional é considerada um estágio mais elevado do desenvolvimento moral do que a responsabilidade interpessoal, o amor e a solidariedade. Com isso também, o respeito pelos direitos e

---

29 Cf. idem, *Critique, norm, and utopia*, op. cit., p. 340-1; idem, *Situando o self self*, op. cit., p. 326-7.

pelos deveres é visto como anterior ao cuidado e a preocupação com as necessidades dos outros, assim como a cognição moral é entendida como precedente em relação ao afeto moral.[30] Mas quando se admite que o reconhecimento da dignidade humana do outro generalizado é tão essencial quanto o reconhecimento da especificidade do outro concreto, a concepção de autonomia sofre uma importante ressignificação: não se trata apenas de autodeterminação de acordo com normas justas, mas também da capacidade de assumir o ponto de vista do outro concreto.[31] Isso terá consequências no modo pelo qual Benhabib repensa, em *Situando o self*, o princípio de universalização e o procedimento da ética comunicativa como reversibilidade de perspectivas. Terá consequências também sobre o modo como ela os relaciona com o juízo moral contextual: a junção desses elementos, que acompanha a exigência de complementariedade entre o ponto de vista do outro concreto e do outro generalizado, será realizada a partir do resgate do insight arendtiano de combinar elementos aristotélicos e kantianos para formular uma teoria do juízo. Nesse aspecto, Arendt é mais produtiva para Benhabib do que Habermas, que, embora tenha chegado perto de subverter a tendência da filosofia normativa tradicional, insiste, segundo ela, em privilegiar o ponto de vista do outro generalizado.

Em *Critique, norm, and utopia*, Benhabib conclui que Habermas padece de um certo "reformismo melancólico", que é uma camisa de força para a sua teoria da ética comunicativa. Certamente a realização da promessa universalista das teorias burguesas do consenso é condição necessária da emancipação, mas está longe de ser condição suficiente. É muito restritiva e

---

30 Cf. idem, *Critique, norm, and utopia*, op. cit., p. 341-2.
31 Cf. ibidem, p. 334.

problemática do ponto de vista das intenções da ética comunicativa a posição de Habermas que, distanciando-se demais da tradição utópica da teoria crítica, vincula emancipação com transformação participativa das estruturas de decisão. O enfrentamento com o "reformismo melancólico" de Habermas consistirá em mostrar que o sétimo estágio do desenvolvimento moral postulado por ele, o estágio da universalização, "tem um inegável conteúdo utópico e aponta para a transfiguração da visão do universalismo burguês".[32] Ao invés de argumentos evolucionistas, o teórico crítico precisa, nesse momento, lançar mão de uma "certa utopia antecipatória, a projeção de um futuro como ele poderia ser".[33] O universalismo condizente com a super valorização do "outro generalizado" em detrimento do "outro concreto" é marcadamente liberal, o que leva Benhabib a constatar a incapacidade de Habermas de, nesse aspecto, distanciar-se do projeto rawlsiano. Embora a ética comunicativa compartilhe com Rawls "a visão da comunidade de direitos", a sua preocupação não pode ser exclusivamente normativa:

> Mesmo que compartilhe com Rawls a visão da comunidade de direitos e *entitlements*, a ética comunicativa deve ser distinguida, entre outras coisas, através da sua antecipação de uma comunidade de necessidades e solidariedade. Esses dois momentos correspondem à norma e à utopia respectivamente.
>
> Norma e utopia são conceitos que se referem a duas visões da política, que eu chamo de política da satisfação [*fulfillment*] e política da transfiguração. A política da satisfação pretende que a sociedade do futuro atinja

---

32 Ibidem, p. 330.
33 Ibidem, p. 331.

mais adequadamente o que a sociedade atual deixou incompleto. É a culminação da lógica implícita no presente. A política da transfiguração enfatiza a emergência qualitativa de novas necessidades, de relações sociais e modelos de associação que liberam o potencial utópico dentro do antigo. Na teoria social crítica, a articulação de normas continua a promessa universalista das revoluções burguesas – justiça, igualdade, direitos civis, democracia e publicidade –, enquanto que a articulação da utopia continua a tradição dos primeiros movimentos socialistas, comunitaristas e anarquistas – a formação de uma comunidade de necessidades e solidariedade, e relações transformadas qualitativamente com relação à natureza interna e externa. Em suma, enquanto as normas têm a função de articular demandas de justiça e valores, utopias desenham modos de amizade, solidariedade e felicidade. A despeito de sua tensão essencial, a teoria social crítica só será rica o suficiente para dizer algo a nós no presente se fizer justiça aos dois momentos.[34]

Com a intenção de diferenciar a ética do discurso da proposta liberal, Benhabib deverá propor uma *transfiguração da visão liberal do universalismo*, necessária para que a própria teoria crítica seja capaz de fazer justiça aos momentos da "norma" e da "utopia". Sanar o déficit motivacional que ela detecta não apenas em Rawls, mas também em Habermas, e dar ao conceito comunicativo de autonomia "força utópica e motivacional" exige que o self seja pensado na sua concretude e que os discursos sejam vistos como processos de transformação moral (momento utópico): "Se esse aspecto transformador for desprezado, o modelo do

---

34 Ibidem, p. 13.

discurso cairá no legalismo".³⁵ Este é, segundo a autora, o caminho para forçar a ética comunicativa a adotar um modelo de vida pública menos legalista e mais democrático-participativo.

Os ganhos advindos da substituição do modelo de ação como trabalho pelo modelo da ação comunicativa se veem ameaçados quando se adota modos de argumentação "transcendentais", "quase-transcendentais" ou evolucionistas. Esses modos de argumentação tendem a obscurecer os insights essenciais que esta mudança de paradigma carrega consigo e que são ressaltados em *Critique, norm, and utopia*, tais como "a ênfase na pluralidade humana, a estrutura narrativa e interpretativa da ação, as esperanças utópicas de acesso comunicativo à interpretação das necessidades e a visão de uma comunidade de justiça que promove uma comunidade de solidariedade".³⁶ Antecipando o que em *Situando o self* ela chamará de "ética política", Benhabib defende, no livro de 1986, que "a ideia de uma comunidade ética está intimamente ligada com a visão de um *ethos* público democrático",³⁷ o qual, por sua vez, é compatível apenas com uma concepção radical de política participativa e pluralista. Este é o caminho para evitar tanto a política da singularidade coletiva da tradição rousseauísta e marxista como para encontrar uma alternativa para o "individualismo possessivo" ou para o "agente racional desinteressado" do liberalismo clássico e contemporâneo. Mas, para tanto, é essencial compatibilizar o ponto de vista do outro generalizado com o ponto de vista do outro concreto, é essencial ainda que os momentos da norma e da utopia, de uma comunidade de direitos e uma comunidade de solidariedade, se-

---

35 Ibidem, p. 314.
36 Ibidem, p. 346.
37 Ibidem, p. 348.

jam pensados juntos de modo a revelar as suas tensões essenciais assim como a sua mútua compatibilidade.[38] Benhabib finaliza *Critique, norm, and utopia* afirmando que a visão de uma comunidade de direitos e a de uma comunidade de necessidade e solidariedade não são imperativos morais abstratos, mas opções concretas de ação e interação em nossas sociedades. Não se trata de eliminar tensões, mas de detectar os elementos que fortalecem a comunidade de direitos e a de solidariedade, assim como novos modos de vida que podem surgir no futuro. A utopia comunicativa se fortalece pela constatação de que comunidades de solidariedade são criadas nos interstícios da sociedade por novos movimentos sociais que procuram combinar a lógica da justiça com a da solidariedade. Se a utopia comunicativa encontra inspiração aqui é também porque esses novos movimentos sociais não almejam a singularidade coletiva e não pensam que uma particularidade pode representar a universalidade: eles são conscientes da diferença e a enxergam como um momento positivo. Com isso, encorajam a expectativa de que podemos criar uma perspectiva comum e compartilhada agindo com os outros, descobrindo nossas diferenças e identidade:

> A emergência de unidade na diferença surge de um processo de autotransformação e ação coletiva. Ela não pode ser realizada nem através de um discurso que define pelos sujeitos em conflito a sua identidade, nem por métodos de organização que eliminam os processos normativos de formação de consenso e autotransformação.[39]

---

38 Cf. Ibidem.
39 Ibidem, p. 349.

Por isso, a ética comunicativa advoga um modelo participativo e não burocrático de tomada de decisão, ao mesmo tempo que encoraja a ampliação do debate público nas decisões que são usualmente alcançadas às custas daqueles em nome dos quais elas são tomadas. É por meio desses processos que *aprendemos* a exercer o juízo moral e político. É, enfim, por meio desses processos, que desenvolvemos a habilidade para ver o mundo tal como ele aparece a partir de perspectivas diferentes das nossas.[40]

A mentalidade alargada

Na introdução a *Situando o self*, Benhabib afirma que embora continue o deslocamento filosófico da razão legisladora para a razão interativa iniciado por Habermas, se distancia "de modo crucial da sua versão de uma ética do discurso ou comunicativa"[41] e procura "sublinhar, enfatizar e até mesmo radicalizar aqueles aspectos de uma ética do discurso que são universalistas sem serem racionalistas".[42] A transfiguração da visão liberal do universalismo, da qual ela falava na obra de 1986, é um projeto teórico que envolve radicalizar a ética do discurso a fim de salvar o universalismo dos seus excessos racionalistas e simultaneamente torná-lo mais afeito aos processos democráticos de formação do juízo e da opinião. Com esse objetivo, ela se propõe, nos tex-

---

40 Anos depois, em "Utopia and Dystopia in our times", Benhabib resgata essa mesma ideia e a importância dos novos momentos sociais para pensar o sentido de uma "utopia concreta" no contexto da globalização e das distopias contemporâneas. Cf. Seyla Benhabib, "Utopia and Dystopia in our times". _____. In: *Dignity in adversity: Human rights in troubled times*. Cambridge: Polity Press, 2010. p. 184-95.
41 Idem, *Situando o self*, op. cit., p. 43.
42 Ibidem.

tos reunidos no livro de 1992 a (1) pensar o ponto de vista moral à luz da reversibilidade de perspectivas e o cultivo do "pensamento representativo" nos termos de Hannah Arendt; (2) corrigir a cegueira de gênero, não para relativizar demandas morais, mas para torná-las sensíveis ao gênero; (3) desenvolver uma fenomenologia rudimentar do moral segundo a qual a moralidade universalista coexiste com o moral sensível ao contexto. As propostas de pensar o ponto de vista moral à luz da reversibilidade de perspectivas e de desenvolver uma fenomenologia do juízo moral são em grande medida realizadas em conformidade com a assimilação de categorias arendtianas, fundamentalmente com a noção de ação como interação comunicativa. Além do mais, o modelo arendtiano de juízo se torna produtivo para que a ética comunicativa supere a radicalidade da oposição entre neoaristotélicos e neokantianos e se posicione a favor da compatibilidade entre uma moralidade baseada em princípios e o juízo moral sensível ao contexto. Para ela, a mentalidade alargada arendtiana promove uma síntese implausível, porém altamente produtiva, de elementos aristotélicos e kantianos a qual a ajudará a defender que o ponto de vista moral universalista não deve ser necessariamente formalista, apriorístico e descontextualizado. Vejamos.

Em "Juízo e os fundamentos morais da política no pensamento de Hannah Arendt", Benhabib parte da caracterização arendtiana da ação para desenvolver uma reflexão sobre o juízo enquanto faculdade política e moral. O que a interessa é, sobretudo, o modo como Arendt pensa a ação a partir das categorias da natalidade, pluralidade e narratividade, que operam para dar sentido à ideia de que o self é *singular entre iguais*. A igualdade está enraizada na possibilidade dos seres humanos entenderem uns aos outros, está enraizada, portanto, na sua capacidade discursiva, sendo o discurso a atualização da condição humana da pluralidade. A individuação do *self* humano é, como Arendt revela, um processo que envolve inter-relacionamento. Discurso e ação possuem uma qualidade reveladora, eles revelam o "quem" (*whoness*) do agente, e "apenas se outra pessoa é capaz de compreender o significado de nossas palavras, como também o 'quê' (*whatness*) de nossos feitos, é que podemos dizer que a identidade do *self* foi revelada".[43] Discurso e ação são interação. Assim, a teia de relações de Arendt é lida por Benhabib como *narratividade*, elemento indispensável da sua versão da ética comunicativa:

> Narratividade, ou a imersão da ação na rede de relacionamentos humanos, é o modo pelo qual o *self* é individuado e os atos são identificados. Tanto o "quê" (*whatness*) do ato e o "quem" (*whoness*) do *self* são revelados a agentes capazes de compreensão comunicativa. As ações são identificadas narrativamente. Alguém sempre faz isso ou aquilo em algum ponto no tempo. Identificar uma ação é contar a história de seu início, de seu desenrolar e de sua imersão na rede de relações constituída por meio das ações e das narrativas dos outros. Da mesma forma, o "quem" (*whoness*) do *self* é constituído pela história de uma vida – uma narrativa coerente da qual somos sempre o protagonista, mas nem sempre o autor ou produtor. Narratividade é o modo pelo qual as ações são individuadas e a identidade do *self* é constituída.[44]

Embora este não seja o meu tema aqui, vale notar que é a partir da narratividade, tradução da noção arendtiana de "teia

---

43 Ibidem, p. 259.
44 Ibidem, p. 259-60.

de relações", que Benhabib critica os neokantianos por se confinarem em um self (o "Eu" kantiano) que não é o *self* que age e interage na comunidade humana, "mas o *self qua* pensador, *qua* sujeito de uma consciência retirada do mundo".[45] E é mais em *A condição humana* do que na *Teoria do agir comunicativo* que ela se baseia para falar da interação comunicativa e desenvolver uma fenomenologia do juízo moral. Todas as teses dessa fenomenologia apontam para as particularidades das circunstâncias e dos *selves* envolvidos na interação comunicativa e são inspiradas nas categorias arendtianas da ação, sendo que a primeira dessas teses assimila inteira e textualmente a questão central que Arendt se coloca a respeito do julgar: "Como podemos pensar e julgar sem nos sustentarmos em padrões preconcebidos, normas e regras gerais em que os casos particulares podem ser *subsumidos*?".[46] Também para Benhabib, o exercício do juízo moral não ocorre de acordo com o modelo de subsunção de um particular sob um universal. Afastando-se de Kant, ela deverá, depois de negar que o juízo possa ser explicado à luz do modelo subsuntivo, afirmar a importância do exercício da imaginação na articulação das narrativas implicadas no processo de formação do juízo e a importância também da interpretação das ações e das máximas que exigem, por sua vez, a compreensão da história narrativa dos *selves* envolvidos. Trata-se de um conjunto de operações hermenêutico-interpretativas que apontam para a contextualização dos próprios princípios morais. O juízo, conclui Benhabib, "não é uma faculdade de subsumir o particular sob um universal, mas

---

45 Ibidem, p. 260.
46 Hannah Arendt, "Responsabilidade pessoal sob a ditadura". In: _____. *Responsabilidade e julgamento: Escritos morais e éticos*. Org. e intr. de Jerome Kohn, trad. de Rosaura Eichenberg. São Paulo: Companhia das Letras, 2004, p. 89.

uma faculdade de contextualizar o universal de tal modo que ele tenha relevância para o particular".⁴⁷

Mas quais são, afinal de contas, os elementos aristotélicos e kantianos da teoria arendtiana do juízo? Para Benhabib, a teoria de Arendt enfraquece a oposição entre juízo contextual e moralidade universalista justamente porque revela a tentativa de juntar "a preocupação aristotélica com particulares em questões práticas com um ponto de vista moral universalista e baseado em princípios".⁴⁸ Ao invés de interpretar essa estranha junção como um problema, uma confusão de Arendt ao misturar componentes antigos e modernos aparentemente contraditórios, Benhabib detecta aí um *"insight* que merece ser desenvolvido".⁴⁹

Interessa a ela o modo como Arendt lê a mentalidade alargada de Kant e a transforma no modelo do juízo político. Como ela aponta apropriadamente, Arendt estava perfeitamente ciente do quanto estava distante de Kant para quem a distinção entre o certo e o errado é tarefa da razão prática e não do juízo re-

---

47 Seyla Benhabib, *Situando o self*, op. cit., p. 271.
48 Ibidem, p. 253.
49 Com isso, Benhabib destoa significativamente da análise bastante difundida que Ronald Beiner faz da presença de elementos kantianos na teoria arendtiana do juízo político. Para ele, o recurso a Kant é responsável por afundar a teoria arendtiana do juízo em confusões e contradições. Em função do seu alinhamento com Gadamer, Beiner sustenta que Arendt deveria ter se concentrado na *phronesis* aristotélica (Cf. Ronald Beiner, "Hannah Arendt: sobre o julgar". In: ARENDT, Hannah. *Lições sobre a filosofia política de Kant*. Org. de R. Beiner, trad. de André Duarte. Rio de Janeiro: Relume-Dumará, 1993). Benhabib, por outro lado, vê nessa "confusão" o ponto alto da teoria arendtiana do juízo político, de modo que a presença de elementos kantianos deixa de ser um problema e passa a ser um mérito, desde que, é claro, combinada com elementos aristotélicos.

flexionante que ascende dos particulares ao geral ou universal. Ainda assim, se Arendt recorre à doutrina kantiana do juízo reflexionante como modelo para o juízo em geral é porque nele teria encontrado um procedimento para assegurar validade intersubjetiva ao domínio público: "na descoberta de Kant da mentalidade alargada Arendt viu o modelo para o tipo de validade intersubjetiva que poderíamos esperar atingir no domínio público".[50] Por sua vez, Benhabib encontra na leitura que Arendt faz do pensamento alargado de Kant uma possibilidade para reconciliar universalismo e contextualismo. O que haveria de aristotélico na teoria arendtiana do juízo é a sua ênfase no contexto e no particular, que Arendt mantém ao mesmo tempo que se aproximaria de Kant ao assumir que a validade dos nossos juízos depende da sua comunicabilidade universal com a esperança de ganhar o assentimento de todos. Eis a passagem de *A crise na cultura* que inspira Benhabib:

> O poder do juízo repousa em um acordo potencial com os outros, e o processo de pensamento que é ativo no julgamento de algo não é, como no processo de pensamento de raciocínio puro, um diálogo de mim para comigo, porém se acha sempre e fundamentalmente, mesmo que eu esteja inteiramente só ao tomar a minha decisão, em antecipada comunicação com outros com quem sei que devo afinal chegar a algum acordo. O juízo deriva a sua validade específica desse acordo potencial. Isso por um lado significa que esses juízos devem se libertar das "condições subjetivas privadas", isto é, das idiossincrasias que determinam naturalmente o modo de ver de cada indivíduo na sua

---

50 Seyla Benhabib, *Situando o self*, op. cit., p. 272.

Liberdade, cidadania e *ethos* democrático 349

> privacidade e que são legítimas enquanto são apenas mantidas privadamente, mas que não são adequadas para ingressar na praça pública e perdem toda validade no domínio público. E esse modo alargado de pensar, que sabe, enquanto juízo, como transcender suas próprias limitações individuais, não pode funcionar em estrito isolamento e solidão; ele necessita da presença dos outros "em cujo lugar" cumpre pensar, cujas perspectivas deve levar em consideração e sem os quais ele nunca tem a oportunidade de sequer chegar a operar.[51]

De acordo com este texto, a validade do juízo no domínio público é derivada da possibilidade de um acordo com os outros que, para ser conquistado, exige de todos os envolvidos o exercício de libertar o juízo das "condições subjetivas privadas". A disposição para tanto é própria de uma mentalidade alargada, capaz de transcender as limitações individuais e levar em consideração a perspectiva dos outros. Benhabib encontra aí um tipo de validade intersubjetiva "que claramente transcende a expressão da simples preferência, ao mesmo tempo que fica aquém da validade certa e *a priori* demandada pela razão kantiana".[52] Isso é extremamente produtivo para ela que, certa da necessidade de

---

51 Hannah Arendt, "A crise na cultura", op. cit., p. 274-5. Trad. mod. Noto que Benhabib seleciona esse texto sem, contudo, citar as frases imediatamente subsequentes com a qual Arendt conclui o seu raciocínio: "Como a lógica, para ser correta, depende da presença do eu, também o juízo, para ser válido, depende da presença dos outros. Por isso o juízo é dotado de certa validade específica, mas não é *nunca universalmente válido*. Suas pretensões de validade nunca se podem estender além dos outros em cujo lugar a pessoa que julga colocou-se para suas considerações" (ibidem).
52 Seyla Benhabib, *Situando o self*, op. cit., p. 272-3.

combinar elementos aristotélicos e kantianos para salvar o universalismo das objeções de descontextualização, encontra um caminho para defender que o ponto de vista moral universalista não deve ser formalista, *a priori* e insensível ao contexto, mas pode ser reconciliado com uma sensibilidade contextualista. É isso que está no cerne da teoria do "universalismo interativo". Ela está perfeitamente ciente de que Arendt não se admite "universalista", muito embora, para Benhabib, o modo como Arendt lê e interpreta Kant *insinua* que é intrínseca ao modelo do juízo reflexionante uma concepção de racionalidade (e validade intersubjetiva) que "nos permite manter um ponto de vista moral universalista baseado em princípios, enquanto ainda reconhecemos o papel do juízo moral contextualizado nos assuntos humanos".[53]

Esta leitura de Arendt a permite, então, desfazer o antagonismo entre neokantianos e neoaristotélicos. Benhabib concede apenas em parte aos neoaristotélicos, porque entende que sem princípios morais universais não é possível empreender a crítica dos hábitos e da tradição. Mas ela também concede apenas em parte aos neokantianos, pois enquanto "a lei moral nos convidar a abstrair da situação e pensar o que poderia ser válido para todos os seres racionais *simpliciter*" não poderá haver compatibilidade entre moralidade universalista e juízo contextualizado. A grande contribuição de Arendt, embora ela não reivindique "princípios universais", é a sua leitura do juízo reflexionante de Kant – cuja validade repousa na comunicabilidade universal com a esperança de obter o assentimento de todos – como um procedimento, o procedimento da mentalidade alargada. Esse procedimento arendtiano exige do self levar em consideração a perspectiva de

---

53 Ibidem, p. 276.

todos os outros envolvidos. E é por meio dele que Benhabib propõe uma revisão de Kant:

> "Aja de tal modo que a máxima de suas ações possa sempre ser uma lei universal da natureza" pode ser reformulado como "Aja de tal modo que a máxima de suas ações leve em consideração a perspectiva de todos os outros de uma maneira a colocá-los em posição a 'cortejar o consentimento deles'. Esse procedimento de mentalidade alargada e juízo moral contextual não são de maneira alguma incompatíveis.[54]

Nota-se que Benhabib torna o procedimento da mentalidade alargada, tal como pensada por Arendt, compatível com um princípio moral universal: o princípio que nos ordena a ver cada pessoa como alguém a quem eu devo o respeito moral de considerar a sua perspectiva. Com isso ela detecta nesse procedimento arendtiano o cerne universalista-igualitário da moralidade kantiana que passa, portanto, a ser conciliável com a necessidade da contextualização, afinal, "pensar do ponto de vista de todos os outros requer precisamente o exercício do juízo moral contextual".[55]

Vimos que o juízo não é uma faculdade de subsumir o particular sob um universal. Mas se, por um lado, Benhabib concorda com Arendt a respeito da crítica ao modelo subsuntivo e encontra na sua teoria da ação elementos frutíferos para desenvolver uma fenomenologia do juízo moral, por outro lado, ela se vê obrigada, em função de sua adesão inconteste ao universalismo moral e político, a se distanciar da autora de *A condi-*

---

54 Ibidem, p. 281.
55 Ibidem, p. 281.

ção humana. Esse distanciamento é marcado pela afirmação de que o juízo, mesmo que contextualizado, deve necessariamente ser guiado pelos princípios do respeito moral universal e da reciprocidade igualitária. É a observância desses princípios que permite discernir o "bom" juízo.[56] Assim, em resposta às dificuldades que detecta na pragmática universal de Habermas (que remete às "pressuposições comunicativas universais e necessárias do discurso argumentativo") e de Arendt (que teria falhado em detectar que a mentalidade alargada é compatível com o universalismo moral), Benhabib opta por uma construção do modelo conversacional que afirma pressupostos éticos fortes formulados por ela nos termos de dois princípios: o princípio do respeito moral universal e o da reciprocidade igualitária. A conversação e o próprio exercício da reversibilidade de perspectivas exigem: 1) "que reconheçamos o direito de todos os seres capazes de fala e ação a serem participantes na conversação moral" (*princípio do respeito moral universal*); 2) que cada um dos participantes "tenha os mesmos direitos simétricos a diferentes atos de fala, a iniciar novos tópicos, pedir reflexão sobre as pressuposições da conversação, etc." (*princípio da reciprocidade igualitária*).[57] Com isso ela defende que "as próprias pressuposições da situação argumentativa têm um conteúdo normativo que precede a própria argumentação moral".[58]

---

56 Cf. idem, op. cit., p. 146.
57 Ibidem, p. 82.
58 Ibidem, p. 82. É notável a estratégia de justificação dos princípios do respeito moral universal e da reciprocidade igualitária adotada por Benhabib: não se trata mais, como em Habermas, de lançar mão de um argumento transcendental fraco baseado na reconstrução das competências racionais, mas de propor um "universalismo historicamente autoconsciente", de acordo com o qual os

Mostrei anteriormente de que modo Benhabib transporta para a moral a concepção arendtiana da mentalidade alargada (forjada no domínio da política) e encontrando um caminho para defender que o universalismo moral pode ser reconciliado com sensibilidade ao contexto e mostrei também como ela se apropria de Arendt para empreender uma reformulação da teoria moral kantiana nos termos do processo dialógico da men-

---

princípios do respeito moral universal e da reciprocidade igualitária aparecem como "elucidação filosófica, de dentro do horizonte normativo hermenêutico da modernidade," dos componentes do ponto de vista moral: "Esses princípios não são nem a *única* interpretação *permitida* dos componentes formais da competência de atores morais pós-convencionais nem são pressuposições transcendentais inequívocas com as quais todo agente racional, por meio de profunda reflexão, deve concordar. Chega-se a esses princípios através de um processo de 'equilíbrio reflexivo', em termos rawlsianos, por meio do qual alguém, enquanto filósofo, analisa, refina e julga à luz de princípios filosoficamente articulados as intuições morais culturalmente definidas. Ao final desse processo de equilíbrio reflexivo chega-se a uma 'descrição densa das pressuposições morais do horizonte cultural da modernidade" (ibidem, p. 85). A justificação dessas duas normas é fraca no sentido de que não se chega a elas por meio de uma única cadeia dedutiva de raciocínio, mas, ainda assim, é possível ampará-las em uma "família de argumentos" que as tornam plausíveis. Os princípios do respeito e da reciprocidade são normas morais substantivas justificáveis dentro do horizonte cultural da modernidade, que se constrói a partir do questionamento radical dos argumentos teológicos e ontológicos em favor da desigualdade entre os humanos. O que Benhabib promove com isso é uma espécie de contextualização do ponto de vista da ética comunicativa, afinal, este ponto de vista "foi possibilitado pela cultura da modernidade, na qual a justificação de normas e valores e o seu questionamento reflexivo tornaram-se um modo de vida" (ibidem, p. 110).

talidade alargada. Indiquei ainda que a posição universalista de Benhabib a obriga, por outro lado, a se afastar de Arendt e afirmar explicitamente os princípios do respeito moral universal e da reciprocidade igualitária. Em outro aspecto, relacionado a este, Benhabib também se vê obrigada a se distanciar da autora de *A condição humana*: na disjunção radical entre moralidade e política supostamente promovida por Arendt, que a teria levado a ignorar os princípios normativos da sua própria teoria política. Em *The reluctant modernism of Hannah Arendt*, ela detecta uma lacuna normativa no pensamento arendtiano que seria resultante de um certo ceticismo (compreensível) com relação à possibilidade de que crenças e princípios morais seriam capazes de restringir ou controlar a política no século XX e dar a ela uma direção compatível com os direitos humanos e com a dignidade.[59] Em *Situando o self*, ela preenche essa lacuna normativa recorrendo a Kant. Se, por um lado, Arendt a ajuda a corrigir o monologismo e o apriorismo de Kant, este, por sua vez, deve ser resgatado contra Arendt com o intuito de reabilitar o fundamento moral da política:

> Assim, uma possível resposta à separação de Arendt entre moralidade e política é argumentar, com Kant e com a teoria política liberal moderna, que há uma fundação moral para a política na medida em que qualquer sistema político incorpora princípios de justiça. Na teoria kantiana, esse domínio cobre o *Rechtslehre* [doutrina do Direito], a saber, aqueles direitos huma-

---

59 Cf. idem, *The reluctant modernism of Hannah Arendt*, op. cit., p. 193-4.

nos e princípios públicos da legislação que incorporam o respeito pelo valor moral e a dignidade do outro.[60]

Nota-se, assim, que a construção do projeto do universalismo interativo se dá em grande medida através da assimilação parcial e da combinação de elementos arendtianos e kantianos. Se o aspecto "interativo" do projeto é fortemente arendtiano, o aspecto "universalista" exige afirmar princípios de validade universal bem como a base moral da política, coisa que Arendt não faz explicitamente, ainda que, para Benhabib, o pressuponha.[61] A estratégia argumentativa de Benhabib envolve um jogo entre Arendt e Kant no qual um é chamado para corrigir os erros do outro. Com sua interpretação intersubjetiva do pensamento alargado, Arendt a permite corrigir o que ela considera o maior erro de Kant, a saber, assumir que os princípios do pensamento alargado podem ser realizados via experimentos de pensamento isolado do sujeito. Mais ainda, Benhabib empresta de Arendt as categorias da natalidade, da pluralidade e da narratividade para defender – contra a definição das nossas identidades morais em termos puramente racionais – que pensar do ponto de vista do outro envolve compartilhar uma cultura pública, e que "o cultivo da imaginação moral de uma pessoa prospera nessa cultura em que a perspectiva autocentrada do indivíduo é constantemente desafiada pela multiplicidade e diversidade de perspectivas que constituem a vida pública".[62] Kant, por sua vez, é invocado para corrigir o que Benhabib considera ser o maior

---

60 Seyla Benhabib, *Situando o self*, op. cit., p. 288.
61 Não se trata aqui de avaliar a pertinência da leitura que Benhabib faz de Arendt, mas apenas explicitar o modo como a lê e a atualiza no contexto do debate entre neokantianos e neoaristotélicos.
62 Seyla Benhabib, *Situando o self self*, op. cit., p. 291.

problema de Arendt, a saber, o fato de que ela explicitamente separa moral e política, ainda que, implicitamente pressuponha uma relação entre ambas. Essa separação impediria Arendt de assumir com clareza os princípios morais da sua política gerando um vácuo normativo que Benhabib – para não cair no relativismo e fazer frente aos neoaristotélicos e aos pós-modernos – precisa preencher.

Considerações finais

Neste texto procurei mostrar de que modo Benhabib se apoia em Arendt para se posicionar no debate entre neokantianos e neoaristotélicos, corrigir os excessos racionalistas de Habermas e da tradição universalista e formular uma resposta à questão central de *Situando o self* a respeito do que "está vivo e o que está morto nas teorias universalistas morais e políticas do presente após as críticas que lhes foram dirigidas por comunitaristas, feministas e pós-modernos".[63] O cerne da sua reformulação da tradição universalista na ética é a construção de um "ponto de vista moral" segundo o modelo de uma conversação moral, exercitando a arte do pensamento alargado. Com Arendt ela defende que o objetivo da conversação não é o consenso ou a unanimidade, mas a comunicação antecipada com outros com os quais eu sei que devo chegar finalmente a um acordo. Diferentemente de Arendt, para Benhabib isso vale tanto para juízo moral quanto para o juízo político. Tanto na ética quanto na política, o procedimento de universalização, entendido como reversibilidade de perspectivas, envolve uma disposição para raciocinar a partir do ponto de vista do outro (dos outros). Assim, o foco é retirado do consenso e depositado na *disposição* para buscar o entendimento e para alcançar algum acordo razoável com os outros:

---

63 Ibidem, p. 30.

> Minha proposta é considerar o conceito de "interesse geral" na ética e na política mais como um ideal regulador e menos como o conteúdo de um consenso substantivo. Na ética, o procedimento de universalização, se entendido como reversibilidade de perspectivas e uma disposição para raciocinar a partir do ponto de vista do outro (dos outros), não garante o consenso, mas demonstra a vontade e a prontidão para buscar o entendimento com o outro e para alcançar algum acordo razoável em uma conversação moral em aberto. De modo semelhante, na política é menos importante que "nós" descubramos "o" interesse geral, e mais importante que as decisões coletivas sejam alcançadas por meio de procedimentos radicalmente abertos e equânimes para todos.[64]

A despeito da divergência com Arendt no que tange ao juízo moral, nota-se que a concepção arendtiana da mentalidade alargada desempenha um papel crucial na constituição de uma *Sittlichkeit* [eticidade] pós-convencional por meio da política participativa em uma comunidade política democrática. Nesse sentido, o uso que Benhabib faz da mentalidade alargada arendtiana revela que uma teoria universalista não pode se contentar em estabelecer procedimentos, mas deve ser capaz de dizer *como* o procedimento pode vir a ser adotado em sociedades democráticas, o que envolve uma reflexão a respeito das disposições práticas dos indivíduos e do modo como elas são conquistadas e exercitadas intersubjetivamente. A "*Sittlichkeit* pós-convencional" é a resposta que Benhabib oferece à pergunta a respeito do que resiste da tradição universalista depois das críticas neoaristotélicas, pós-modernas e feministas. É a saída que ela propõe para a radicalidade

---

64 Ibidem, p. 46-7.

improdutiva do debate entre neokantianos e neoaristotélicos em nome de um universalismo contextualizado e interativo e que a remete, inevitavelmente, para a questão da formação de uma cultura que estima o universalismo. A construção de uma eticidade universalista, que tem desdobramentos éticos e políticos, requer uma ética política que "se preocupa com a criação de instituições, com a formação de práticas e a manutenção de valores cívicos que cultivem a capacidade da mentalidade alargada e o compromisso com a igualdade universalista que os inspiram".[65] Embora Arendt tenha falhado em admitir a qualidade moral da mentalidade alargada, ela acertou ao sustentar que o juízo é a mais política de todas as faculdades humanas, pois, com isso, ela foi capaz de recuperar a mais significativa qualidade do mundo público: a de ser constituído por perspectivas. A partir daí, Benhabib explora a ligação entre uma cultura cívica de participação pública e a qualidade moral da mentalidade alargada, pois esta precisa, para o seu desenvolvimento, de instituições e práticas públicas que possibilitem a expressão dos diversos pontos de vista.

Ao assumir as noções arendtianas de natalidade, pluralidade, narratividade e mentalidade alargada contra o monologismo kantiano, Benhabib admite que pensar do ponto de vista dos outros requer *compartilhar* certa cultura pública. É, portanto, no contexto mais amplo da pergunta pela constituição de um *ethos* democrático, que se torna urgente diante da constatação da necessidade da transfiguração da visão liberal do universalismo, que Arendt se torna produtiva para Benhabib.[66] O mundo

---

65 Ibidem, p. 286-7.
66 Assim, a concepção deliberativa da democracia assumida por Benhabib comportará um elemento distintivo assimilado de Arendt: "a participação no âmbito público impõe [aos indivíduos] a obrigação de inverter as perspectivas e estar preparados para pensar e

público, no qual a ação e o discurso acontecem, é constituído por distintas perspectivas, e o cultivo da mentalidade alargada é o que nos prepara para lidar com a pluralidade, acompanhando o desenvolvimento da cidadania democrática.[67]

---

raciocinar do ponto de vista dos outros interessados" (Seyla Benhabib, *The claims of culture: Equality and diversity in the global era*. Princeton, Oxford: Princeton University Press, 2002, p. 228. Para o vínculo entre mentalidade alargada e democracia deliberativa, conferir ibidem p. 194, 228, 232.

67 Inspirada em Arendt, Benhabib também estabelece, finalmente, uma relação entre o justo e o bem que difere tanto da posição dos neokantianos quanto dos neoaristotélicos: a sua proposta consiste em defender, contra a ruptura ou a identidade entre o justo e o bem, a sua mediação. A assimilação das categorias arendtianas da ação se desdobra na tese de que pensar do ponto de vista dos outros implica compartilhar uma certa cultura pública em que todos os outros possam articular realmente o que pensam e as suas perspectivas. Nota-se que ao propor uma "ética política", ela não capitula diante dos neoaristotélicos e tampouco pretende destruir totalmente a distinção entre o justo e o bem. Ao contrário, a distinção permanece em uma *Sittlichkeit* pós-convencional, mas não de maneira estanque. Isso é essencial para que a esfera pública seja compreendida como o domínio da interação que faz a mediação entre as instituições macropolíticas de um regime democrático e a esfera privada, o que está em conformidade com a tese de que a ética comunicativa não diz respeito apenas a questões de justiça, mas também de felicidade, diz respeito à *norma* e também à *utopia*. A mediação entre o justo e o bem aponta para o elemento da utopia, para a *transfiguração da visão liberal do universalismo*, afinal, a lacuna entre as demandas da justiça e as demandas da virtude pode ser superada através do cultivo da amizade e solidariedade cívicas.

Giorgio Agamben: A democracia contemporânea e a questão de gênero[1]

A teoria do estado de exceção de Giorgio Agamben tem sido recebida com entusiasmo por intelectuais brasileiros de áreas diversas. Juristas, cientistas políticos, filósofos e psicanalistas têm se inspirado nela e frequentemente a aplicam ao atual estágio da democracia brasileira, inclusive para desvelar a contiguidade da democracia com a ditadura civil militar.[2] Na contramão dessa tendência, este texto analisa algumas das teses centrais da teoria do estado de exceção para mostrar as deficiências do diagnóstico que a embasa. Trata-se de um diagnóstico construído com excessiva atenção aos dispositivos de controle e à esfera pública oficial e que, por isso mesmo, não é atento para as demandas da sociedade, para a relevância dos movimentos sociais e para os potenciais emancipatórios inscritos no presente. Para empreender essa análise, proponho-me a avaliar se e em que medida essa

---
1   A primeira versão deste texto foi publicada como "Giorgio Agamben e a emancipação da mulher" na revista *Philósophos*, Goiânia, v. 21, n. 1, p. 213-234, jan./jun. 2016. Esta versão contém modificações que não comprometem o argumento original, mas que visam torná-lo mais claro.
2   No âmbito da filosofia é o caso, por exemplo, de Paulo Arantes, "1964, o ano que não terminou" (In: EDSON, Teles.; SAFATLE, Vladimir (Orgs.). *O que resta da ditadura: A exceção brasileira*. São Paulo: Boitempo Editorial, 2010).

teoria nos ajuda a refletir sobre a questão da emancipação das mulheres. Ainda que Agamben não tenha tratado do tema, farei um exercício de pensar essa questão a partir de seu arsenal teórico.[3] Veremos que o modo pelo qual o autor pensa as democracias capitalistas atuais dificulta a análise não apenas das conquistas das mulheres desde o fim do século XIX, mas também da complexidade dos obstáculos efetivos para a sua emancipação.

A primeira parte deste texto se concentra no diagnóstico que Agamben faz das democracias contemporâneas ocidentais principalmente nos livros *Estado de Exceção* (2003), *Homo sacer* (1995) e *O Reino e a glória* (2007). Em um segundo momento, a partir de alguns elementos da teoria da democracia de Seyla Benhabib, trata-se de explorar as deficiências desse diagnóstico, equivocado tanto em relação à "esfera pública oficial" quanto à "não oficial". Finalmente, num terceiro momento, recuperarei brevemente o modo como Nancy Fraser lida com a questão aqui proposta. Recorrei à análise que ela faz das injustiças que acometem as coletividades bivalentes para mostrar que a teoria de Agamben dificilmente oferece recursos para uma reflexão sobre a questão de gênero. A partir de Fraser e do modo como ela desvela a complexidade dos dilemas enfrentados pelas comunidades bivalentes, pretendo sugerir que a atenção excessiva nos dispositivos de controle – que tende a reduzir o Estado à sua faceta dominadora – e a identificação entre direito e violência (ou entre democracia e totalitarismo) levam Agamben a abandonar

---

3 Eu poderia ter escolhido tratar da questão da discriminação racial ao invés da questão de gênero, ambas candentes no Brasil, mas vou me restringir à primeira, anunciando de antemão que as conclusões a que chegarei aqui avaliando a pertinência da teoria de Agamben para pensar a emancipação feminina também poderiam valer para a questão racial.

uma reflexão mais aprofundada sobre as possibilidades efetivas de combate à dominação e à alienação na contemporaneidade. Afinal de contas, como veremos com Fraser, o enfrentamento do não reconhecimento passa por uma reflexão a respeito das políticas públicas mais adequadas para tanto, o que, no limite, está vetado para uma teoria que promove a tese da contiguidade entre democracia e totalitarismo e entende que a política contemporânea é integralmente biopolítica.

O suposto triunfo do biopoder e as conquistas feministas

Em 1995, Agamben detecta um longo e duradouro eclipse da política que perdura "ainda hoje" e o atribui ao triunfo da biopolítica na modernidade.[4] Duas das teses centrais de sua teoria são as seguintes: 1) Há um vínculo entre biopolítica e exceção soberana, eventos intimamente relacionados que se estabelecem com a política moderna e que revelam que a nossa política não conhece hoje outro valor além da vida; 2) Há uma "íntima solidariedade entre democracia e totalitarismo".[5] Para Agamben, a transformação moderna da política em espaço da vida nua é o que legitimou e tornou necessário o domínio total: "somente porque em nosso tempo a política se tornou integralmente biopolítica, ela pôde constituir-se em uma proporção antes desconhecida em política totalitária".[6] Interessa destacar que, para ele, esse fenômeno se estende também às democracias, daí a tese da contiguidade entre democracia e totalitarismo:

> antes de emergir impetuosamente à luz do nosso século [século XX], o rio da biopolítica que arrasta consigo

---

4   Giorgio Agamben, *Homo sacer*, op. cit., p. 12.
5   Ibidem.
6   Ibidem, p. 126.

> a vida do *homo sacer*, corre de modo subterrâneo, mas contínuo. É como se, a partir de um certo ponto, todo evento político decisivo tivesse sempre uma dupla face: os espaços, as liberdades e os direitos que os indivíduos adquirem no seu conflito com os poderes centrais simultaneamente preparam, a cada vez, uma tácita porém crescente inscrição de suas vidas na ordem estatal, oferecendo assim uma nova e mais temível instância ao poder soberano do qual desejariam libertar-se. [...] E apenas porque a vida biológica torna-se por toda a parte o fato politicamente decisivo, é possível compreender a rapidez, de outra forma inexplicável, com a qual no nosso século as democracias parlamentares puderam virar estados totalitários e os estados totalitários converter-se quase sem solução de continuidade em democracias parlamentares.[7]

A essas teses soma-se outra, formulada anos depois em *O Reino e a Glória*, que afirma que a "função das aclamações e da glória, na forma moderna da opinião pública e do consenso, continua presente no centro dos dispositivos políticos do Ocidente".[8] O livro de 2007 se ocupa do funcionamento da máquina governamental e conclui, após extensa pesquisa a respeito das doxologias e das aclamações litúrgicas, dos ministérios e dos hinos angélicos medievais, que há ainda hoje uma relação entre o poder e a glória que passa despercebida (principalmente para os teóricos do agir comunicativo, segundo o autor), mas que revela "a verdadeira" estrutura e o funcionamento do poder, aliás com

---

7   Ibidem, p. 127-8, grifo meu.
8   Idem, *O reino e a glória: Por uma genealogia teológica da economia e do governo – Homo sacer II, 2*. Trad. de Selvino J. Assmann. São Paulo: Boitempo Editorial, 2011, p. 10.

muito mais acerto, segundo Agamben, do que "muitas análises pseudo-filosóficas sobre a soberania popular, o Estado de Direito ou os procedimentos comunicativos que regem a formação da opinião pública e da vontade política".[9] Agamben redescobre a atualidade do diagnóstico de Guy Debord, recuperando a identificação da democracia contemporânea com a sociedade do espetáculo. Nas suas palavras:

> Em 1967, com um diagnóstico cuja precisão nos parece *hoje* mais que evidente, G. Debord constatava a transformação em escala planetária da política e da economia capitalista em um "imenso acúmulo de espetáculos", em que a mercadoria e o próprio capital assumem a forma midiática da imagem. Se juntarmos as análises de Debord com a tese schmittiana da opinião pública como forma moderna de aclamação, todo o problema do atual domínio espetacular da mídia sobre qualquer outro aspecto da vida social aparecerá em uma nova dimensão [...]. O que está em questão é nada menos do que uma nova e inaudita concentração, multiplicação e disseminação da função da glória como centro do sistema político.[10]

Para desfazer as ilusões causadas pelas teorias da democracia deliberativa baseadas na teoria do agir comunicativo, o autor, combinando Guy Debord com Carl Schmitt, defende que o que realmente importa para a compreensão do poder no atual estágio das democracias é o vínculo entre o poder e a glória. A suposta "democracia consensual" (que ele parece identificar

---

9   Ibidem.
10 Ibidem, p. 278 (grifo meu).

equivocadamente com a democracia deliberativa, como se toda forma de deliberação devesse terminar em consenso) é uma democracia gloriosa, na medida em que há um vínculo essencial entre consenso e aclamação: o consenso seria a forma moderna da aclamação.[11] Não vou analisar aqui detidamente a crítica de Agamben às teorias da democracia deliberativa e fazer o exercício necessário de desvelar as fragilidades do seu argumento que gira em torno da identificação entre deliberação e aclamação. Isso fica para outra ocasião. Basta, para o objetivo deste texto, notar que a construção do diagnóstico extremamente pessimista que Agamben faz foca na análise do funcionamento da máquina governamental, sempre dominadora, ao mesmo tempo que prescinde da sociedade civil. Quando esta aparece, como é o caso no livro de 2007, é retratada como sujeito coletivo singular, um bloco unívoco formado por sujeitos indistintos e, mais ainda, totalmente passivos e controlados. Essa é a razão pela qual ele recusa solenemente a teoria do agir comunicativo: para ele, o povo não debate, mas aclama, a sociedade não é plural, mas singular (porque sua opinião é formada pela mídia), o diálogo público – até porque não acontece – não restringe ou pressiona o poder governamental, e a soberania popular é uma quimera que se desfaz quando atentamos para o vínculo entre o poder e a glória. Ocorre que ao tentar desfazer a "ficção" do *govern by consent*, Agamben desmerece o papel das instituições para a construção da igualdade democrática e, ao mesmo tempo, retira a sociedade de cena ignorando a sua capacidade de organização, mobilização e reivindicação. Sugiro estar aqui a raiz da inadequação do seu retrato das democracias contemporâneas bem como da incapacidade da sua teoria para detectar

---

11 Ibidem, p. 281.

e enfrentar formas diversas de sujeição, e, por conseguinte, a questão da emancipação das mulheres.

No ensaio *O que é um dispositivo*, essa prevalência da singularidade coletiva em detrimento da pluralidade e dos conflitos sociais se mostra com toda clareza quando Agamben recupera e atualiza os "dispositivos" de Foucault. Para ele, o que define

> os dispositivos com os quais temos que lidar na atual fase do capitalismo é que estes não agem mais tanto pela produção de um sujeito quanto por meio de processos que podemos chamar de dessubjetivação [...]. O que acontece agora é que processos de subjetivação e processos de dessubjetivação parecem tornar-se reciprocamente indiferentes e não dão lugar à recomposição de um novo sujeito, a não ser de forma larvar e, por assim dizer, espectral.[12]

O que isso significa? Significa que "as sociedades contemporâneas se apresentam como corpos inertes atravessados por gigantescos processos de dessubjetivação que não correspondem a nenhum processo de subjetivação real".[13] Daí o eclipse da política, que tenta se sustentar na "máscara hipócrita do bom cidadão democrático", mas que revela, na verdade, a formação do "corpo social mais dócil e frágil jamais constituído na história da humanidade".[14] Na origem disso está uma certa concepção do indivíduo moderno para o qual estaria vetada qualquer pos-

---

12 Idem, "O que é um dispositivo?". In: _____. *O que é o contemporâneo? E outros ensaios*. Trad. de Vinícius Nicastro Honesko. Chapecó: Argos, 2009, p. 47.
13 Idem, *O que é o contemporâneo?* op. cit., p. 48 (grifo meu).
14 Ibidem, p. 49.

sibilidade de comunicação e intersubjetividade, de organização, reivindicação e luta.

Que se tome, ainda, as teses segundo as quais a política contemporânea não conhece nenhum outro valor além da vida (a vida nua) e que o soberano decide a implicação originária do ser vivente na esfera do direito, o que legitima o domínio total. Com auxílio da teoria da democracia de Seyla Benhabib detectamos o vício que acompanha a redução *integral* da política à biopolítica. Em sociedades plurais e profundamente desiguais, observa Benhabib, "é muito difícil aceitar o outro enquanto profundamente diferente e ao mesmo tempo reconhecer sua igualdade e dignidade humana fundamental".[15] Portanto, é imprescindível, para a igualdade democrática, a criação de instituições que se contraponham à dominação. É possível, claro, que essas instituições não sejam imparciais, e frequentemente não o são. Por isso, parte considerável da luta política é para que elas se tornem efetivamente democráticas e incorporem demandas legítimas. Mas a redução integral da política à biopolítica é tão cética a respeito das instituições e da luta pela sua democratização que, ao fim e ao cabo, conduz à inação: se tudo está perdido, por que lutar? O diagnóstico do eclipse da política leva Agamben a focar apenas nas perdas da modernidade, nunca nos seus ganhos e nas experiências efetivas de luta e emancipação. Além do mais, ele, que pensa a política apenas partir da esfera pública oficial sempre dominadora e disciplinadora, desconsidera completamente aquilo que se passa ao largo dela, por exemplo, lutas por reconhecimento e por redistribuição. No entanto, um desvio de olhar que vai do Estado para a sociedade, do direito supostamente "congenitamente violento" para a mobilização social, coloca em xeque

---

15 Seyla Benhabib, *The claims of culture*, op. cit., p. 8.

as teses acima destacadas a respeito do estado de exceção, dado que a "esfera pública *oficial* das instituições representativas, que incluem o legislativo, as burocracias públicas e executivas, o judiciário e os partidos políticos, não são os únicos lugares da contestação política e da formação da vontade e da opinião".[16] Em suma, não há como fazer um diagnóstico pertinente das democracias contemporâneas quando se exclui deliberadamente a presença dos movimentos sociais e das associações políticas, artísticas, religiosas, culturais e civis da esfera pública *não oficial*. Dito de outro modo, não há como fazer um diagnóstico pertinente das democracias atuais ignorando que reivindicações de grupos diversos se tornaram contestadoras na esfera pública das democracias capitalistas e estão implicadas em lutas por reconhecimento e redistribuição.[17] Mas do diagnóstico de Agamben estão excluídos esses atores, e é evidente que eles precisam desaparecer para que a sociedade contemporânea possa ser retratada como um corpo inerte e como o "corpo social mais dócil e frágil jamais constituído na história da humanidade".[18]

É importante notar que Agamben não esconde o seu modo de proceder, afinal ele diz claramente que o homem contemporâneo é aquele "que mantém fixo o olhar no seu tempo para nele perceber não as luzes, mas o escuro".[19] A sua atitude deliberada de "descrever a obscuridade" e "mergulhar nas trevas do presente"[20] revela, entretanto, mais um vício de seu diagnóstico, que parece vir antes de uma análise efetiva da sociedade das instituições e que se restringe a olhar para as patologias e para as

---

16 Seyla Benhabib, *The claims of culture*, op. cit., p. 21 (grifo meu).
17 Ibidem, p. 1.
18 Giorgio Agamben, *O que é o contemporâneo?* op. cit., p. 49.
19 Ibidem, p. 62.
20 Ibidem, p. 63.

forças impessoais que agem pelas costas dos agentes sociais. Essa atitude teórica obstrui a compreensão de como tais forças, para emprestar as palavras de Seyla Benhabib, "geram certas experiências de sofrimento, humilhação, agressão e injustiça, que, por sua vez, podem levar à resistência, ao protesto e à luta organizada".[21] O resultado é que Agamben não detecta nenhuma mudança política significativa da Primeira Guerra Mundial até os dias de hoje, sugerindo, inclusive que nós estamos numa situação pior do que a da Roma republicana, onde pelo menos a *potestas* estava separada da *auctoritas*.[22] Ora, essa régua que Agamben passa na história é um indício de que talvez ele não considere relevantes as conquistas efetivas dos movimentos sociais e da sociedade em geral. A tese segundo a qual o evento fundador da modernidade é o ingresso da vida natural na esfera da *polis* e que a politização da vida nua como tal constitui o evento decisivo da modernidade desconsidera os ganhos e as conquistas promovidos, por exemplo, pelos movimentos de mulheres e as mudanças profundas que foram se dando, desde o século XIX, no que diz respeito ao confinamento de certos grupos de mulheres ao lar, à sua aparição na esfera pública, à sua entrada no mercado de trabalho, à conquista do direito de voto, etc. O diagnóstico de que a modernidade juntamente com o capitalismo produziu apenas corpos "dóceis", ou seja, obedientes, impede Agamben de ver que muitas dessas conquistas são resultado de movimentos e lutas, que não teriam sido encampadas se o que estivesse em jogo na política fosse apenas o indivíduo enquanto simples corpo vivente.

---

21 Seyla Benhabib, *Critique, norm, and utopia*, op. cit., p. 226.
22 Cf. Giorgio Agamben, *Estado de exceção*, op. cit., p. 131.

Mais ainda, parece que a lógica interna dessa teoria poderia levar à conclusão de que as lutas e conquistas feministas são uma ficção dado que o ingresso das mulheres no espaço público, a conquista da autonomia pessoal e financeira, a conquista do direito de voto e manifestação pública não podem significar outra coisa senão a reinserção de suas vidas na ordem estatal e a sua submissão ao controle do poder soberano aliado ao capital. Essa mesma lógica prejudica a percepção de que são justamente essas conquistas que permitem ou podem vir a permitir que as mulheres se coloquem contra o "poder soberano" e defendam concepções de vida distintas daquelas sustentadas pela cultura androcêntrica, pela mídia, pela tradição, e tenham liberdade para criticar determinadas concepções de bem contra os poderes instituídos, inclusive contra o Estado e a mídia. Se levasse a sério as lutas e as conquistas das mulheres, Agamben teria que colocar em questão a sua própria tese de que o corpo político do Ocidente é formado pelos corpos matáveis e dóceis dos súditos hobbesianos.[23]

Os corpos dóceis e sujeitos dessubjetivados não têm gênero?

Mas se Agamben não tem olhos para os ganhos democráticos, resta indagar se ele, que está à busca das trevas do presente, detecta com sagacidade as patologias contemporâneas. Parece, entretanto, que não são apenas os ganhos que ele deixa de ver, mas também as causas da injustiça e as dificuldades concretas para a emancipação das mais diversas formas de violência e dominação que vigem nas democracias atuais. Nessa sociedade homogênea e

---

23 Cf. Giorgio Agamben, *Homo sacer*, p. 131. Tratei da atualidade da filosofia política de Thomas Hobbes segundo Agamben no capítulo 4, acima.

passiva que ele descreve, os indivíduos não têm nenhuma especificidade, razão pela qual Agamben está incapacitado de compreender que a sujeição e a injustiça ocorrem de modos diferentes, com instrumentos distintos, sobre pessoas e grupos específicos. Quando o Estado e as instituições são reduzidos a dispositivos de controle e a sociedade é descrita como um bloco homogêneo, passivo e indistintamente controlado, a sujeição é vista apenas de um dos seus ângulos. Também por essa razão a sua teoria fica muito aquém de oferecer recursos para uma reflexão a respeito dos obstáculos efetivos à emancipação feminina, pois a injustiça contra as mulheres não tem apenas uma face e uma causa que indiscriminadamente afetaria sujeitos "dessubjetivados". A injustiça contra as mulheres, como mostra Nancy Fraser, é econômica (material) e cultural (simbólica), sendo que ambas estão imbricadas reforçando-se mutuamente. Vejamos.

Fraser ressalta a imbricação da injustiça econômica e cultural, mostrando que, quando normas androcêntricas e sexistas são institucionalizadas no Estado e na economia, o resultado é a desvantagem econômica das mulheres e a restrição da sua participação na vida pública e na formação da cultura. Isso pereniza, por sua vez, normas androcêntricas e assim por diante: "o resultado é um círculo vicioso de subordinação cultural e econômica".[24] Apesar de considerar que injustiças econômicas e culturais estão imbricadas, Fraser se propõe a distingui-las analiticamente, não só porque de fato elas têm raízes e remédios distintos, mas também porque, ao detectar as suas especificidades, tornamo-nos capazes de lidar com um dilema importante das democracias contemporâneas.

---

24 Nancy Fraser, "Da redistribuição ao reconhecimento? Dilemas da justiça na era 'pós-socialista'". Trad. de Márcia Prates. In: SOUZA, Jessé (Org.). *Democracia hoje: Novos desafios para a teoria democrática contemporânea*, p. 261.

A injustiça econômica, enraizada na estrutura político-econômica da sociedade, leva, por exemplo, à exploração do trabalho, à marginalização econômica e à privação de um padrão material adequado de vida. Em geral, as mulheres desempenham funções menosprezadas, são mal remuneradas e quando ocupam os mesmos postos de trabalho que os homens, os seus salários ainda são inferiores. A injustiça cultural – que é simbólica e não material – "está arraigada a padrões sociais de representação, interpretação e comunicação"[25] e se manifesta na dominação cultural, no não reconhecimento e no desrespeito. Interessa notar aqui que, por não se contentar com uma análise simplória da injustiça, e, portanto, por se recusar a reduzir a sujeição a uma única faceta, Fraser procura também refletir sobre os remédios (no plural) que possam combatê-la. Assim, o remédio para o primeiro tipo de injustiça não é exatamente o mesmo que o da segunda: "o remédio para a injustiça econômica é algum tipo de reestruturação político-econômica" (por exemplo, distribuição de renda, reorganização da divisão do trabalho, etc.), ao passo que o remédio para a injustiça cultural "é algum tipo de mudança cultural ou simbólica".[26] Mas admitir isso nos conduz a um dilema, que Fraser chama de dilema "redistribuição-reconhecimento": demandas redistributivas tendem a minar especificidades de grupos (ela dá o exemplo de demandas feministas pela abolição da divisão do trabalho por gênero), ao passo que demandas por reconhecimento tendem a reforçar a especificidade dos grupos. Portanto, se um mesmo grupo (que ela chama de "coletividades bivalentes", como é o caso das mulheres) demanda reparação nos dois sentidos, chegamos a um

---

25 Ibidem, p. 249-250.
26 Ibidem, p. 252.

dilema, uma vez que as mulheres precisam ao mesmo tempo afirmar e negar suas especificidades.

Nancy Fraser não se contenta apenas em detectar o dilema entre redistribuição e reconhecimento. Trata-se de um momento da teoria – fortemente embasado na diversidade das reivindicações feministas– ao qual se segue a pergunta: *como* podemos sair desse dilema, próprio das coletividades bivalentes, entre afirmar e negar a própria identidade? Aqui me interessa mais a formulação da questão do que propriamente a resposta que Fraser dá para ela, pois ao nos darmos conta do dilema nos tornamos cientes de um sério déficit da teoria de Agamben. O dilema se manifesta quando atentamos para as reivindicações concretas por reconhecimento e por redistribuição, assim como para os debates que ocorrem quando a sociedade se põe a refletir sobre quais remédios são mais adequados para desfazer injustiças contra coletividades bivalentes. Ou seja, o dilema se revela em experiências e práticas sociais concretas, que escapam a Agamben pelo fato mesmo de que essas experiências e práticas interessam pouco ou são imperceptíveis quando a sociedade é vista como inerte e passiva. Mais ainda, a pergunta pela possibilidade de resolver o dilema nos remete imediatamente às políticas públicas que possam vir a combater as injustiças,[27] atitude que contrasta

---

27 Isso é evidente, por exemplo, no caso do debate brasileiro recente sobre cotas para negros nas universidades públicas. A intensidade da polêmica em torno das cotas para negros revela não apenas que Agamben se equivoca quando retrata a sociedade atual como um corpo inerte, mas revela também que Fraser acerta em colocar o dilema entre afirmar e negar a especificidade de grupos sociais distintos quando se trata de pensar maneiras adequadas para combater a injustiça. A discussão recente sobre as cotas (e que também aparece no debate sobre cotas para mulheres em cargos ou listas parti-

com o viés cético e passivo da teoria do estado de exceção que vê o Estado e as instituições em geral apenas pelo ângulo da biopolítica. Se Agamben não se interessa por políticas públicas que possam promover a igualdade democrática é porque, ao reduzir a política contemporânea à biopolítica, parece ter previamente decidido que esta igualdade é inalcançável. Este é, no limite, o resultado de uma certa demonização do Estado. Por isso, novamente, interessam pouco as lutas concretas e, assim, a teoria se vê condenada por um diagnóstico que só capta dispositivo de controle (do lado das instituições) e passividade (do lado da sociedade), sem nenhum potencial para a emancipação e para o combate das injustiças.

Em contrapartida, ao se voltar para a resolução do dilema, Fraser se vê obrigada a analisar as virtudes e os vícios dos remédios afirmativos e dos remédios transformativos, e aqui se mostra a produtividade e a dimensão prática dessa teoria crítica orientada para a emancipação. Muito diferente de Agamben, que nada nos oferece para além de uma reiteração do diagnóstico da dominação total, Fraser nos oferece as razões pelas quais ela prefere certos remédios a outros.[28] Ao invés de predefinir a socie-

---

    dárias) se dá numa disputa a respeito dos remédios mais adequados e eficazes para combater esse tipo de desigualdade, entre aqueles que defendem a ação afirmativa e aqueles que preferem remédios transformativos capazes de efetivamente combater a desigualdade e o racismo de maneira mais estrutural. A intensidade do debate e a natureza das questões que o norteiam revelam a complexidade do problema e as dificuldades de se enfrentar a dominação, questões simplesmente ausentes da obra de Agamben.

28 Interessa notar que o compromisso com o combate da injustiça institucionalizada, a partir de uma perspectiva universalista, leva Fraser a preferir remédios transformativos a remédios afirmativos. Remédios afirmativos para a injustiça são aqueles "voltados para a correção de

dade como um corpo inerte, ela parte das reivindicações sociais

resultados indesejáveis de arranjos sociais sem perturbar o arcabouço que os gera", ao passo que os transformativos "são orientados para a correção de resultados indesejáveis precisamente pela reestruturação do arcabouço genérico que os produz" ("Da redistribuição ao reconhecimento?", op. cit., p. 265-6). Assim, remédios afirmativos redistributivos tentam superar a má-distribuição de recursos, mas deixam intacta a estrutura político-econômica subjacente. Algo análogo acontece com os remédios afirmativos de reconhecimento, pois estes tendem a promover as diferenciações entre os grupos, o que, segundo Fraser, dificulta reagrupamentos futuros. No caso do gênero, a "redistribuição afirmativa não afeta o nível profundo no qual a economia política é definida por gênero" e por isso tem que fazer continuamente realocações artificiais. O reconhecimento afirmativo, por sua vez, ao afirmar a "diferença das mulheres", não apenas congela a "identidade" da mulher tal como ela é atualmente construída culturalmente, evitando a sua desconstrução, como também pode ter o efeito perverso de gerar ressentimento. De outro lado, os remédios transformativos redistributivos visam mudanças mais consistentes que evitam medidas artificiais constantes, ao mesmo tempo que os remédios transformativos de reconhecimento visam "desmantelar o androcentrismo por meio da desestabilização das dicotomias de gênero" (ibidem, p. 276). Em 2003, no livro *Redistribution or Recognition? A Political Philosophical Exchange* (London: Verso, 2003), publicado em conjunto com Axel Honneth, Nancy Fraser modifica a sua estratégia inicial de distinguir remédios afirmativos e remédios transformativos incluindo a via da "reforma não-reformista", ideia que empresta de André Gorz. Essa correção no modo de conceber a diferenciação entre remédios afirmativos e transformativos se fez necessária diante da percepção de que a diferenciação original talvez pecasse por excesso de abstração e descontextualização (Cf. Nancy Fraser, "Global justice and the renewal of the Critical Theory tradition". In: ROCKHILL, Gabriel; GOMEZ-MULLER Alfredo (Orgs.). *Politics of culture and the spirit of critique*. Nova York: Columbia University Press, 2011, p. 84-5). Para corrigir esse problema,

Liberdade, cidadania e *ethos* democrático 377

e se compromete com elas, entrando no debate e justificando as suas posições; o que, por sua vez, a obriga a destacar a dimensão normativa de sua teoria bem como o seu compromisso com o universalismo e com o combate à injustiça institucionalizada.[29]

Fraser passa a considerar que a diferença entre a estratégia afirmativa e a transformativa não é absoluta, mas contextual, pois "reformas que parecem ser afirmativas em abstrato, podem ter efeitos transformativos em alguns contextos caso sejam implementadas de maneira consistente e radical". Podemos pensá-las como "reformas não-reformistas" se, em certos contextos de implementação, elas coloquem em movimento uma trajetória de mudanças na qual reformas mais radicais se tornem viáveis (Cf. Nancy Fraser e Axel Honneth, op. cit., p. 78-82). Isso não implica perder o horizonte das mudanças estruturais e tampouco abandonar pretensões universalistas. Significa, ao contrário, reconhecer que estratégias afirmativas podem ter consequências positivas para lutas futuras porque podem, dependendo do modo de implementação e do contexto, provocar mudanças maiores do que aquelas inicialmente visadas.

29 Não vou analisar detidamente a resposta de Fraser para essas questões e o modo pelo qual ela tenta encontrar uma solução para o dilema destacado acima. Vale mencionar, contudo, que ela sustenta uma concepção bidimensional de justiça, que trata a distribuição e o reconhecimento como perspectivas distintas da justiça, sem reduzir uma a outra. A noção de paridade de participação funciona como padrão normativo para a sua concepção de justiça, trata-se de uma norma universalista, e serve para avaliar se as condições para a deliberação estão dadas ou não. Duas observações a esse respeito: 1) a paridade de participação é universalista em dois sentidos: porque inclui todos os parceiros (adultos) na interação e porque pressupõe o valor moral igual dos seres humanos; 2) a paridade de participação "deve ser aplicada dialogicamente e discursivamente no decorrer de processos democráticos de debate público" (Cf. Nancy Fraser e Axel Honneth, op. cit., p. 43-5). De acordo com essa norma, a justiça requer arranjos sociais que permitam que to-

Como indiquei anteriormente, aqui me interessa menos a solução que Fraser dá para o problema e mais o modo como o formula e o enfrenta, atentando para as demandas sociais, para as causas da injustiça, para as possibilidades de revertê-la, o que exige a explicitação e a justificação de um critério, baseado numa certa concepção e modelo de democracia, que a orienta no momento de enfrentar o problema da dominação.

Como mencionei anteriormente, a tese da contiguidade entre democracia e totalitarismo e o ceticismo em relação à possibilidade da formação intersubjetiva da vontade e da opinião levam Agamben a rejeitar as teorias da democracia deliberativa: "a democracia contemporânea é uma democracia inteiramente fundada na glória, ou seja, na eficácia da aclamação, multiplicada e disseminada pela mídia além do que se possa imaginar".[30] Mas a recusa da existência do diálogo público, decorrente da identificação entre deliberação e aclamação, tem como efeito a inação, ou seja, a conservação da sujeição. Se entendemos, por outro lado, que democracia implica a participação dos concernidos nos processos decisórios, a ampliação da democracia requer a inclusão do maior número de cidadãos e cidadãs nesses

---

dos os membros da sociedade interajam com os outros como pares. Isso significa que, para que a paridade de participação seja possível, duas condições devem ser satisfeitas: primeiro, a distribuição dos recursos materiais deve ser de tal modo que assegure a independência e a voz dos participantes. Fraser chama essa condição de "condição objetiva da paridade de participação". A segunda condição requer que padrões de valor cultural institucionalizados expressem igual respeito por todos os participantes e assegure iguais oportunidades para a aquisição da estima social. Essa condição ela chama de "condição intersubjetiva da paridade de participação" (ibidem, p. 36).

30 Giorgio Agamben, O reino e a glória, op. cit., p. 278.

processos e nas instituições nas quais se dão a deliberação e a formulação de políticas públicas. Não sabemos qual é o modelo de democracia de Agamben, mas sabemos que o autor desdenha dos "procedimentos comunicativos que regem a formação da opinião e da vontade política".[31] Logo, o seu foco não está evidentemente na deliberação pública (uma quimera) e tampouco na avaliação dos obstáculos reais à ampliação da participação de públicos específicos. Isso vem junto com a negligência do fato de que movimentos sociais têm procurado, não é de hoje, desfazer os bloqueios à participação de grupos específicos e historicamente alijados dos processos decisórios. Não é à toa, portanto, que ele simplesmente ignora um dos mais significativos movimentos sociais da sua própria época, o movimento feminista. Se a sua teoria não lida com as condições de possibilidade da ampliação da participação em geral, por que interessaria uma reflexão sobre as condições de possibilidade da ampliação da participação *das mulheres* nos processos decisórios? No que diz respeito à exclusão das mulheres, não basta dizer que a política moderna substitui a vida qualificada do cidadão pela vida nua (o que parece valer, indiscriminadamente, para homens e mulheres), é preciso esclarecer o caráter e as causas da subordinação das mulheres e da sua exclusão dos processos decisórios. Ocorre que, ao eleger a vida nua como único valor na modernidade, Agamben iguala homens e mulheres sob a categoria "corpos dóceis" e faz desaparecer a questão de gênero. Os corpos dóceis – assim como os corpos matáveis dos súditos hobbesianos – são neutros quanto ao gênero.

---

31 Ibidem, p. 10.

Considerações finais

Entendo que uma teoria que se pretende crítica do presente não pode se furtar a olhar para as necessidades e demandas expressadas pelos atores sociais. O próprio diagnóstico que formula – e reformula – deve ser capaz de incorporar e analisar essas demandas. Vale repetir as palavras de Benhabib:

> a teoria crítica social não está exclusivamente interessada nas forças impessoais que agem pelas costas dos agentes sociais, mas em mostrar como tais forças geram certas experiências de sofrimento, humilhação, agressão e injustiça, que, por sua vez, podem levar à resistência, ao protesto e à luta organizada.[32]

Em contraste, Agamben parece interessado apenas nas "forças impessoais" das quais fala Benhabib, razão pela qual ele se concentra, sobretudo, nos dispositivos de controle (do Estado e da mídia) que, segundo ele, levam à "dessubjetivação" dos sujeitos contemporâneos. Que essas forças ocorrem pelas costas dos sujeitos, não há dúvida, dado que as sociedades contemporâneas são, para ele, corpos inertes *"atravessados* por gigantescos processos de dessubjetivação". Mas se os sujeitos são "dessubjetivados", somem todas as suas especificidades, são todos – brancos e negros, heterossexuais, homossexuais, lésbicas, transexuais, homens e mulheres de todas as classes – igualmente controlados pelos mesmos dispositivos. Desaparecem as especificidades culturais bem como as experiências concretas de desrespeito sofridas por indivíduos e grupos distintos. Tanto é assim que quando Agamben se refere aos "sujeitos" concretos é para dizer que

---

32 Seyla Benhabib, *Critique, norm, and utopia*, op. cit., p. 226.

estamos todos controlados pelas câmeras espalhadas nas ruas, pelos telefones celulares e que nos sentimos livres apenas quando zapeamos no controle remoto da televisão.[33] Portanto, não faz sentido perguntar pelas experiências de sofrimento, humilhação e injustiça específicas. Por essa razão ainda, a teoria não parece oferecer recursos para uma reflexão a respeito das condições de possibilidade da reversão desse processo ineluctável de "dessubjetivação", que Agamben detecta como *a* patologia da política contemporânea. Se desaparecem os "sujeitos", some junto com eles a possibilidade da emancipação.

O beco sem saída a que essa teoria nos conduz tem sua raiz em uma abstração que conduz ao esfacelamento dos indivíduos e na visão da sociedade como uma singularidade coletiva obediente. Em conformidade com isso, Agamben afirma que o campo (o de concentração!), enquanto "puro, absoluto e insuperado espaço biopolítico [...] é o paradigma oculto do espaço político da modernidade".[34] Como é que "corpos inertes" ou "corpos dóceis" poderiam resistir, protestar e se organizar em reação às suas experiências de sofrimento e humilhação? Que tipo de resistência é possível no "campo"? Tanto é assim que o esforço crítico de Agamben desde a primeira parte do *Homo sacer* (1995) até *O reino e a glória* (2007) parece terminar onde começou: afirmando e reafirmando, de um lado, os dispositivos de controle da máquina governamental, e, de outro lado, a vida nua dos corpos matáveis e dóceis dos súditos hobbesianos.

Agamben retrata os cidadãos das democracias contemporâneas como dóceis e obedientes, mas fala em uma política "por

---

33 Giorgio Agamben, *O que é o contemporâneo?* op. cit., p. 47-8.
34 Idem, *Homo sacer*, p. 129.

inventar".³⁵ Ele defende que o direito é intrinsecamente violento, mas sonha com o dia em que "a humanidade poderá brincar com o direito, como as crianças brincam com os objetos fora de uso, não para devolvê-los ao seu uso canônico, mas para libertá--los [os brinquedos] definitivamente dele [do uso canônico]".³⁶ Do domínio total a uma política nova, da violência à brincadeira, do Estado de direito ao Estado sem direito: devemos nos perguntar como se fazem essas passagens e como se dá a emancipação? Agamben não tem como dar respostas a essas questões justamente porque desconsidera os agentes da resistência e da transformação social. De acordo com Fraser, para levar esses agentes em consideração seria necessário, parafraseando Marx, começar por analisar e esclarecer, sem dogmatismo e predefinição, as "lutas e desejos de sua época".³⁷ Mas, para isso, Agamben precisaria ser menos hobbesiano. Agamben reproduz, ao fim e ao cabo, o mesmo exercício filosófico de abstração operado por Hobbes quando descreve os homens como cogumelos que brotam da terra e são, como os fungos, sem história, sem laços, sem especificidades culturais, sem gênero, sem identidade.³⁸ A abstração filosófica que elimina particularidades serve para Hobbes justificar a origem do Estado pelo contrato e a instituição da

---

35 Ibidem, p. 18.
36 Idem, *Estado de exceção*, op. cit., p. 98.
37 Nancy Fraser, "O que é crítico na Teoria Crítica? O argumento de Habermas e o gênero". In: BENHABIB, Seyla; CORNELL, Drucilla (Orgs.). *Feminismo como crítica da modernidade*. Trad. de Nathanael da Costa Caixeiro. Rio de Janeiro: Editora Rosa dos Tempos, 1991, p. 38. Fraser refere-se aqui à carta que Karl Marx escreveu a Arnold Rouge em setembro de 1983. Cf. https://www.marxists.org/archive/marx/works/1843/letters/43_09.htm
38 Cf. Thomas Hobbes, *Do cidadão*, op. cit., cap. VIII, § 1.

soberania absoluta. Na teoria política de Agamben, ela serve para corroborar um diagnóstico formulado de antemão e refratário às tensões e complexidades das sociedades contemporâneas. Embora não abandone a expectativa de uma política nova capaz de se desvencilhar da marca hobbesiana, Agamben se enreda na camisa de força da biopolítica pelo seu próprio hobbesianismo.

Bibliografia

AGAMBEN, Giorgio. *Homo sacer: O poder soberano e a vida nua* [1995]. Trad. de Henrique Burigo. Belo Horizonte: Editora UFMG, 2007.

_____. *Estado de exceção – Homo sacer II, 1* [2003]. Trad. de Iraci Poletti. São Paulo: Boitempo Editorial, 2004.

_____. *O reino e a glória: Por uma genealogia teológica da economia e do governo – Homo sacer II, 2* [2007]. Trad. de Selvino J. Assmann. São Paulo: Boitempo Editorial, 2011.

_____. *O que é o contemporâneo? E outros ensaios*. Trad. de Vinícius Nicastro Honesko. Chapecó: Argos, 2009.

_____. "O que é um dispositivo?". In:___. *O que é o contemporâneo? E outros ensaios*, p. 25-51.

ARANTES, P. "1964, o ano que não terminou". In: TELES, Edson; SAFATLE, Vladimir. (Orgs). *O que resta da ditadura: A exceção brasileira*. São Paulo: Boitempo Editorial, 2010.

ARENDT, Hannah. "Philosophy and politics: The problem of action and thought after the French Revolution" lecture, 1954 (*datilogr.*). 72fl. *Essays and lectures* (ntr. 3 de 4). Série Speeches and Writings File, 1923-1975, n.d. Hannah Arendt Papers, Manuscript Division, Library of Congress, Washington, D.C. Disponível em: https://memory.loc.gov/cgi-bin/query/P?mharendt:3:./temp/~ammem_4MWl.

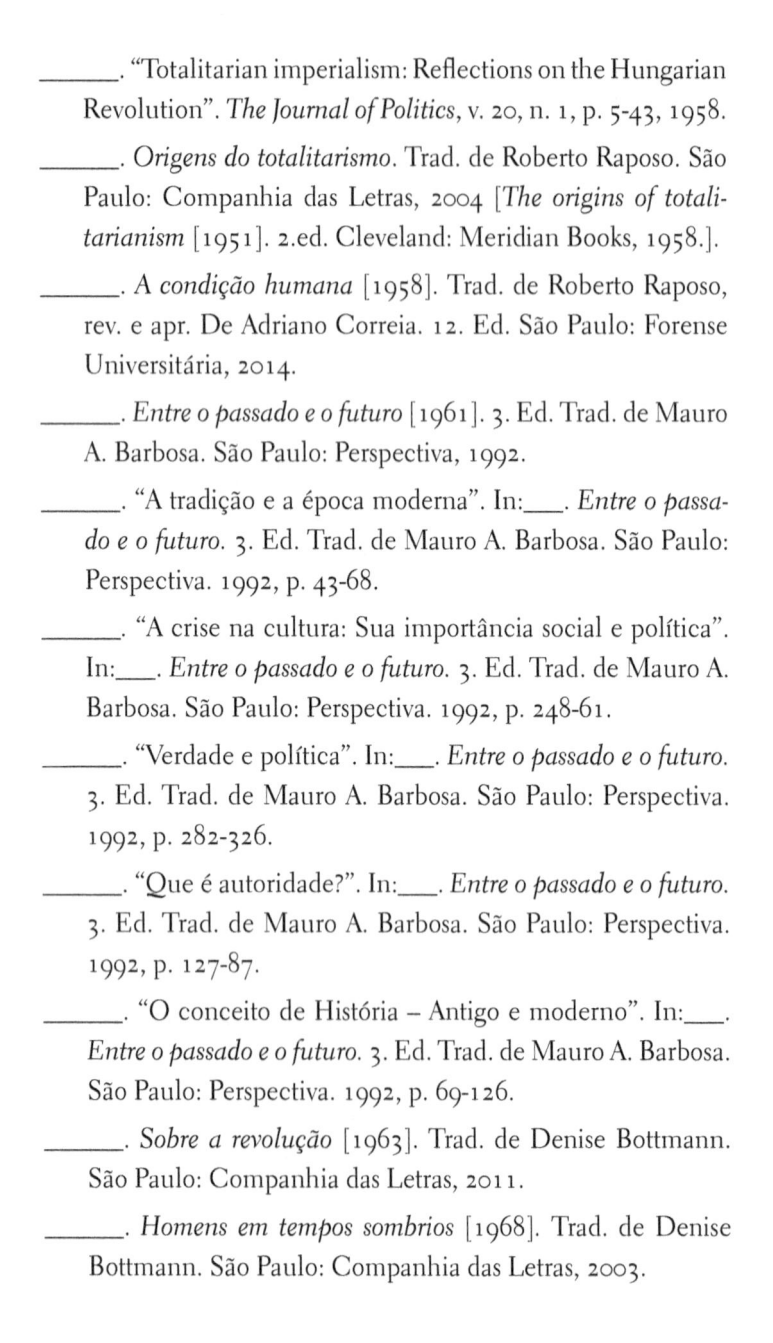

_____. "Totalitarian imperialism: Reflections on the Hungarian Revolution". *The Journal of Politics*, v. 20, n. 1, p. 5-43, 1958.

_____. *Origens do totalitarismo*. Trad. de Roberto Raposo. São Paulo: Companhia das Letras, 2004 [*The origins of totalitarianism* [1951]. 2.ed. Cleveland: Meridian Books, 1958.].

_____. *A condição humana* [1958]. Trad. de Roberto Raposo, rev. e apr. De Adriano Correia. 12. Ed. São Paulo: Forense Universitária, 2014.

_____. *Entre o passado e o futuro* [1961]. 3. Ed. Trad. de Mauro A. Barbosa. São Paulo: Perspectiva, 1992.

_____. "A tradição e a época moderna". In:___. *Entre o passado e o futuro*. 3. Ed. Trad. de Mauro A. Barbosa. São Paulo: Perspectiva. 1992, p. 43-68.

_____. "A crise na cultura: Sua importância social e política". In:___. *Entre o passado e o futuro*. 3. Ed. Trad. de Mauro A. Barbosa. São Paulo: Perspectiva. 1992, p. 248-61.

_____. "Verdade e política". In:___. *Entre o passado e o futuro*. 3. Ed. Trad. de Mauro A. Barbosa. São Paulo: Perspectiva. 1992, p. 282-326.

_____. "Que é autoridade?". In:___. *Entre o passado e o futuro*. 3. Ed. Trad. de Mauro A. Barbosa. São Paulo: Perspectiva. 1992, p. 127-87.

_____. "O conceito de História – Antigo e moderno". In:___. *Entre o passado e o futuro*. 3. Ed. Trad. de Mauro A. Barbosa. São Paulo: Perspectiva. 1992, p. 69-126.

_____. *Sobre a revolução* [1963]. Trad. de Denise Bottmann. São Paulo: Companhia das Letras, 2011.

_____. *Homens em tempos sombrios* [1968]. Trad. de Denise Bottmann. São Paulo: Companhia das Letras, 2003.

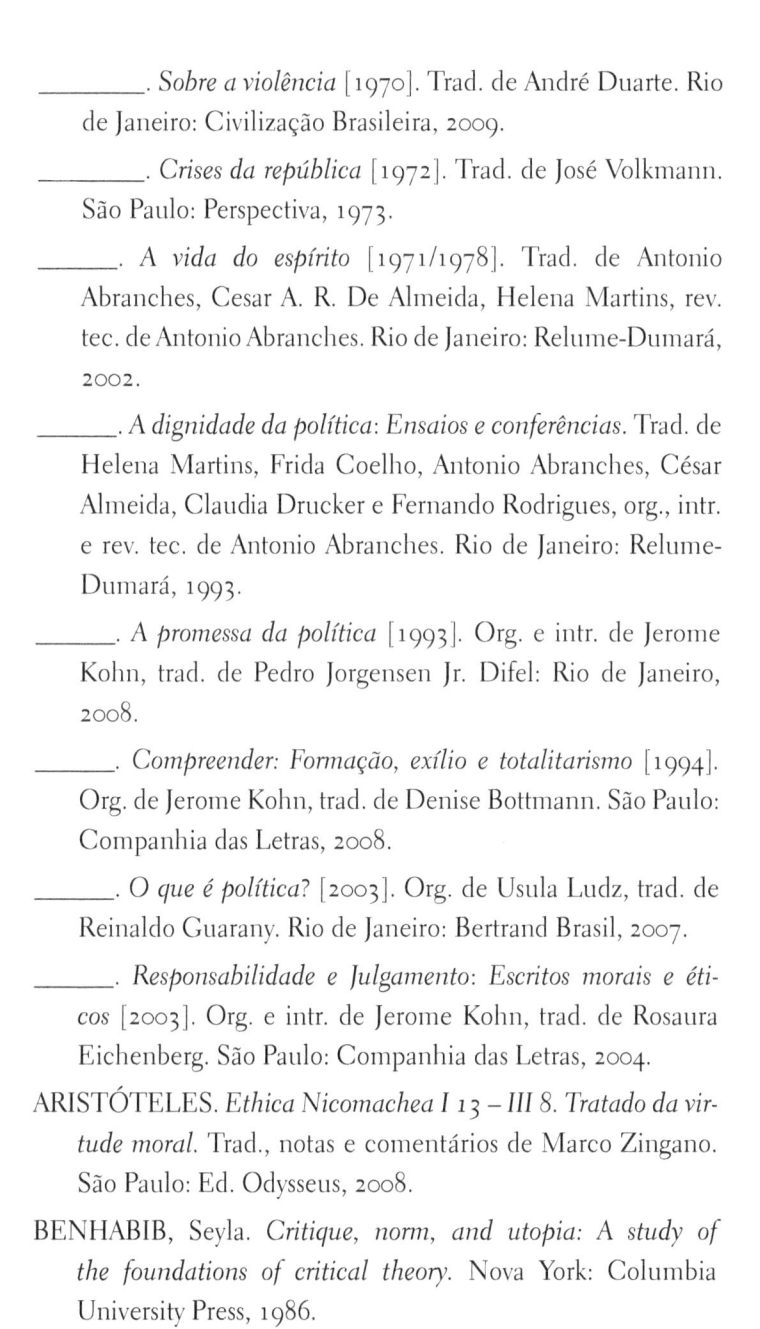

_____. *Sobre a violência* [1970]. Trad. de André Duarte. Rio de Janeiro: Civilização Brasileira, 2009.

_____. *Crises da república* [1972]. Trad. de José Volkmann. São Paulo: Perspectiva, 1973.

_____. *A vida do espírito* [1971/1978]. Trad. de Antonio Abranches, Cesar A. R. De Almeida, Helena Martins, rev. tec. de Antonio Abranches. Rio de Janeiro: Relume-Dumará, 2002.

_____. *A dignidade da política: Ensaios e conferências*. Trad. de Helena Martins, Frida Coelho, Antonio Abranches, César Almeida, Claudia Drucker e Fernando Rodrigues, org., intr. e rev. tec. de Antonio Abranches. Rio de Janeiro: Relume-Dumará, 1993.

_____. *A promessa da política* [1993]. Org. e intr. de Jerome Kohn, trad. de Pedro Jorgensen Jr. Difel: Rio de Janeiro, 2008.

_____. *Compreender: Formação, exílio e totalitarismo* [1994]. Org. de Jerome Kohn, trad. de Denise Bottmann. São Paulo: Companhia das Letras, 2008.

_____. *O que é política?* [2003]. Org. de Usula Ludz, trad. de Reinaldo Guarany. Rio de Janeiro: Bertrand Brasil, 2007.

_____. *Responsabilidade e Julgamento: Escritos morais e éticos* [2003]. Org. e intr. de Jerome Kohn, trad. de Rosaura Eichenberg. São Paulo: Companhia das Letras, 2004.

ARISTÓTELES. *Ethica Nicomachea I 13 – III 8. Tratado da virtude moral*. Trad., notas e comentários de Marco Zingano. São Paulo: Ed. Odysseus, 2008.

BENHABIB, Seyla. *Critique, norm, and utopia: A study of the foundations of critical theory*. Nova York: Columbia University Press, 1986.

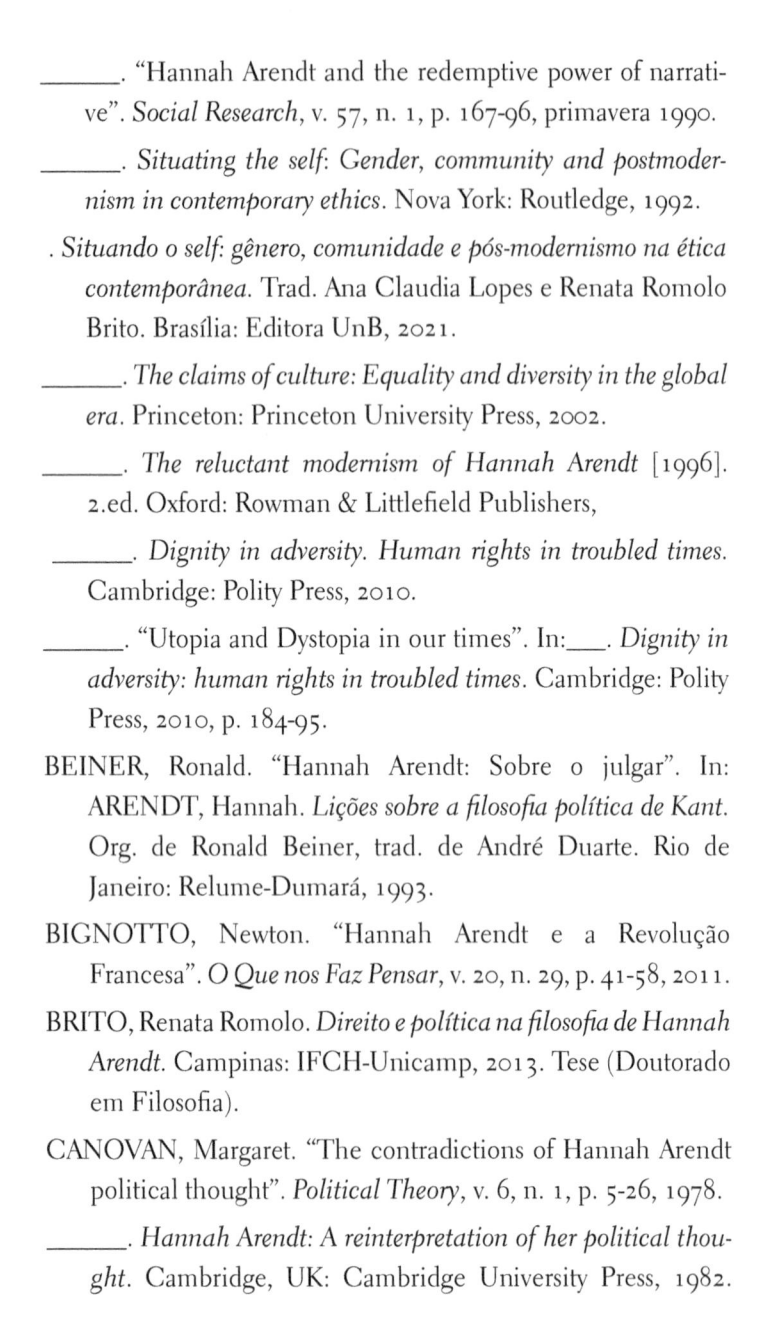

_____. "Hannah Arendt and the redemptive power of narrative". *Social Research*, v. 57, n. 1, p. 167-96, primavera 1990.

_____. *Situating the self: Gender, community and postmodernism in contemporary ethics*. Nova York: Routledge, 1992.

. *Situando o self: gênero, comunidade e pós-modernismo na ética contemporânea*. Trad. Ana Claudia Lopes e Renata Romolo Brito. Brasília: Editora UnB, 2021.

_____. *The claims of culture: Equality and diversity in the global era*. Princeton: Princeton University Press, 2002.

_____. *The reluctant modernism of Hannah Arendt* [1996]. 2.ed. Oxford: Rowman & Littlefield Publishers,

_____. *Dignity in adversity. Human rights in troubled times*. Cambridge: Polity Press, 2010.

_____. "Utopia and Dystopia in our times". In:___. *Dignity in adversity: human rights in troubled times*. Cambridge: Polity Press, 2010, p. 184-95.

BEINER, Ronald. "Hannah Arendt: Sobre o julgar". In: ARENDT, Hannah. *Lições sobre a filosofia política de Kant*. Org. de Ronald Beiner, trad. de André Duarte. Rio de Janeiro: Relume-Dumará, 1993.

BIGNOTTO, Newton. "Hannah Arendt e a Revolução Francesa". *O Que nos Faz Pensar*, v. 20, n. 29, p. 41-58, 2011.

BRITO, Renata Romolo. *Direito e política na filosofia de Hannah Arendt*. Campinas: IFCH-Unicamp, 2013. Tese (Doutorado em Filosofia).

CANOVAN, Margaret. "The contradictions of Hannah Arendt political thought". *Political Theory*, v. 6, n. 1, p. 5-26, 1978.

_____. *Hannah Arendt: A reinterpretation of her political thought*. Cambridge, UK: Cambridge University Press, 1982.

_____. "The People, the Masses, and the Mobilization of Power: The Paradox of Hannah Arendt's Populism". *Social Research*, v. 69, n. 2, *Hannah Arendt's "The Origins of Totalitarianism": Fifty Years Later*, p. 403-422, verão 2002.

CICERO. *De finibus bonorum et malorum*. L. D. Reynolds. Oxford: Oxford University Press, 1998.

CORREIA, Adriano *Hannah Arendt e a modernidade: Política, economia e a disputa por uma fronteira*. Rio de Janeiro: Forense Universitária, 2014.

COSTA, Nathalia Rodrigues. *A sociedade de massas em Hannah Arendt*. Campinas: IFCH-Unicamp, 2018. Dissertação (Mestrado em Filosofia).

DERATHÉ, Robert. *Rousseau e a ciência política do seu tempo*. Trad. de Natalia Maruyama. São Paulo: Discurso Editorial, 2009.

D'ENTRÈVES, Maurizio Passerin. *The political philosophy of Hannah Arendt*. Nova York: Routledge, 1994.

DUARTE, André. *O pensamento à sombra da ruptura: Política e filosofia em Hannah Arendt*. São Paulo: Paz e Terra, 2000.

FORST, Rainer. *Contextos da justiça: Filosofia política para além de liberalismo e comunitarismo* [1994]. Trad. de Denilson Werle. São Paulo: Boitempo Editorial, 2010.

FRATESCHI, Yara. "A negação do livre-arbítrio e a ação do soberano sobre a vontade dos súditos". *Cadernos Espinosanos*, v. 4, p. 27-39, 1998.

_____. "Razão e eloquência na filosofia política de Hobbes". *Cadernos Espinosanos*, v. 6, p. 75-93, 2001.

_____. "A retórica na filosofia política de Thomas Hobbes". *Revista de Filosofia Política*, v. 3, n. 6, p. 94-109, 2003.

_____. "Filosofia da natureza e filosofia moral em Hobbes". *Cadernos de História e Filosofia da Ciência*, série 3, v. 15, n. 1, p. 7-32, jan.-jun. 2005.

_____. "Liberdade e livre-arbítrio em Hobbes". *Cadernos de História e Filosofia da Ciência*, série 3, v. 17, p. 109-124, jan.-jun. 2007.

_____. "Participação e liberdade política em Hannah Arendt". *Cadernos de Filosofia Alemã*, v. 1, p. 83-100, 2007.

_____. *A Física da Política: Hobbes contra Aristóteles*. Campinas: Ed. da Unicamp, 2008.

_____. "Virtude e Felicidade em Aristóteles e Hobbes". *Revista de Filosofia Antiga*, v. 2, n. 2, p. 1-19, 2008.

_____. "Racionalidade e moralidade em Hobbes". *Dois Pontos*, v. 6, p. 195-213, 2009.

FANON, Frantz. *The wretched of the Earth* [1961]. Nova York: Grove Press, 1968.

FRASER, Nancy. "Da redistribuição ao reconhecimento? Dilemas da justiça na era 'pós-socialista'" [1995]. Trad. de Márcia Prates. In: SOUZA, Jessé (Org.). *Democracia hoje: Novos desafios para a teoria democrática contemporânea.* p. 245-282].

_____. "Global justice and the renewal of the Critical Theory tradition". In: ROCKHILL, Grabriel; GOMEZ-MULLER Alfredo (Orgs.). *Politics of culture and the spirit of critique: Dialogues.* Nova York: Columbia University Press, 2011.

_____. "O que é crítico na Teoria Crítica? O argumento de Habermas e o gênero" [1985]. In: BENHABIB, Seyla; CORNELL, Drucilla (Orgs.) *Feminismo como crítica da modernidade*. Trad. de Nathanael da Costa Caixeiro. Rio de Janeiro: Editora Rosa dos Tempos, 1991, p. 38-65.

FRASER, Nancy; HONNETH, Axel. *Redistribution or recognition? A political-philosophical Exchange*. London: Verso, 2003.

GINES, Kathryn T. *Hannah Arendt and the negro question*. Bloomington: Indiana University Press, 2014.

_____. "Race thinking and racism in Hannah Arendt's *The origins of totalitarianism*" In: KING, Richard H.; STONE, Dan (Orgs.). *Hannah Arendt and the uses of history*. Nova York: Berghahn Books, 2007, p. 38-53.

HABERMAS, Jürgen. "Hannah Arendt's Communications Concept of Power". *Social Research*, p. 3-24, primavera 1977.

_____. "Três modelos normativos de democracia". Trad. de Gabriel Cohn e Álvaro de Vita. *Lua Nova*, v. 36, p. 39-53, 1995.

HILL, Melvyn A (Org.). *Hannah Arendt: The recovery of the public world*. Nova York: St. Martin's Press, 1979, p. 303-339.

HOBBES, Thomas. *Elements of law*: Human nature and De Corpore Politico [1640]. Editado por J. C. A. Gaskin. Oxford: Oxford University Press, 1994.

_____. *A Natureza Humana*. Trad., introd. e notas de João Aloísio Lopes. Lisboa: Imprensa Nacional/Casa da Moeda, 1987.

_____. *Do cidadão* [1642]. Trad. de Renato Janine. Ribeiro. São Paulo: Martins Fontes, 1992 [*On the citizen*. Ed. e trad. de Richard Tuck and M. Silverthone. Cambridge: Cambridge University Press, 1998].

_____. *Leviathan* [1651]. Editado por Richard Tuck. Ed. rev. Cambridge, UK: Cambridge University Press, 1996.

_____. *De homine* [1658]. Trad. e coment. de Paul-Marie Maurin. Paris: Libraire Scientifique et Technique Albert Blanchard, 1974.

HOBBES, Thomas; BRAMHALL, John. *Hobbes and Bramhall on liberty and necessity*. Org., ed., intr. de Vere Chappell. Cambridge: Cambridge University Press, 1999.

LOPES, Marisa. *A Relação entre virtude moral e phrônesis no livro VI da Ética Nicomaquéia*. São Paulo: FFLCH-USP, 2000. Dissertação (Mestrado em Filosofia).

MARX, Karl; ENGELS, Friedrich. *A ideologia alemã*. 2. ed. Trad. de Luis Claudio de Castro Costa. São Paulo: Martins Fontes, 2002.

MANTENA, Karuna. "Genealogies of catastrophe: Arendt on the logic and legacy of imperialism". In: BENHABIB, Seyla (Org.). *Politics in dark times: Encounters with Hannah Arendt*. Cambridge, UK: Cambridge University Press, 2010, p. 83-112.

MOURA, Carlos Alberto Ribeiro de. "Hobbes, Locke e a medida do direito". In:___. *Racionalidade e crise*. São Paulo, Discurso Editorial, 2001, p. 43-61.

NORTON, Anne. "Heart of Darkness: Africa and African Americans in the writings of Hannah Arendt". In: HONIG, Bonnie. (Org.). *Feminist interpretations of Hannah Arendt*. University Park, PA: Pennsylvania State University Press, 1995, p. 247-262.

RAWLS, J. *Uma teoria da justiça* [1971]. Trad. de Almiro Pisetta e Lenita M. R. Esteves. São Paulo: Martins Fontes, 2000.

_____. *O liberalismo político* [1993]. Trad. de Dinah de Abreu Azevedo 2. ed. São Paulo: Editora Ática, 2000.

_____. *Lectures on the history of political philosophy*. Org. de Samuel Freeman. Cambridge, London: Harvard University Press, 2007.

ROUSSEAU, Jean-Jacques. *Discurso sobre a origem e os fundamentos da desigualdade entre os homens* [1755]. In *Rousseau*. Trad. de Lourdes Santos Machado, intr. e notas de Paul Arbousse-Bastide e Lourival Gomes Machado. 2. ed. São Paulo: Abril Cultural, 1978. Col. "Os Pensadores". v. 24.

_____. *Carta a D'Alembert* [1758]. Trad. de Roberto Leal Ferreira. Campinas: Ed. Unicamp, 1993.

_____. *Do Contrato social ou princípios do direito político* [1762]. Trad. de Lourdes Santos Machado, intr. e notas de Paul Arbousse-Bastide e Lourival Gomes Machado. 2. ed. São Paulo: Abril Cultural, 1978. Col. "Os Pensadores". v. 24.

_____. *Emílio ou da educação* [1762]. Trad. de Sérgio Milliet. 3. ed. Rio de Janeiro: Bertrand Brasil, 1995.

SALINAS FORTES, Luiz Roberto. *O bom selvagem*. São Paulo: Editora FTD, 1996.

_____. *O paradoxo do espetáculo*. São Paulo: Discurso Editorial, 1997.

SANTILLÁN, José Florencio F. *Hobbes y Rousseau: Entre la autocracia y la democracia*. México: Fondo de Cultura Económica, 1992.

SITTON, John F. "Hannah Arendt's Argument for Council Democracy". *Polity*, v. 20, n. 1, p. 80-100, outono 1987.

STERNBERGER, Dolf. "The sunken city: Hannah Arendt's idea of politics". *Social Research*, v. 44, n. 1, p. 132-146, 1977.

TAYLOR, Alfred E. "The Ethical Doctrine of Hobbes". In: BROWN, Keith. C. (Org.). *Hobbes Studies*. Cambridge: Harvard University Press, 1965, p. 35-55.

TAYLOR, Charles. *Argumentos filosóficos*. Trad. de Adail Ubirajara Sobral. São Paulo: Edições Loyola, 2000.

ZINGANO, Marco. "Emoção, ação e felicidade em Aristóteles". In:___. *Estudos de Ética Antiga*. São Paulo: Discurso Editorial, 2007.

WELLMER, Albrecht. "Hannah Arendt on Revolution", *Revue Internationale de Philosophie*, v. 53, n. 208, p. 207-22, 1999.

Agradecimentos

Agradeço às instituições que tornaram este livro possível: à Fapesp, pelos estágios de pesquisa na Ecole Normale Supérieure e na Universidade de Yale; ao CNPq, pela Bolsa de Produtividade em Pesquisa, e ao Programa de Pós-Graduação em Filosofia da Unicamp. Agradeço ao *Grupo de Filosofia Política da Unicamp*, composto pelas minhas orientandas e meus orientandos, e ao *Grupo de Filosofia Alemã. Crítica e Modernidade* (Ficem): foi no âmbito desses coletivos que eu fiz as descobertas filosófica aqui reunidas. Agradeço aos membros da banca do concurso para título de livre docente, que discutiram as linhas e as entrelinhas da tese que deu origem a este livro: Fátima Regina Rodrigues Évora, Oswaldo Giacóia Junior, Ricardo Ribeiro Terra e Alfredo Storck. O mais especial dos agradecimentos para as pessoas que arregaçaram as mangas para revisar, traduzir e garantir as condições materiais e afetivas da escrita: Bruno Nadai, Monique Hulshof, Luiz Henrique Lopes dos Santos, Renata Romolo Brito, Leonardo Rennó, Marisa Lopes, Nathalia Rodrigues da Costa e Ana Cláudia Lopes.

Alameda nas redes sociais:
Site: www.alamedaeditorial.com.br
Facebook.com/alamedaeditorial/
Twitter.com/editoraalameda
Instagram.com/editora_alameda/

Esta obra foi impressa em São Paulo no outono de 2021. No texto foi utilizada a fonte Electra em corpo 10,3 e entrelinha de 15 pontos.